VIVE LE LATIN

Histoires et beauté d'une langue inutile

NICOLA GARDINI

VIVE LE LATIN

Histoires et beauté d'une langue inutile

Traduit de l'italien par Dominique Goust,
avec la collaboration d'Ilaria Gabbani

Éditions de Fallois
PARIS

Titre original : *Viva il latino*
Storie e belleza di una lingua inutile

22, rue La Boétie, 75008 Paris

ISBN 978-2-87706-995-3

NOTE SUR L'ÉDITION FRANÇAISE *DE VIVA IL LATINO*

Gallica Musa mihi est, fateor, quod nupta marito :
Pro Domina colitur Musa Latina mihi.

JOACHIM DU BELLAY,
Ad lectorem (*Poemata*)

Initialement conçu pour un public italien, Vive le latin *développe des propos qui valent intégralement pour la France. Tout en soulignant le droit de primogéniture qui revient à la langue de Dante et de Pétrarque en matière de culture humaniste, il a paru bon d'introduire dans la présente édition quelques références françaises qui ne figuraient pas dans le texte original (illustrations lexicales, citations d'auteurs français). Ces ajouts, discrets et peu nombreux, ont pour objet d'élargir la portée de ce discours mais aussi de souligner la parenté des deux « sœurs latines ».*

Nous remercions M. Jean Trinquier, maître de conférences à l'École Normale Supérieure, d'avoir bien voulu relire le texte de la présente édition qui a bénéficié de son acribie et de son savoir.

À Nicolas Moureaux

« Quand je voy ces braves formes de s'expliquer, si vives, si profondes, je ne dis pas que c'est bien dire, je dis que c'est bien penser. C'est la gaillardise de l'imagination qui élève et enfle les paroles. »

MONTAIGNE, *Les Essais*, III, 5,
Sur des vers de Virgile

« Quand on parle de l'amour du passé, il faut faire attention, c'est de l'amour de la vie qu'il s'agit, la vie est beaucoup plus au passé qu'au présent. »

MARGUERITE YOURCENAR,
Les Yeux ouverts

« Quand tu te trouves en difficulté, parle latin et tu verras que l'on te laisse tranquille. »

PAOLO POLI

« L'exquise perfection de la langue latine. »

GIACOMO LEOPARDI,
Zibaldone, 1162, 17 juin 1821

1. UNE MAISON

> « À cette époque j'avais commencé non sans quelque fatuité l'étude méthodique du latin. »
>
> JORGE LUIS BORGES [1]

Comment naît l'amour d'une langue ? Du latin, en l'occurrence. Je me suis pris de passion pour le latin dès mon plus jeune âge. Je ne sais pas exactement pourquoi. Si je cherche à comprendre cet attrait, je finis par trouver tout au plus un vague souvenir qui ne correspond pas nécessairement à une cause. Difficile d'expliquer un instinct, une vocation. On peut, tout au plus, raconter une histoire.

Le latin m'a aidé à sortir du cercle familial, à trouver la voie de la poésie et de l'écriture littéraire, à progresser dans mes études, à tomber amoureux de l'art de traduire, à donner à mes divers centres d'intérêt une orientation commune et, finalement, à gagner ma vie. J'ai enseigné le latin à la New School de New York, au lycée Verri de Lodi et au lycée Manzoni de Milan, et encore aujourd'hui, à Oxford, où j'enseigne la littérature de la Renaissance, je le pratique quotidiennement, parce que la Renaissance n'est pas concevable sans latin. Dans ma jeunesse, j'y ai trouvé un talisman et un bouclier magique, un peu comme Julien Sorel, le protagoniste du *Rouge et le Noir*. Chez des amis riches, je ne faisais pas mauvaise figure, précisément parce que l'on savait que j'étais bon en latin. Quand, fraîchement diplômé de lettres classiques, je commençai un doctorat de littérature comparée à la New York University, ce que mes professeurs américains apprécièrent le plus chez moi, ce fut la connaissance du latin. Seul alors dans ce monde américain où il est plus important de se présenter soi-même que de dire le nom de ses parents, je compris vraiment l'étendue de mon bonheur. Grâce au latin je n'ai pas été seul. Des siècles ont été ajoutés à ma vie et j'ai embrassé plusieurs continents. Si j'ai fait quelque chose de bon pour autrui, je l'ai fait grâce au latin. Le bien que je me suis octroyé, c'est assurément du latin que je l'ai tiré.

L'étude du latin m'a habitué d'emblée à concevoir ma propre langue en syllabes et en sons distincts. Il m'a enseigné l'importance de la musique verbale, donc l'âme même de la poésie. Les mots dont je m'étais toujours servi ont commencé à un moment donné à se désagréger dans ma tête et à tournoyer comme des pétales dans l'air. Grâce au latin, un mot italien doublait au moins de valeur. Sous le jardin de la langue quotidienne, il y avait le tapis des racines anciennes. Découvrir – je me souviens bien de cette matinée d'octobre en classe de troisième au collège – que *giorno* (jour) et *dì** sont apparentés, bien que cela n'apparaisse pas à première vue, que le premier dérive de l'adjectif *diurnus* formé sur *dies* (le mot latin pour «jour») et que le second est issu précisément de ce *dies*, et donc que «diurne» est étymologiquement identique à «jour», c'était comme découvrir une porte secrète, passer à travers les murs... Et, parvenu de l'autre côté, je voyais que «aujourd'hui» n'est pas sans lien avec «jour» et «diurne», c'est-à-dire avec *dies*: il vient, en effet, de *hodie*, qui est formé de *ho-* (du démonstratif *hic*, «celui-ci») et de *die* (littéralement «durant ce jour-ci»). Et, de la même façon, «midi» (de *meridies*), «quotidien» (de l'adverbe *cotidie/cottidie*, «tous les jours», *quotus dies*). Et aussi, peut-être, le nom du père des dieux lui-même, *Iuppiter*,

* *dì*: doublet de *giorno* en italien. Le mot *di* existait, en ancien français, avec la même signification. Il subsiste aujourd'hui en composition dans les jours de la semaine (lundi, mardi etc.). *(NdT)*

à savoir *Dies-piter*, «le dieu du jour lumineux», attesté, par exemple, chez Horace (*Odes*, I, 34, 5), où, entre autres choses, *Dies* figurerait l'équivalent étymologique du grec *Zeus*. Cette petite racine *di-*, une fois reconnue, permettait de rattacher le quotidien (précisément) à la mythologie, le présent à l'antiquité la plus haute et la plus sacrée.

(Non, malheureusement, l'anglais *day* ne leur est pas apparenté. C'est un cas instructif d'étymologie trompeuse. D'ailleurs, en anglais *Fred* ne signifie pas «froid», ni *cold*, «chaud»). Cette démultiplication du sens, si d'un côté elle requérait précision, approfondissement historique et foi dans la signification la plus cachée, dans le pouvoir de l'étymologie, de l'autre elle m'accoutumait aux nuances ambiguës, à l'éclat des symboles, donc, aussi, à l'ambivalence, aux halos évanescents, à l'art de dire deux ou même trois choses en une. Tel était l'idéal que je commençais à élaborer sur les bancs du lycée: écrire une langue d'une parfaite limpidité mais dont on ne voyait pas aisément le fond.

Le latin, lorsque j'étais petit, m'attirait parce qu'il était ancien et l'Antiquité me plaisait depuis toujours; ou plus précisément, certaines représentations de l'Antiquité, comme les Pyramides, les colonnes des temples grecs ou les momies du musée égyptien de Turin que j'avais visité avec l'école, me procuraient un plaisir tout particulier, et véritablement faisaient battre mon cœur plus vite. Je me souviens également que mon manuel de l'école primaire parlait de *domus*, la maison patricienne, et d'*insulae*, les pâtés de maisons des gens ordinaires. Ma famille et moi, je le découvris, habitions une *insula*.

Mon premier vrai livre de latin, je ne l'eus qu'en seconde année de collège. La *domus* y était bien décrite. Et de cette façon, j'appris également quelques termes d'architecture, mes premiers mots en latin: *impluvium*, *atrium*, *triclinium*, *tablinum*, *vestibulum*, *fauces* (j'ignorais alors que cette terminologie venait du livre de Vitruve, historiquement l'un des plus influents). Quelle merveille, une maison qui laisse entrer la pluie, la recueille dans un bassin, possède des colonnades et une accumulation de pièces, une maison où personne ne peut vous trouver tant elle est grande ! Voilà : étudier le latin prit pour moi la forme d'une fièvre – appelons-la imparfaitement ainsi –, de promotion socio-économique ; le rêve d'une maison magnifique. Plus précisément, le latin devint, dans mon imagination, un espace que l'on habitait avec bonheur, l'espace du bonheur par excellence. Et cet espace n'était pas seulement intérieur. Irrépressible, je l'extériorisais en le dessinant, je traçais partout des plans de *domus*, sous le regard stupéfait des miens (qui cherchaient une justification en disant qu'adulte je deviendrais architecte) ; dans chaque partie de mon dessin j'écrivais le terme qui désignait sa destination et j'étais sûr qu'un jour, assurément, je disposerais moi aussi de ma *domus*.

Et d'ailleurs, à cette époque, le latin ne pouvait me donner rien d'autre. Ce n'était plus une matière obligatoire au collège, précisément en 1977, l'année où je commençai le collège. Mme Zanframundo, une bonne enseignante, consacrait encore une petite heure au latin, par habitude plus que par conviction, mais n'exigeait pas grand-chose des élèves. J'appris seul la première et la seconde déclinaison, uniquement par amour, sans trop m'efforcer de comprendre la fonction logique des diverses désinences. Mais quelle joie de savoir déjà ne serait-ce que le nom des cas : nominatif, génitif, datif, ablatif, accusatif.

Mon imagination subit au moins une autre influence, maintenant que j'y pense : l'exemple de ma mère. Au fond, je puis affirmer que, avant même de l'avoir rencontré, je considérais le latin comme une langue sinon maternelle (comme il avait été pour Montaigne qui, à ce qu'il relate, le parlait effectivement avant le français), mais assurément naturelle et chère. Toute jeune, avant d'émigrer en Allemagne, ma mère avait passé un certain temps chez les sœurs, à L'Aquila dans les Abruzzes, et y avait appris quelques prières en latin – le *Requiem aeternam* (que durant toute mon enfance je croyais orthographié « *requie meterna* »), le *Pater noster*, l'*Ave Maria*... Cela suffisait à me convaincre qu'elle savait le latin. Elle, pourtant, ne prétendait pas le savoir. Elle disait plutôt qu'elle ne le comprenait pas vraiment, qu'elle avait, comme toutes ses compagnes, appris à répéter comme un perroquet ce qu'elle entendait à la messe tous les jours, soir et matin, et qui sait combien de blasphèmes elle avait involontairement proférés! (« Les ignorants, on le sait – comme nous le rappelle Gian Luigi Beccaria – ont toujours compris de travers le latin de la messe. Prêtres compris »[2]). Moi pourtant, je ne lui demandais pas de prétendre à plus qu'à cette récitation de perroquet; si déformé et peu compréhensible qu'il fût, ce latin lui conférait pour moi une compétence suffisante; grâce à l'usage de ces sons incohérents elle devenait à mes yeux la mère sublime de la non moins sublime maison que j'aurais par la suite édifiée avec les simples mots de Vitruve.

Le latin, je l'ai appris au collège*, où je réussis finalement à m'inscrire, après une lutte acharnée pour surmonter l'opposition de mon père, et je m'y suis perfectionné durant les trois années du lycée. À l'université, j'ai simplement lu un grand nombre d'œuvres. J'ai toujours eu des enseignants compétents et exigeants. Mais le latin, je peux dire sans forfanterie que je l'ai appris seul: à force de passion, de constance, de curiosité. Si l'enseignante nous donnait à faire une version, j'en traduisais trois ou quatre. J'en traduisais chaque jour, même s'il n'y avait pas de devoirs pour le lendemain. En plus du manuel adopté, je me servais de deux ou trois recueils de versions que je m'étais procurés à la bibliothèque des professeurs et où je puisais à pleines mains. Un bon moment pour traduire était le soir avant d'aller au lit. Je choisissais les versions les plus difficiles, marquées de trois astérisques. La nuit, dans mes rêves, je parlais latin. C'est du moins ce que racontait mon père, attiré par là, dans la salle de séjour, par le son de ma voix.

Je n'ai jamais recopié mes traductions sur un cahier ou sur des feuilles volantes: je les faisais mentalement et me les rappelais. Interrogé, je les reproduisais ou je les refaisais

* En Italie, le secondaire dure deux années de plus qu'en France. *Ginnasio*, imparfaitement traduit par « collège », correspond ici aux deux classes de troisième et de seconde. (*NdT*)

sur-le-champ, près de la chaire, devant le texte latin. Je n'aimais pas fixer sur la page une version. Je sentais que l'écriture ne servait qu'à légitimer l'imperfection de la traduction, à fixer les erreurs éventuelles. Mieux valait tout confier à l'esprit. Là, la version pouvait s'améliorer, ou plutôt, continuait à s'améliorer, le sens devenait partie intégrante de la mémoire, dissipant les imprécisions et remplissant les trous, parce que la mémoire rejette l'incorrection ou l'inachèvement.

Et me voici aujourd'hui à écrire un livre qui transmette ou du moins qui essaye de transmettre l'amour du latin, de faire partager un peu de mes heureux battements de cœur, de ce sentiment épanoui qui accompagne encore, en dépit des progrès de l'expérience, mes lectures dans cette langue. Non pas une grammaire ou une histoire linguistique ou littéraire, mais un essai sur la beauté du latin.

Si je peux m'appuyer sur une fréquentation assez longue des textes et aussi sur la lecture de nombreuses études spécialisées, récentes ou non, il n'en est pas moins vrai que ce que l'on lira dans les pages qui suivent est issu fondamentalement d'un nouvel effort de pénétration et d'intuition, du désir de raviver ma passion, et par là de renouveler lectures et méditations, qui ont soutenu pas à pas l'écriture, mettant en œuvre toute ma sensibilité, celle même qui, je crois, me soutient quand je compose un poème ou bâtis un roman.

Je m'arrêterai, pour subdiviser le discours en unités, sur des auteurs et des passages particuliers, traduits et commentés en réduisant au minimum l'usage de termes techniques et en évitant de traiter également – pour clarifier l'exposé – les rapports de dépendance entre le latin et le grec. Auteurs et passages, que cela soit bien entendu, ne seront pas compris comme ils devraient l'être s'ils figuraient dans une histoire de la littérature latine : dans ce livre ce sont des « épisodes » de la vie du latin, et ils n'apparaîtront pas forcément dans un ordre chronologique ; ils constituent ce que le latin accomplit, obtient à un moment donné, dans certaines circonstances et conditions et s'inscrivent dans une longue tradition qui va encore de l'avant. L'auteur n'a donc pas une fonction d'individu mais de moment linguistique. Dans nos rencontres avec Cicéron ou Virgile, il ne sera pas spécialement question du latin de Cicéron ou de Virgile. Il sera plutôt question de ce que le latin accomplit et obtient quand il sort de la plume de Cicéron ou quand il sort de la plume de Virgile (et là aussi une distinction s'impose, Virgile n'étant pas une personne mais une somme de phénomènes linguistiques qui varient selon les textes). D'autre part, j'ai toujours cru que les auteurs pris individuellement, également en dehors du cercle de la latinité, incarnent seulement les conditions empiriques à travers lesquelles il est permis aux langues d'expérimenter des voies nouvelles et de se transformer. Je sais bien qu'on parle de style personnel, que le style distingue celui-ci de celui-là : mais le style est seulement, en dernière instance, un cas particulier dans la vie d'une langue.

Ce livre s'adresse avant tout aux jeunes gens, garçons et filles, des écoles, qui, plus que quiconque, cherchent à trouver un sens à ce qu'ils font et voient. D'autre part, je souhaite également avec ces pages atteindre les moins jeunes, latinistes ou non ; peut-être aider quelque ancien lycéen à retrouver le plaisir d'une matière dont il est nostalgique ou qu'il a ratée, pour une raison quelconque, éloignée dans le temps ou désormais estompée, et de signaler quelque chose de vital et de nécessaire à des hommes politiques, à des enseignants, des gens de commerce et des médecins, des avocats et des écrivains ; et même à tous ceux qui ne se sont jamais interrogés sur le latin et qui aujourd'hui, sans idées préconçues, sans crainte ou répulsion abstraite, souhaitent en savoir quelque chose, comme cela, par *curiosité*.

Je serai déjà assez satisfait si j'ai fait comprendre, ne fût-ce qu'à peu de lecteurs, pourquoi le latin est une langue importante et pourquoi sa connaissance ou au moins le sentiment de ce qui lui est propre – exactement comme la connaissance d'autres aspects du monde, tels que la musique, l'art, la science ou le spectacle de la nature – peut ajouter du souffle à nos journées.

2. QU'EST-CE QUE LE LATIN ?

Le latin est la langue de l'antique cité de Rome et de la civilisation dont elle fut le berceau et qui s'est diffusée dans le cours des siècles sur un très vaste territoire, appelé l'Empire, devenant ainsi, sous forme écrite et orale, un moyen d'expression et de communication pour une grande partie de l'humanité, et formant encore aux Temps modernes, même longtemps après que le latin parlé eut fait place à des idiomes distincts (appelés les langues romanes), un moyen de s'exprimer pour les poètes et les spécialistes de plusieurs disciplines.

Le latin est la langue des institutions juridiques, de l'architecture, des techniques, de l'armée, de la philosophie et du culte et – plus intéressant pour notre propos – d'une littérature florissante qui a servi de modèle à toute la littérature occidentale des siècles suivants. Il n'y a pas de domaine de la créativité linguistique et du savoir qui ne trouve en latin des modes d'expression excellents et exemplaires : la poésie (épopée, élégies, épigrammes etc.), la comédie, la tragédie, la satire, la correspondance personnelle et officielle, l'éloquence, le roman, l'histoire, le dialogue et puis la philosophie morale, la physique, la jurisprudence, l'art culinaire, la théorie de l'art, l'astronomie, l'agriculture, la météorologie, la grammaire, l'archéologie, la médecine, la technique, l'art de mesurer, la religion.

Le latin littéraire, dans des centaines de chefs-d'œuvre, parle d'amour et de guerre, raisonne sur le corps et sur l'âme, émet des théories sur le sens de la vie, les devoirs de l'individu, le destin de l'âme et la structure de la matière; il chante la beauté de la nature, l'importance de l'amitié, la douleur de perdre ce qui nous est cher; il critique la corruption, médite sur la mort, sur l'arbitraire du pouvoir, la violence, la cruauté. Il élabore des représentations de la vie intérieure, il forge des émotions, formule des idées sur le monde et sur la vie en société. Le latin est la langue des rapports entre l'un et le tout; de la délicate opposition entre la liberté et la contrainte, entre sphère privée et sphère publique, vie contemplative et vie active, province et capitale, campagne et ville... C'est également la langue de la responsabilité et du devoir personnels; la langue de la force intérieure; la langue de la propriété et de la volonté; la langue de la subjectivité qui s'interroge au regard de l'injustice; la langue de la mémoire; l'intention intérieure parle latin; la protestation parle latin; la confession parle latin; l'appartenance à un groupe parle latin; l'exil parle latin; le souvenir parle latin.

La civilisation de la parole humaine et la foi dans les possibilités du langage n'ont pas de monument plus imposant que le latin. Il me vient à l'esprit une lettre de Pline le Jeune (61-112 env. ap. J.-C.) qui exalte la souplesse et l'habileté langagières d'un certain Pompéius Saturninus. Pline parle d'« *ingenium... varium... flexibile... multiplex* », où par *ingenium* il faut entendre non l'habileté forgée par la volonté mais une propension naturelle (le mot contient en effet la racine *gen-*, qui désigne la « naissance »), celle que nous appelons, avec un autre mot d'origine latine, « talent »[3]. Pompéius Saturninus est, en somme, doué pour n'importe quelle forme d'expression verbale, que ce soit le débat judiciaire, le récit historique, les vers, la correspondance. Et rien ne lui manque : il est désinvolte et sublime, léger et grave, doux et rude, au gré des circonstances. Et Pline ne cesse de le lire et de l'admirer, comme l'un des *grands* de l'Antiquité. Il est vraiment dommage que de lui – comme de tant d'autres personnalités accomplies – rien ne nous soit parvenu.

Prononcer le mot *latin* signifie avant tout s'appliquer sans réserve à organiser sa pensée en discours équilibrés et médités, sélectionner les éléments conceptuels avec la plus grande pertinence, coordonner les termes en périodes harmonieuses, exprimer également par des mots les états intérieurs les plus fugaces, croire aux mérites de l'expression et à leur valeur démonstrative, enregistrer l'accidentel et le passager en un langage qui survive aux circonstances.

3. QUEL LATIN?

Quel latin? Des latins, en fait, il y en a une multitude, tous diversement et largement représentés dans une quantité immense de textes: celui de la littérature, celui de l'Église, celui de la philosophie scolastique, celui de la science, celui de la jurisprudence, celui des inscriptions sur le marbre. Les études du latin se ramifient en de multiples directions. L'une enquête sur le rapport entre le latin et les langues romanes, l'autre cherche à reconstituer le latin parlé ou vulgaire à partir de la langue écrite, littéraire ou non; telle autre se focalise sur le latin médiéval ou sur les langages spécialisés. De même les apologies du latin – hymnes à son importance historique, à son actualité, à son exemplarité, que l'on entonne un peu partout – sont confrontées à des perspectives différentes, parfois contradictoires, déterminées par des goûts individuels, des buts concrets ou par la spécificité culturelle du pays pour lequel on écrit [4]. Pensons seulement, pour rester en Italie, aux distorsions idéologiques que le latin et l'idée de Rome impériale subirent sous le fascisme [5]. Ou encore seulement au poids pédagogique différent accordé à l'étude du latin selon les lieux et les époques. C'est une chose de l'enseigner et de l'apprendre en Italie, une autre en Amérique; une autre aujourd'hui et une autre hier ou au XVe siècle. D'ailleurs, l'étude d'une langue moderne comme l'anglais présuppose une question similaire à celle qui marque le début de ce livre: quel anglais? Celui de Shakespeare ou de Virginia Woolf? Celui de Manhattan ou de

Manchester? Les expérimentations verbales de Joyce ou du premier Beckett (si latin lui aussi!) ou les textes des chansons pop? L'argot néo-zélandais ou les blues du Mississippi? Ou l'anglais basique des touristes pressés?

Tout phénomène culturel est accompagné d'une aura qui lui est propre – quelque chose qui va au-delà du banal prestige. L'aura du latin est la plus sujette à transformations et à diminutions. Aujourd'hui elle semble même dissipée, parce qu'autre chose compte ou semble compter: ce qui est technologique, improvisé, facile, éphémère – le nouveau à tout prix et à tout moment. Peu de gens – malheureusement pas ceux qui ont le pouvoir politique et économique – pensent que la nouveauté, le renouvellement ne peuvent et ne doivent être obtenus qu'en relation avec le maintien d'autre chose qui, inversement, doit rester.

Ici, à la différence de tous les apologistes étrangers que je connais, ce qui m'intéresse c'est de parler du latin littéraire, celui à travers lequel je me suis formé comme homme et comme écrivain, les textes latins que je continue à fréquenter et qu'il faut, à mon avis, maintenir au centre de toute pédagogie sérieuse et dotée de conscience historique; le latin d'auteurs comme Cicéron, Salluste, Lucrèce, Catulle, Virgile, Tite-Live, Ovide, Horace, Properce, Sénèque, Tacite, saint Augustin, saint Jérôme et d'autres ayant vécu de nombreux siècles plus tard, alors que les langues vulgaires s'étaient déjà imposées mais que pourtant le latin continuait à représenter, sur le modèle de ces classiques anciens, la langue de la littérature: Pétrarque (déjà immortel avec ses seules *Lettres familières* et ses autres recueils épistolaires), Leon Battista Alberti, Eneas Silvius Piccolomini, Ange Politien, Pic de la Mirandole, Marsile Ficin, Giovanni Pontano, Girolamo Fracastoro, Jacques Sannazar, Pietro Bembo également, le théoricien du pétrarquisme dans ses *Proses sur la langue vulgaire* et entre le XIXe et le XXe siècle Giovanni Pascoli; et plus près de nous Ferdinando Bandini (qui traduisit même en latin un poème de Montale, *La Bufera*, «La Tourmente») – pour s'en tenir à l'Italie. Il ne s'agit pas seulement de textes érudits, recherchés, artificiels. Il s'agit au contraire d'un art du verbe à son sommet où se sont déversés savoir technique et passion. Écoutons comment Pascoli est fidèle à son génie même quand il écrit un poème en latin.

Reditus
Eamus : esse nuntium ferunt matri
non belle. Eamus : heu piae malest matri
periculose cara mater aegrotat,
exstinguitur. Citata me rapit raeda.
Est foedus aer, stridulo natant imbri
viae. Domum nanciscor. Adferunt : "Actum est.
Iam nec potest videre nec potest fari ;
matrisque membra solvit ultimum frigus."
Accedo. At oculum mater adlevat : fatur
"Quin facitis ignem ? pupulus meus friget."
(Catullocalvos, vv. 283-293)

Le Retour
En route ! on m'apprend que ma mère va mal.
En route, l'état de ma tendre mère est grave.
Ma chère mère est au plus mal.
Elle se meurt. Un chariot à vive allure m'emporte.
L'air est funeste, les routes sont noyées sous la pluie qui crépite.
J'arrive à la maison. C'est la fin, me dit-on,
Déjà elle ne voit plus et ne peut plus parler.
Sous le froid de la mort ses membres se relâchent.
J'approche. Mais alors elle entrouvre les yeux. Elle parle.
« Eh quoi. Faites du feu ! Mon petit garçon grelotte. »

Le même intimisme mélancolique qui, pour les Français, n'est pas sans rappeler Francis Jammes, et le même thème (la mort de la mère) se retrouvent par exemple dans cet extrait des *Canti di Castelvecchio*, « Poèmes de Castelvecchio », 1907.

Le risplendè nelle pupille
Su la campagna solitaria
tremava il pianto delle squille
– È ora, o figlio, ora ch'io vada.

Sono stata con te lunghe ore.
Tra questi bussi è la mia strada ;
la tua, tra quelle acacie in fiore.
Sii buono e forte, o figlio mio
va dove t'aspettano. Addio !

Commiato* (Séparation)

Un vif éclat anime ses prunelles.
Sur la campagne solitaire
les cloches répandaient leurs pluies tremblantes.
Il est temps, mon fils, il est temps que je m'en aille.

J'ai été longtemps avec toi.
Ma route passe parmi ces haies de buis.
La tienne parmi ces acacias en fleurs.
Sois courageux et fort, mon fils.
Va où l'on t'attend. Adieu.

Même l'Arioste, un autre grand maître de l'italien vulgaire, comme Pétrarque, écrivit de la poésie en latin (et il n'aurait pas été impossible, vu l'époque, qu'il composât un long poème en latin). Les exemples similaires ne manquent pas hors d'Italie.

En France, Joachim du Bellay (1522/1523-1560), « notre très grand Du Bellay », comme disait Péguy (*Victor-Marie, Comte Hugo*), fonde l'enrichissement de la langue et le renouveau des formes poétiques sur l'étude approfondie et la pratique assidue des textes latins. *La Deffence et illustration de la langue française* (1549) adopte une position originale qui

* Littéralement : Congé, au sens de « prendre congé ». *(NdT)*

sera, peu ou prou, celle des générations ultérieures. Tenant à égale distance l'archaïsme des adeptes de la tradition populaire médiévale et l'intégrisme des humanistes désireux d'asseoir la suprématie du latin, il préconise une imitation des meilleurs auteurs anciens qui n'ait rien de *simiesque* (*Deffence*, II, 3). Selon cette conception d'une imitation stimulante qui prend sa source chez Quintilien (*Institutio oratoria*, X, 2), ce n'est pas en contrefaisant Virgile et Cicéron qu'on enrichira le français, mais «en les convertissant en sang et en nourriture» (*Deffence*, I, 7). Ici encore, la France se met à l'école de l'Italie: Du Bellay s'inspire du *Dialogue des langues* (1542) de Sperone Speroni, au point, par moments, d'en donner une traduction littérale. Il démontre par son œuvre la fécondité de ce *Dialogue* puisqu'il sera tout à la fois l'égal de Ronsard et le meilleur poète français de langue latine[6]. Il s'expliquera plaisamment sur cette double allégeance en déclarant que la Muse française est son épouse et la Muse latine sa maîtresse (*Gallica Musa mihi est, fateor, quod nupta marito. / Pro Domina colitur Musa latina mihi.* – «Ad lectorem»). À lire *Les Regrets* ou *Les Jeux rustiques*, il n'est pas interdit de penser que, chez lui, c'est finalement la fidélité conjugale qui l'emporte.

En Angleterre Milton, autre géant de la langue vernaculaire, ainsi que d'autres sans nombre dans toute l'Europe, soit en prose, soit en vers, composèrent en latin. Certaines des œuvres que nous identifions au début de la modernité ont été écrites justement en latin, comme l'*Éloge de la Folie*, d'Érasme de Rotterdam et l'*Utopie* de Thomas More. Descartes, «le vrai fondateur de la philosophie moderne» (Hegel), écrit d'abord en latin les *Règles pour la direction de l'esprit* ou les *Méditations métaphysiques*. Et plus près de nous Rimbaud compose de longs poèmes en vers latins qui font partie intégrante de son œuvre poétique, pour ne rien dire de Baudelaire qui, avec *Franciscae meae laudes*, joue sur divers registres de la latinité.

C'est une vieille habitude d'accoler au latin (et au grec ancien) la métaphore disgracieuse et vague de langue morte; bien au contraire, le latin est vivant parce qu'il nous parle, parce qu'il y a des textes d'une étonnante force expressive écrits dans cette langue, d'une influence considérable au cours de nombreux siècles, qui continuent à nous dire des choses importantes sur le sens de la vie et de la société. Le latin est vivant parce que sans beaucoup de latin je ne serais ce que je suis. Le latin a formé nos sentiments et la société dans laquelle nous vivons tous. Sans le latin notre monde ne serait pas ce qu'il est.

Entrer dans la complexité du latin, en percevoir les résonances étymologiques (au niveau soit linguistique soit conceptuel), en démêler les structures, goûter ses beautés stylistiques – tout cela est une façon de nous mieux connaître, de trouver les remèdes avant même que les problèmes ne surgissent, et en même temps, de s'adonner à un bonheur tout particulier, le bonheur qui naît, pour le dire avec Aristote, du désir d'interpréter, d'aller un peu au-delà de l'évidence. Pourquoi, en effet, réduire le savoir à une information immédiate ou à l'utilitarisme des réponses mécaniques, pourquoi renoncer à la réflexion et à l'aventure intellectuelle ? Pourquoi croire que le présent soit le seul moment qui se vive et que l'Antiquité soit une matière à reléguer sous les combles ? Pourquoi ne pas comprendre que l'histoire de nos vies n'est qu'une fraction de l'Histoire, que la vie a commencé bien avant notre naissance et que l'existence d'un individu gagne en authenticité si elle s'insère dans un cadre qui dépasse les limites de l'état civil ?

4. UN ALPHABET DIVIN

Il est désormais acquis depuis quelques siècles et supposé au moins depuis le XVIe siècle, comme on le lit chez Baldassare Castiglione, que le latin – celui que l'on parle, dit «vulgaire» – a engendré de nombreuses langues modernes, les langues dites néo-latines ou romanes, dont les plus répandues sont l'italien, le français, l'espagnol, le portugais et le roumain.

Mais le latin, d'où a-t-il surgi?

Dans l'*Énéide* Virgile raconte que le peuple romain naquit dans le Latium par la fusion d'un groupe de réfugiés troyens avec la population locale. La déesse Junon, vers la fin du récit, avant que les Troyens guidés par Énée ne s'affirment vainqueurs, obtient de Jupiter que la langue de Rome, la nouvelle cité, reste celle des premiers habitants, les Italiens ou Ausoniens, ou, précisément, *indigenas Latinos* (*Énéide*, XII, 823). Le latin serait donc ainsi un produit autochtone et c'est bien ce qui se révèle à l'analyse des linguistes. À l'origine, c'est l'idiome d'une petite communauté, de Rome, précisément. Au fil des années et des siècles, tandis que la cité croissait en force et en prestige, il devient la langue d'un empire immense, qui, à l'époque de sa plus grande expansion, sous l'empereur Trajan (début du IIe siècle ap. J.-C.), s'étend de l'Atlantique à la Mésopotamie, de la (Grande) Bretagne* aux côtes d'Afrique du Nord.

---

* La région que nous appelons aujourd'hui la Bretagne portait alors le nom d'Armorique (Aremorica). *(NdT)*

Bien que ses débuts renvoient à un lieu et à un groupe humain délimités, le latin n'est pas une fleur du désert, mais appartient à une famille linguistique étendue qui compte quelque quatre-vingts membres, parmi lesquels le grec ancien, le slave, le sanscrit et le germanique. Et au début le latin n'exerce pas de domination incontestée. Au contraire, comme le montrent également nombre d'inscriptions, il doit frayer son chemin à travers une foule d'idiomes concurrents : l'étrusque, l'osque et l'ombrien (appelés également langues sabines et attestés par des variantes régionales mineures), le falisque (le plus proches du latin), le messapien, le vénète, le grec même parlé par des émigrés, et de nombreuses autres langues dont on peut supposer que, pour une partie d'entre elles, il ne reste aucun témoignage.

Dans ces origines lointaines où – pour s'exprimer comme le Varron du *De lingua latina* (V, 3) – il n'y a pas de sentier tracé à suivre, où la route se perd dans les ténèbres et où l'on trébuche, des groupes de forces antagonistes sont à l'œuvre, instincts et volontés spasmodiques qui luttent pour émerger, comme dans le bouillonnement d'un chaudron de sorcières. La confusion cherche des lois. Des formes apparaissent et se dissolvent dans les tourbillons du courant et leurs résidus se métamorphosent ; un organisme est en train de naître, d'acquérir par tous les moyens des traits identifiables et d'assembler des énergies pour durer[7].

À un certain moment entre le VIIIe et le VIIe siècle av. J.-C. naît également l'alphabet latin, formé sur le modèle du grec (à son tour dérivé du phénicien) peut-être par l'intermédiaire de l'étrusque. Dans la dernière des *Fables* d'Hygin, un compilateur du début de l'Empire, affranchi d'Auguste, nous lisons qu'Évandre, exilé d'Arcadie, apporta les caractères grecs en Italie et que sa mère Carmenta en fit des lettres latines au nombre de quinze. Apollon aurait ajouté les autres. Comme nous le lisons dans les *Fastes* d'Ovide (I, 461-586), Carmenta avait le don de prophétie et fut divinisée. Virgile ne put la passer sous silence dans l'*Énéide* (VIII, 336) en racontant le règne d'Évandre. Boccace, l'auteur du *Décaméron*, reprend le mythe de l'alphabet et le développe en l'enjolivant dans son *De mulieribus claris* («Des femmes illustres»), une œuvre latine tardive (1361-1362), qui eut un grand succès. Elle consiste en un catalogue des femmes les plus remarquables de tous les temps, mythiques ou historiques, à commencer par Ève, mais surtout de l'Antiquité (remarquables, en général, plus par leurs vices que par leurs mérites). Carmenta*, donc, prévoyant la grandeur du futur peuple romain, n'admettait pas qu'elle dût être confiée à la garde de signes étrangers. C'est pourquoi, elle mit tout son talent à créer un alphabet totalement neuf, unique au monde. Dieu l'assista dans cette entreprise dont le succès lui valut un culte personnel. Elle ne fut jamais oubliée.

Le texte de Boccace ne fournit pas seulement un récit beaucoup plus riche et élaboré que les sources antiques; il présente un éloge passionné, prolixe et ardent à l'extrême de l'alphabet latin, l'un des plus éminents tributs à la gloire et au pouvoir des lettres qu'il soit donné de trouver dans la littérature moderne (un texte comparable figure dans le *Dialogue sur les deux grands systèmes du monde* de Galilée, *Première Journée*, § 210, «L'invention de l'écriture, la plus stupéfiante des inventions»).

> Dieu a favorisé à tel point la découverte de Carmenta que, presque toute la gloire ayant été enlevée aux lettres hébraïques et grecques, presque toute l'Europe désormais, dans une vaste partie du monde, se sert des nôtres. Écrits avec elles, resplendit une infinité de volumes sur tout sujet, actions humaines et entreprises divines sont transmises à la mémoire perpétuelle de telle sorte qu'avec leur aide, nous en venons à connaître les choses que nous ne pouvons pas voir. Avec elles nous transmettons des demandes et nous recevons avec confiance celles d'autrui, avec elles nous établissons des amitiés à

---

* Dans la mythologie, Carmenta est, le plus souvent, la mère d'Évandre qui, venu d'Arcadie, régnait sur la rive gauche du Tibre avant l'arrivée de Romulus. Appelée également Nicostraté, Thémis ou Timandra, elle prit à Rome le nom de Carmenta (*Carmen*, «chant magique») en raison de ses dons de prophétie. *(NdT)*

> distance et nous les entretenons par une correspondance réciproque. Celles-ci – pour autant que ce soit possible – nous décrivent Dieu; elles nous représentent le ciel, la terre, les mers et tous les êtres vivants; il n'y a rien que l'on ne puisse sonder à travers elles. En bref, tout ce que l'esprit ne réussit pas à embrasser et à retenir peut être confié à leur sûre garde... ni la rapacité germanique, ni la furie française, ni la ruse anglaise, ni la férocité espagnole, ni l'inculture barbare et les attaques de quelque autre peuple ne purent jamais soustraire au nom latin une gloire si grande, si merveilleuse et si généreuse...[8]

D'évidentes similitudes lexicales et grammaticales, qu'on ne peut ramener au hasard ou à des emprunts, montrent que toutes les langues mentionnées, soit les italiques – à l'exception célèbre de l'étrusque – soit les autres plus lointaines, proviennent d'une source commune, non attestée, mais que l'on peut reconstruire sur une base comparatiste et que les linguistes ont appelée l'«indo-européen»[9]. Les voies de la descendance font encore l'objet de spéculation et de dissentiment. Il reste assurément que l'on ne parviendra jamais à retracer leur développement, sinon sur la base d'hypothèses.

Il n'entre pas ici dans notre propos de décrire minutieusement la nature indo-européenne du latin. Il suffit de dire que de l'indo-européen le latin a tiré l'une de ses structures les plus caractéristiques, le système des cas. Un mot, en latin, change de terminaison non seulement selon le nombre, à savoir s'il faut y voir un singulier ou un pluriel, mais aussi selon la fonction logique qu'il assume à l'intérieur de la phrase. Les fonctions logiques et donc les terminaisons (en l'occurrence, les cas) sont au nombre de six: le nominatif (qui indique le sujet), le génitif (le complément du nom), le datif (le complément d'attribution), l'accusatif (complément d'objet direct), le vocatif (cas de l'apostrophe) et l'ablatif (divers compléments – temps, mode, moyen, accompagnement, origine etc., souvent avec préposition). Chaque mot, en théorie, a donc douze terminaisons – ou désinences, six pour le singulier et six pour le pluriel. L'ensemble organisé des terminaisons constitue la déclinaison. L'indo-européen comportait deux autres cas : le locatif et l'instrumental. Mais ces derniers ont été absorbés en latin par l'ablatif (toutefois quelques rares formes fossiles de ces anciens cas sont attestées).

Le latin archaïque est attesté dans une centaine d'inscriptions mentionnant des faits de guerre, des dispositions administratives, des rites religieux. La langue en est rude, assez éloignée d'une quelconque apparence littéraire : l'orthographe varie et la grammaire est incohérente. Pour avoir des exemples d'écriture plus évoluée il faut parvenir à la seconde moitié du IIIe siècle av. J.-C. On peut dire qu'un certain ordre linguistique s'est alors affirmé ; un certain souci esthétique perce même. Les témoignages sont encore fragmentaires mais on réussit sans aucun doute à reconstituer la physionomie de certains individus au moyen de vestiges assez abondants. Tels sont Caton (234-149 av. J.-C.) et le poète comique Plaute (env. 250-184 av. J.-C.). Leurs vies coïncident avec les années où Rome conquiert la maîtrise de la Méditerranée. Trois années seulement après la mort de Caton, en 146, Carthage comme Corinthe tombent. La redoutable ennemie nord-africaine est anéantie et la Grèce devient un protectorat romain (elle deviendra une simple province en 27 av. J.-C.).

De Caton, le Censeur bien connu, l'anti-aristocrate par excellence et l'ennemi juré de Carthage, nous est parvenu un traité d'agriculture, le *De agri cultura*, la seule œuvre qui subsiste de son abondante production, fondatrice d'un genre qui comptera à Rome plus d'un champion (Varron, Columelle, et aussi un géant comme Virgile). On peut dire que là commence pour nous la littérature latine, cette *Latinitas* qui vivra tant de siècles et à laquelle s'identifiera une éthique du langage et de la pensée. Le même Cicéron sur lequel nous nous arrêterons bientôt, voyait en Caton le premier vrai prosateur de la tradition : tout ce qui avait été écrit auparavant ne méritait pas d'être lu (*Brutus*, XVII, 69). Cicéron se réfère surtout aux discours, malheureusement perdus en totalité, hormis quelques citations indirectes.

Le traité précité de Caton présente encore un aspect primitif – il se déroule comme un catalogue – qui ne dérive pas seulement de la modalité prescriptive du genre (fais ceci, fais cela, ne fais pas ceci, ne fais pas cela ; que l'on fasse ainsi, que l'on ne fasse pas ainsi...) : la syntaxe se limite à un petit nombre de structures récurrentes et tend au style formulaire. Quoi qu'il en soit, la prose de Caton possède une indéniable vigueur artistique. Elle est claire, concrète, efficace, concise.

Prenons pour exemple le passage sur le salage du jambon, avec lequel se termine le texte :

> *In fundo dolii aut seriae sale sternito, deinde pernam ponito, cutis deorsum spectet, sale obruito totam. Deinde alteram insuper ponito, eodem modo obruito. Caveto ne caro carnem tangat. Ita omnes obruito. Ubi iam omnes conposueris, sale insuper obrue, ne caro appareat ; aequale facito. Ubi iam dies quinque in sale fuerint, eximito omnis cum suo sale. Quae tum summae fuerint, imas facito eodemque modo obruito et conponito. Post dies omnino XII pernas eximito et salem omnem detergeto et suspendito in vento biduum. Die tertio extergeto spongea bene, perunguito oleo, suspendito in fumo biduum. Tertio die demito, perunguito oleo et aceto conmixto, suspendito in carnario. Nec tinia nec vermes tangent.*
>
> (De agri cultura, 162, 1-3)

Le fragment est constitué en majeure partie d'une suite d'impératifs futurs en *-ito* ; certains verbes reviennent (*obruo*, *compono*) ainsi que certaines constructions (*ubi*...). On note aussi le goût des homéoteleutes, c'est-à-dire la répétition des mots qui ont la même terminaison (*sternito/ponito* etc.) et des allitérations, à savoir le retour d'une même consonne à l'initiale de mots voisins (*caveto/caro/carnem* ; *fuerint/facito*), et de plus une heureuse aptitude à dérouler le discours – si banal qu'en soit le thème – jusqu'au fond, sans rien laisser.

Traduction :

Mettez un lit de sel au fond de la jarre ou du pot; ensuite posez le jambon, que la couenne soit tournée vers le bas; recouvrez entièrement de sel; ensuite, posez-en un second dessus, recouvrez de la même façon; prenez garde que les chairs ne soient en contact; recouvrez-les tous ainsi. Quand vous les aurez tous disposés, recouvrez le dessus d'une couche de sel de manière que la chair n'apparaisse plus; égalisez. Quand ils seront restés cinq jours dans le sel, retirez-les tous avec leur sel; ceux qui étaient en dessus, mettez-les au fond, recouvrez et disposez de la même façon. Au bout de douze jours en tout, retirez les jambons, débarrassez-les de tout le sel, et suspendez-les deux jours à l'air; le troisième jour, nettoyez-les bien avec une éponge; enduisez-les entièrement d'huile, suspendez-les à la fumée deux jours; le troisième jour, retirez-les, enduisez-les entièrement d'un mélange d'huile et de vinaigre, suspendez-les dans le charnier : ni teigne, ni vermine n'y toucheront.

Traduction de Raoul Goujard

5. MYSTÈRE ET MERVEILLE (CATULLE)

Parmi les grandes satisfactions de ma première année de lycée figure la découverte de Catulle. C'était, je m'en souviens bien, juste après Noël. Je fis cette découverte tout seul en explorant une section introductive de la grammaire la plus répandue à l'époque, section que le professeur avait décidé de sauter. Il y était, en fait, question de métrique, à savoir de la quantité des syllabes, notion encore obscure pour nous débutants. Nous avions bien d'autres choses à apprendre avant d'aborder les lois du vers latin : désinences sur désinences soit de substantifs soit de verbes ; et listes d'exceptions. La métrique viendrait, éventuellement, plus tard.

Le professeur avait d'assez bonnes raisons pour sélectionner les sujets d'étude et aussi pour contenir les curiosités de chacun, en l'espèce les miennes, qui risquaient de conduire à un marécage ou à un gouffre. Ma sympathique enseignante de chinois, quelques années plus tard, devait adopter une attitude semblable : procéder par ordre, n'affronter qu'une difficulté à la fois, ne pas soulever trop de questions sinon on succombe vite à la vue d'une excessive complexité. Il me vient à l'esprit la fin de Sémélé, qui eut la prétention de voir Zeus dans toute sa splendeur et fut réduite en cendres. À la vérité, j'appris dès lors que, lorsque l'on étudie une langue – latin, chinois ou français (une autre de mes plus anciennes passions) – il est juste d'aller où la curiosité vous pousse, de suivre n'importe quelle piste, d'épouser tous les virages. De danger d'incinération, il n'y en a pas. La lumière, dans ce cas, ne peut rien détruire, elle peut seulement éclairer davantage le chemin.

Donc, dans cette section négligée de notre grammaire figurait une poésie entière de Catulle, une composition de dix-huit vers sur la mort d'un moineau. J'ignorais à cette époque qu'il s'agissait d'un des épisodes les plus célèbres de la littérature occidentale et que même Politien lui consacrerait ses talents de philologue. Je le lus et le relus jusqu'à l'avoir complètement en tête (et il se trouve encore là où je l'avais alors mis en dépôt). Qu'en avais-je compris? Mon latin en était encore à un stade initial, mais je comprenais un certain nombre de choses, plus que le programme développé ne m'autorisait à comprendre. Les verbes déponents (ceux qui ont une forme passive mais un sens actif) nous ne les avions pas encore abordés et pourtant «*passer mortuus est*», qui emploie le verbe *morior*, précisément déponent, à la troisième personne du singulier de l'indicatif parfait, ne s'avérait pas en fait incompréhensible. L'étrange adjectif *tenebricosum*, «environné de ténèbres, d'obscurité» (une bizarrerie également au temps de Catulle), se comprenait lui aussi: que pouvait-il signifier d'autre que «sombre» avec la bénédiction du bon professeur qui nous avait mis en garde dès le premier jour contre la similitude phonétique du latin et de l'italien «presque toujours trompeuse»? Et *bellum*, accordé à *passerem*, qui ne pouvait avoir la signification de «guerre», c'est-à-dire du mot neutre *bellum*, appartenant à la seconde déclinaison, l'un des plus fréquemment rencontrés dans les versions, devait en revanche avoir réellement le sens de beau, comme en italien, même si nous avions appris que «beau» en latin se dit *pulcher*. Je reconnaissais, en effet, quelques-unes des choses que nous avions étudiées. Et «*deliciae meae puellae*», «délice de ma jeune amie» (une des particularités, comme disait la grammaire) de la première déclinaison: le mot *deliciae* comme un petit groupe d'autres mots féminins (*indutiae*, «trêve»; *nuptiae*, «noce»; *Athenae*, «Athènes»; *divitiae*, «richesse» etc.) ne s'emploient qu'au pluriel (ce groupe est appelé, justement, *pluralia tantum*, c'est-à-dire «seulement pluriels» avec le sens d'un singulier, l'italien, en revanche, emploiera le singulier *delizia*, «délice», à la différence d'autres mots... *nuptiae*, par exemple, «les «noces»).

Si l'on m'avait interrogé sur le contenu précis de toute la poésie de Catulle, je n'aurais alors pas pu répondre. Et je dois avouer que je ne m'en souciais pas. Ce qui m'importait, c'était le latin, pour quelque raison profonde, en vertu de ce même instinct qui, je suppose, pousse un autre vers le football ou vers la construction d'une installation électrique. Je pressentais déjà que l'on ne pouvait ni ne devait avoir une approche purement rationnelle de l'art linguistique en vers ou en prose. En effet, même quand le sens de tous les mots est établi, un mystère subsiste; un halo, une ombre, quelle que soit l'appellation donnée à l'atmosphère vaporeuse qui environne l'enchaînement des signes et des sons et qui appartient à une phase primitive du langage, quand les symboles graphiques ne sont pas encore associés automatiquement à certains signifiés. Savoir le latin, ne fût-ce qu'un peu, c'est faire réellement l'expérience de ce mystère, vivre une sorte d'émerveillement, l'émerveillement tout particulier éprouvé devant les faits linguistiques supérieurs et ancestraux, devant le pouvoir de l'expression en tant que telle.

Aujourd'hui, je sais beaucoup plus de latin qu'au début du lycée classique (fr.: classe de troisième) et je peux déclarer en toute honnêteté que cet émerveillement continue à se produire en moi et, si je lis également depuis longtemps le latin avec une certaine assurance, jamais je ne voudrais qu'il s'évanouisse. Et l'émerveillement pour le poème sur la mort du moineau ne s'est pas non plus évanoui quand mon vieil ami Dino, qui était avec moi sur les bancs de l'école et connaissait ma passion pour Catulle, m'offrit pour mon anniversaire une traduction complète de ses poèmes (celle de Ceronetti), plantant en moi le germe d'un désir que j'allais réaliser quelques décennies plus tard: traduire à mon tour Catulle[10].

L'année suivante, le professeur prit un congé de maternité

et sa remplaçante nous expliqua quelques épigrammes de Catulle : une sur le contraste entre amour et haine, une où Catulle dit à César que peu importe qu'il soit blanc ou noir (à savoir actif ou passif, allusion aux penchants homosexuels de César), une sur un certain Arrius qui aspirait toutes les voyelles initiales pour paraître raffiné. Nous n'eûmes pas droit au poème sur le moineau. Il resta mon secret personnel et j'en fus bien content.

Les programmes scolaires, avec tout leur faste, sont étranges. Il semble qu'ils dissimulent ou carrément suppriment avec le plus d'acharnement possible un élément fondamental de l'enseignement : le but pour lequel on s'instruit. On s'instruit en latin pour lire les auteurs anciens. Le latin, pourtant s'étudie longtemps avec des règles abstraites. Je ne dis pas et ne dirais jamais qu'il faut l'étudier comme une langue moderne (si quelqu'un le parle, tant mieux pour lui). On doit l'étudier précisément pour la littérature par laquelle il est attesté. La réalité montre que la littérature, c'est-à-dire les textes originaux des grands auteurs, est en grande partie ignorée pendant la période d'apprentissage et que les élèves doivent s'entraîner à la pratique au moyen de phrases artificielles, fabriquées « en chambre », qui ne servent, ni à apprendre à parler – ce qui, de toute façon, n'est pas l'objet des programmes ministériels – ni à faire connaître les textes. Ces phrases types devraient aider celui qui étudie à interpréter les phrases authentiques, les phrases d'auteur, quand finalement, on y est confronté. Mais alors pourquoi ne pas commencer tout de suite par les auteurs ? Même le lycéen le plus dépourvu d'esprit critique ne peut pas ne pas se demander : à quoi me sert d'étudier cette chose-là ? À quoi me sert de savoir qu'il existe un mot *deliciae* seulement au pluriel ? Une lecture immédiate de la poésie de Catulle préviendrait l'apparition d'une question à ce point préoccupante et légitime.

Oui, lire Catulle est une bonne façon de commencer. Il offre des textes brefs, donc pas trop fatigants pour le jeune lecteur ; il présente des situations qui, en dépit de leur spécificité historique, ont d'une façon ou d'une autre quelque chose de familier, parlant de désillusions, d'amour, de deuil, d'amitié, d'inimitié, sachant émouvoir, intéresser, donner du plaisir et faire sourire ; et la langue, même dans sa recherche formelle, est finalement fraîche et directe. Nous avons vu ce mot *bellum* (que nous trouvons aussi chez un auteur archaïque comme Plaute ou chez Cicéron, le classique des classiques ; un diminutif de *bonus*, à travers la racine *ben-*, attestée dans l'adverbe *bene* : *benulus>benlus>bellus*). Et que dire d'une phrase déjà presque italienne comme « *da mi basia mille* » (Poème 5,7), « Donne-moi mille baisers » ?

Et il y a aussi l'inoubliable « *odi et amo* » (« je hais et j'aime ») de l'épigramme 85, une marque de fabrique, manifeste de toute une sensibilité et d'un conflit beaucoup plus que personnel : l'impasse psychologique et émotive d'un individu qui ne sait plus trouver de conciliation dans la vie, ni publique ni privée. Voilà ce que peut nous mettre sous les yeux une petite phrase de latin. D'ailleurs, quel meilleur exemple que cette épigramme pour s'initier à l'étude des verbes dits défectifs ? *Odi*, *coepi*..., ces verbes qui ne conservent que la forme du parfait et ont valeur de présent, donc non pas « je haïs » mais « je hais ». Dans la même épigramme on rencontre une autre forme verbale curieuse : *fieri* qui a survécu en italien dans l'expression *in fieri* (« en puissance, en cours d'élaboration »). Il sert d'infinitif passif à *facio*, je fais (les verbes, que cela soit clair tout de suite, sont indiqués en latin à la première personne du présent de l'indicatif, non à l'infinitif) mais il signifie également, en dehors de « être fait », « survenir » (comme précisément dans cette épigramme) ou « devenir ».

Et pour apprendre le subjonctif à valeur exhortative reportons-nous au premier vers du poème 5 de Catulle : « *vivamus* [...] *atque amemus* », (« vivons... et aimons »). L'attaque du poème 14 est idéale pour assimiler la période conditionnelle du troisième type, celle de l'irréel : « *Ni te plus oculis meis amarem*/[...]/*odissem te* » (« Si je ne t'aimais pas plus que mes yeux [...] je te haïrais »). Et le poème 51 introduit à un des mots les plus latins qui se puisse trouver : *otium*. Catulle, s'adressant nommément à lui-même (ce qu'il fait ailleurs), dit: «*otium, Catulle, tibi molestum est*» (51, 13), «le repos, Catulle, ne te convient pas, ne te réussit pas». Nous sommes à l'intérieur d'un poème très particulier, une traduction d'une pièce lyrique de Sapho qui par chance nous est parvenue en large partie et est désignée communément comme l'«ode de la jalousie». Le vers qui comporte le nom du poète-traducteur introduit la dernière strophe de la pièce, fait office de signature, ou de geste d'appropriation définitive. Mais qu'est-ce que l'*otium* qui fait tant de mal au poète et, comme l'expliquent les derniers vers, a envoyé à leur perte des rois et des cités entières? Traduire en italien par *ozio* (loisir, mais aussi oisiveté), c'est-à-dire par le mot qui en est directement issu, est limitatif, même s'il n'y a peut-être pas d'autre solution. Pour nous, l'*ozio* est une «flânerie», un passe-temps sans but. Dans la mentalité romaine l'*otium* est une manière de vivre; c'est l'opposé du *negotium*, l'activité politique ou d'une manière générale publique, et s'identifie à l'étude et à la contemplation. Entre les deux idéaux il y a une tension souvent conflictuelle. En théorie, ils devraient s'équilibrer; en pratique, ils s'excluent réciproquement. L'*otium* peut ne pas être un choix mais une mise à l'écart du *negotium* qui pour les Romains de l'époque républicaine représente sans conteste la plus haute forme de vie. Pour Catulle, au contraire, l'*otium* est un choix polémique, un désengagement orienté vers la pratique de la poésie, sans rien d'apolitique, mais plutôt plein de passion et d'indignation, parce que sa poésie, si fraîche et individuelle qu'elle puisse nous sembler, a pour objectif ultime un renouveau de l'éthique sociale à travers la défense de valeurs comme la loyauté et la justice. Catulle déteste la corruption, la trahison, la légèreté, aussi bien des personnes auxquelles il voue de l'affection qu'aux individus qui gouvernent l'État, à commencer par Jules César.

Un autre souvenir scolaire me revient ici. En première année de lycée nous commencions l'histoire de l'art. Le professeur, Mme Gilli, était une éminente spécialiste d'architecture et de peinture, restauratrice connue de vitraux, familiarisée avec la sémiotique et le structuralisme. Elle connaissait aussi fort bien les lettres classiques et acquit un prestige supérieur même à celui du professeur de latin et de grec le matin où, pour nous expliquer le concept de style, elle couvrit le tableau de gros mots latins. Elle dit qu'ils se trouvaient tous chez Catulle.

L'enthousiasme des lycéens pour le vocabulaire obscène exprime une exigence sacro-sainte de vérité : le gros mot n'est pas une invention arbitraire ; le gros mot est forcément vrai, c'est la voix de l'auteur, c'est une image authentique... Personne ne peut prononcer un gros mot pour un autre : étudier le latin de façon sérieuse et constructive est un entraînement à l'authenticité de la langue, gros mots ou pas. Mais nous reviendrons sur les gros mots.

6. UN CIEL PLEIN D'ÉTOILES (CICÉRON)

Tout lycéen devrait avoir clairement à l'esprit que le latin qui lui est enseigné est le latin littéraire. C'est une langue artificielle (pas plus, à tous égards, que celle d'un Pétrarque ou d'un Manzoni, d'un Ronsard ou d'un Céline), tout compte fait standardisée en dépit de la diversité des tempéraments stylistiques qui sont innombrables et de la durée millénaire de la pratique écrite. Mais il est notoire que l'écriture est plus conservatrice que la parole et autorise des archaïsmes, sinon de véritables restaurations, qui sont refusés à l'expression orale.

Plus que d'une cohérence grammaticale étendue (les différences, en fait, sont nombreuses dans l'emploi des verbes comme des prépositions), l'uniformité résulte d'une « volonté artistique » diffuse et de l'application mise à édifier une tradition ou, si nous adoptons comme perspective la diversité des genres, une série de traditions. C'est pourquoi là aussi où les différences et les variations sont évidentes – différences et variations dont les auteurs eux-mêmes sont conscients (il suffit de lire le *Brutus* de Cicéron) – on peut reconnaître une continuité et une communauté d'intentions : Ovide, pour prendre un exemple parmi d'autres, est très différent de Virgile et pourtant c'est un de ses continuateurs et ce lien héréditaire est essentiel même quand il concerne des auteurs fort éloignés dans le temps.

Le latin devient « classique » à la fin de la période

républicaine quand se développe toute une culture de la parole soumise à des règles et des normes, une véritable «idéologie grammaticale», qui vise à se donner, dans un environnement politique complexe et dans la recherche d'une auto-légitimation culturelle définitive, des statuts et un crédit également en rapport et en tardive concurrence avec la tradition de la grande éloquence grecque, représentée par Isocrate et Démosthène en particulier. Les caractéristiques principales de ce «latin nouveau», dont le meilleur exemple est fourni par l'art oratoire, sont la régularité, l'uniformité orthographique, la clarté sémantique et la complexité de la syntaxe, ce que l'on appelle la subordination, où le subjonctif joue un rôle essentiel et où ses emplois sont dictés par des critères convenus. Le latin *littéraire* – je tiens à le souligner – conserve ces caractéristiques pendant tous les siècles suivants, en dépit de toutes les divergences qu'il admet d'un auteur à l'autre ou également au sein d'une même œuvre et dans les genres nombreux, se distinguant nettement soit de ce que l'on appelle le «latin scolastique» du Moyen Âge, sommaire, disgracieux et discordant, soit du «latin franc» de la communication internationale, de l'administration, de la recherche archéologique, de l'Église, du droit et de la science (qui avance parallèlement et vivra encore longtemps). Quand Pétrarque tonne contre le latin de Dante (qui est justement celui du Moyen Âge) et quelques décennies après lui, Lorenzo Valla, avec une compétence accrue, s'applique à redonner au latin son élégance, ils ont à l'esprit justement le latin littéraire, qui, sans s'être éteint durant la période médiévale, s'était cependant comme ensablé ou réduit à de minces ruisselets divagants.

De ce latin «élevé» le théoricien et le vivant symbole a été Cicéron: un nom auquel a été identifié et s'identifie encore, soit dans l'enseignement soit au-dehors, le concept même de langue latine universelle ainsi que de classicisme. La lettre de remerciement que Pétrarque lui écrivit directement quatorze siècles après sa mort en l'appelant «père suprême de la langue latine» et source de ce que la postérité a fait de meilleur (*Familiares*, XXIV, 4) vaut bien les éloges infinis de tous les temps. De ses nombreux ouvrages subsistants, qui portent au niveau de l'excellence le traité de rhétorique, l'essai philosophique, ou de linguistique, le plaidoyer judiciaire et la correspondance privée, on a tiré des exemples de bon usage, des modèles de phrases et des formes de discours depuis l'Antiquité.

En France, l'« Âge de l'éloquence »*, qui s'affirme avec l'humanisme pour atteindre son apogée au XVIIe siècle, peut être qualifié d'*aetas ciceroniana***. Cet idéal n'est pas simplement celui des orateurs profanes. « Le Père Bourdaloue*** – que ses contemporains plaçaient au même rang que Bossuet – disait qu'après l'Écriture sainte, il ne lisait que deux livres : saint Jean Chrysostome et Cicéron. Il conseillait extrêmement la lecture de Cicéron aux jésuites qui se destinaient à la prédication » (cité par L. Laurand, *Cicéron est intéressant*, 1931, p. 12).

Le latin de Cicéron est, en fait, un latin que l'on analyse et que l'on décrit, qui se présente comme le fruit d'une étude assidue et méthodique, comme une *formation* et qui ne se donne pas de limites. Voici la naissance d'une langue qui réussit à décrire, à commenter, à exprimer des passions et des sentiments, à développer des arguments et des idées abstraites. Le latin qui, même s'il a déjà donné des preuves admirables de son expressivité, commence avec Cicéron à se penser lui-même, à établir une méthode pour s'affirmer. Le traité le plus développé consacré, à l'époque impériale, à la formation de l'orateur, l'*Institutio oratoria* de Quintilien, élève Cicéron au rang de maître suprême. Et rien ne pourrait être plus significatif que le culte de Cicéron professé par saint Jérôme, avec un vif sentiment de culpabilité (nous y reviendrons). La grammaire elle-même que l'on

---

* Titre de l'ouvrage capital de Marc Fumaroli (1980). *(NdT)*

** Étienne Gilson, *Le Message de l'humanisme*, 1974, cité dans l'ouvrage ci-dessus mentionné de Marc Fumaroli, I, *Rome et la querelle du cicéronianisme, Aetas ciceroniana*. *(NdT)*

*** Sur le Père Bourdaloue, voir Sainte-Beuve, *Causeries du lundi*, 26 décembre 1853. *(NdT)*

étudie au lycée tend à créer la règle sur la base de l'écriture cicéronienne. Son influence sur le développement de l'italien littéraire est, elle aussi, immense, à commencer par la langue vulgaire de Boccace[11].

Cicéron a fini par représenter un modèle également comme individu humain : un exemple de sentiment du devoir politique et moral, un exemple de force expressive sans égale, un héros et un martyr de la liberté républicaine finissante, l'ennemi de Catilina et la formidable victime sacrificielle de Marc Antoine – décapitée et amputée des deux mains –, qui a encore aujourd'hui la capacité d'émouvoir, jusque dans certaines représentations télévisées de la crise romaine (je pense à la série de la BBC, *Rome*, 2005-2007). Mais d'autre part, les critiques et les marques d'antipathie n'ont pas été épargnées à un homme d'une telle envergure. Le cas de Pétrarque est lui aussi révélateur. Avec toute son admiration pour le styliste, comme nous venons de le voir, il n'hésite pas dans une autre de ses *Familiares* à lui reprocher son opportunisme et son excès d'ambition.

Une simple lecture anthologique de la correspondance de Cicéron suffit pour se rendre compte du caractère essentiellement public et combatif de sa personnalité. Autres temps, certes, autre vie, autre culture où le moi s'affirme par une somme de fonctions sociales et où, par contraste, la vie privée était conçue abstraitement, non par hasard, comme relevant d'une idée : Cicéron, en tout cas, s'élève bien haut par son activité relationnelle frénétique, irrépressible. Sa journée se passe tout entière à intriguer, nouer des amitiés, à recommander un tel, complaire à un tel autre, à attaquer un ennemi, faire la paix, rechercher des faveurs et des alliances, récriminer, se justifier et repousser la malveillance.

La syntaxe par laquelle Cicéron est devenu un champion du latin reflète cette vie sociale si fiévreuse. C'est une syntaxe qui veut pénétrer dans tous les recoins, faire la lumière partout, débusquer la source de toute opposition possible et la réduire préventivement au silence et elle y parvient en périodes claires, ordonnées, complexes sans être compliquées où *tout se tient*, où ceci justifie cela et où il ne reste pas de place pour le doute ou le flou. L'élégance de Cicéron est plénitude et exhaustivité, elle consiste à épuiser toutes les potentialités d'un sujet, à pousser la réflexion jusqu'aux limites permises du bon sens. La passion du combattant s'exprime avec la pondération de l'homme qui réfléchit froidement; l'improvisation a quelque chose de calculé et de définitif.

Avec un auteur aussi varié et aussi considérable on ne sait où commencer pour en tirer des exemples. Je choisis presque au hasard sur mon étagère l'un de ses textes les plus plaisants, le traité sur l'amitié, composé vers la fin de l'an 44 av. J.-C. (Cicéron meurt l'année suivante). Voici une phrase intéressante:

> *Sed quoniam amicitiae mentionem fecisti et sumus otiosi, pergratum mihi feceris, spero item Scaevolae, si quem ad modum soles de ceteris rebus, cum ex te quaeruntur, sic de amicitia disputaris quid sentias, qualem existimes, quae praecepta des.*
>
> (Laelius de amicitia, IV, 16)

Il s'agit d'une phrase d'une certaine complexité. L'enchaînement des divers éléments est parfait. Chacun s'appuie sur celui qui le précède et celui qui le suit. Il ne subsiste aucune faille.

> Mais puisque tu as parlé (à l'instant) de l'amitié et que nous avons du temps, tu me ferais très plaisir, et à Scevola aussi, je présume, si, exactement comme tu en as l'habitude lorsqu'on t'interroge sur d'autres sujets, tu nous exposais ton point de vue sur l'amitié, ce qu'elle vaut à tes yeux, et quels conseils elle t'inspire.

Le bon latin, pour Cicéron, n'exige pas simplement le respect de l'usage (*consuetudo*) qui peut induire une erreur, mais aussi l'obéissance à une méthode (*ratio*), à des principes assurés (*Brutus*, 258). Cela étant posé, Cicéron ne subordonne pas son programme grammatical à l'application intransigeante d'un précepte : il a toujours à cœur de promouvoir un idéal d'élégance qui mette en harmonie *dans la pratique* – la sienne (immense !) incluse – histoire de la langue, bon usage et régularité ; disons, une capacité d'adaptation aux circonstances à laquelle, d'une façon ou d'une autre, ne fassent jamais défaut la poursuite de l'excellence et la suavité formelle.

Viser, avant tout, à la clarté : «*oratio* [...] *lumen adhibere rebus debet*», «la langue doit appliquer la lumière aux choses» (*De oratore*, III, 50 – on note que Cicéron, quand il parle de la langue, recourt souvent et volontiers au motif de la lumière) et, par conséquent, mettre en pratique les principes de cohérence et de correction morphologique, éviter l'ambiguïté, ne pas cultiver l'excès métaphorique, ne pas prolonger ou briser les phrases arbitrairement, proscrire l'archaïsme et la grossièreté, cette rudesse de paysan (appelée *rusticitas*) qui dans le passé était saluée comme une marque de distinction et un indice de traditionalisme. L'orthodoxie linguistique est ainsi promue au rang de prérogative citadine, *urbanitas*, précisément parce que la capitale de l'empire (*Urbs*) est le lieu où s'élabore la langue immortelle.

Cicéron met au cœur de sa théorie linguistique la maîtrise des mots, objet de l'instruction depuis l'enfance à travers l'étude de la littérature et la pratique quotidienne : choisir les mots les mieux adaptés à l'argument et aux circonstances – qui d'ailleurs ne relèvent pas d'un vocabulaire spécial mais sont les mots de tout le monde, orateurs ou gens ordinaires – et les combiner selon la correction syntaxique et l'exigence du rythme. La musicalité est jugée essentielle. Les mots doivent se lier en séquences plaisantes à l'oreille, comme dans la poésie, même sans véritable règle métrique et la période doit se conclure avec des successions rythmiques satisfaisantes pour l'esprit, parce que l'attention de l'auditeur se fait plus vive dans la partie conclusive d'un segment de prose. Les mots, en somme, doivent suivre un flux mélodique qui n'engendre pas la satiété et donne une impression d'ordre artistique, libre et contrôlé en même temps. Mais ici je voudrais attirer l'attention du lecteur sur une coïncidence qui permet de voir dans le rythme (*numerus* en latin) bien plus qu'un procédé euphonique. Dans le livre VI du *De re publica*, le traité de philosophie politique que Cicéron composa entre 54 et 51 av. J.-C., Scipion Émilien, le destructeur de Carthage, rêve qu'il rencontre au ciel son ancêtre l'Africain, le vainqueur de la seconde guerre punique. En dialoguant avec lui, il découvre la structure de l'univers, la petitesse de la terre, l'immortalité de l'âme et la vanité de la gloire. Il s'agit d'un des sommets de la littérature latine, qui eut un grand succès durant l'Antiquité tardive et au Moyen Âge (c'est, par exemple, l'une des sources du *Paradis* de Dante). Dans le *De oratore* Cicéron décrit les aspects du rythme avec le vocabulaire même dont il use dans le songe de Scipion pour décrire l'harmonie des corps célestes : *intervalla*, *distinctio*, *conversio* (période syntaxique dans un cas et révolution astrale dans l'autre), *extrema* (ici les parties extrêmes du discours, là les corps célestes les plus éloignés) (*De oratore*, III, 186 et *De re publica*, VI, 18). C'est comme si dans la phrase, par une alternance régulière de durées musicales, se répétait ou plutôt devait se répéter rien de moins que l'ordre même du cosmos[12]. Ce ne sera donc pas un hasard si la découverte du rythme et l'observation des étoiles sont mises en rapport direct dans un passage des *Tusculanae disputationes* (I, 63).

Comme j'y ai déjà fait allusion, le choix des mots est prioritaire. La recherche de la clarté impose, en fait, un exercice permanent de définition sémantique, à partir duquel se développe un art véritable de la terminologie. Voyons-en un exemple tiré des discours contre Verrès. Nous sommes en 70 av. J.-C. Cicéron revêt pour la première fois les habits de l'accusateur, composant une série de discours contre l'ex-gouverneur de la Sicile*, Verrès, qui s'est souillé par toutes sortes de crimes durant sa charge, depuis le vol d'objets d'art jusqu'à la mise à mort d'innocents. Le procès offre à Cicéron une grande occasion : celle de s'ériger en

---

* Dont seul le premier fut effectivement prononcé. *(NdT)*

restaurateur de la légalité, redonnant prestige et crédit à la classe sénatoriale et d'attribuer à son œuvre personnelle la valeur d'une mission nationale. Venons-en à l'exemple :

> *Non enim furem sed ereptorem, non adulterum sed expugnatorem pudicitiae, non sacrilegum sed hostem sacrorum religionumque, non sicarium sed crudelissimum carnificem civium sociorumque in vestrum iudicium adduximus...*
>
> (In Verrem, II, 1,9)
>
> Ce n'est pas un voleur mais un ravisseur, ce n'est pas un adultère mais un violateur brutal de la pudeur, ce n'est pas un sacrilège mais l'ennemi de tout ce qui est sacré et religieux, ce n'est pas un assassin mais le plus cruel bourreau des citoyens et des alliés que nous avons traduit devant votre tribunal.

L'accusateur scrupuleux, pour donner à son attaque la force la plus grande, fait étalage de précision, démontrant une totale maîtrise de la langue ; mais ce n'est pas tout : montrant qu'il connaît avec une enviable sûreté le mot qui décrit le plus justement la réalité. Derrière une telle précision verbale il y a une conception profondément positive de l'expression, ou plutôt la conviction que tout peut s'exprimer pourvu que l'on sache le faire. Considérons brièvement les termes du passage pour mieux comprendre l'intelligence lexicale de l'auteur. *Furem* (de *fur*), c'est le voleur (racine qui survit dans l'italien *furto* et ses dérivés, apparentée au verbe *fero*, « je porte »[13]) ; en français ne subsiste que l'adjectif « furtif », formé sur *furtivus*, mais la langue médiévale connaissait les mots *furte* et *furtie* (« vol »), *furtier* etc. Les mots « voler », « voleur » ont été empruntés au domaine de la chasse ; *ereptorem* (de *ereptor*) est dérivé du verbe *eripio* composé de *e* + *rapio* (« arracher ») ; *adulterum* (de *adulter*) n'est pas simplement l'époux volage (comme en italien et en français) mais quiconque se livre à des pratiques amoureuses irrégulières (de *ad-ulter*, « qui s'approche d'un autre » ; le verbe *adultero*, « altérer », « corrompre », a le plus souvent pour sujet un homme) ; *expugnatorem* (de *expugnator*) est un terme militaire, clairement employé comme métaphore hyperbolique à côté de *pudicitiae* (« chasteté », « pudeur féminine ») plutôt que comme d'habitude, à côté d'*urbium* (« cités ») ; *sacrilegum* (de *sacrilegus*) veut dire précisément, avant « sacrilège », « pilleur de lieux sacrés », l'idée de sacrilège étant rendue à l'inverse par « *hostem sacrorum religionumque* », où *hostis* est encore une autre métaphore militaire et politique ; *sicarium*, de *sicarius*, désigne un tueur en général (de *sica*, « poignard ») tandis que *carnificem* (dont le nominatif est *carnifex*) est proprement le bourreau professionnel, comme encore aujourd'hui en italien (*carnefice*).

Il n'y a pas de partie du discours (mot, figure de rhétorique, tournure syntactique) dont Cicéron ne montre pas qu'il comprend toutes leurs potentialités expressives et – j'insiste sur ce point – *psychologiques*. De fait, bien utiliser la langue ne signifie pas seulement donner une forme à ses pensées mais les *communiquer* à autrui. Et quand on communique avec un public, il faut parvenir à l'efficacité la plus grande : dire la chose juste de façon juste au bon moment. Les auditeurs ne sont pas gagnés par l'ennui ou la lassitude mais plutôt intéressés et entraînés et seulement ainsi, par une sorte de charme, peuvent-ils nous écouter et donc apprendre, être convaincus, émus par nos propos. La rhétorique cicéronienne est également une science des émotions, une esthétique de la réception, une théorie du *plaisir linguistique*. La fin d'une telle discipline stylistique n'est pas le discours en soi, la vaine gloire de l'artiste parnassien mais l'écoute d'autrui. Prenons, par exemple, ce que Cicéron dit de la métaphore. J'ai déjà rappelé que pour lui l'excès d'images (ou métaphores) nuit au discours. Cela, pourtant, ne l'empêche pas de reconnaître l'utilité de la métaphore dans la mesure où les gens aiment en entendre. Et pourquoi ? Parce qu'elles apportent de la variété ; parce que tout en paraissant s'éloigner du sujet, elles le remettent en réalité *sous les yeux* en une autre forme et stimulent l'imagination de l'auditeur, mobilisant – c'est le point important – ses sens, en particulier la vue, qui, de tous les sens, est le plus vif (*De oratore*, III, 159-161). J'ai également rappelé que l'obscurité est proscrite. Néanmoins, l'ironie (dire une chose qui en suggère une autre*) et l'allusion (n'en dire qu'un peu pour que l'auditeur complète) ont beaucoup à offrir parce que, encore une fois, elles procurent du plaisir et, gagnant ainsi la faveur du public, le rendent plus attentif (*De oratore*, III, 202-203) [14].

Le programme linguistique de Cicéron est l'une des entreprises les plus heureuses et les plus révolutionnaires de l'histoire culturelle européenne. Cicéron a réinventé la prose comme pratique tout comme théorie. Et si les développements de l'art des mots ont également pris dans le cours des siècles d'autres voies, opposées même aux idéaux cicéroniens, à commencer par la période impériale (mais pour citer des cas plus modernes on pense aussi à l'anticicéronianisme de Politien ou d'Érasme de Rotterdam, ou à la fin du XIXe siècle au dédain d'un romancier comme Huysmans), l'exemple de Cicéron a en tout cas constitué un terme de référence bien au-delà de la dissolution du monde antique ; il parvient à la Renaissance et de là se décline dans les diverses littératures nationales jusqu'à nos jours. Le souci de la forme, la précision sémantique, la correspondance des mots avec l'argument, le choix de termes qui ne suscitent ni surprise ni désapprobation chez le lecteur ou l'auditeur, la recherche de la clarté et de l'élégance, le respect de la grammaire – tout cela est un héritage cicéronien, que l'on s'en rende compte immédiatement ou non.

Mais le latin cicéronien n'est pas simplement un savoir-faire linguistique ; c'est aussi – et c'est ce qui en fait le trésor qu'il représente – le moyen par lequel s'est formé tout un système de valeurs, toute une réflexion sur l'être humain, assez puissant pour retentir pendant des siècles. Dans ce latin, vices, vertus et devoirs trouvent une de leurs définitions et – fait essentiel – l'excellence linguistique est présentée comme

* En grec, l'εἴρων est celui qui feint l'ignorance, qui dissimule. Cf. Socrate, le maître de l'ironie. *(NdT)*

l'expression d'une excellence spirituelle. En pratique, on ne rencontre de supériorité morale que dans un discours parfait. Crassus, dans le *De oratore*, affirme que l'éloquence est l'une des plus grandes vertus. «*Est enim eloquentia una quaedam de summis virtutibus*» (III, 55). Parce que bien parler c'est savoir d'où proviennent non seulement les beaux discours mais aussi l'organisation même du monde civil : coutumes, lois, gouvernements. Bien parler est une philosophie ; c'est une pratique de justice et une création de bonheur. Bien parler (ou écrire) c'est être bon ; c'est la liberté même et Cicéron en personne l'a prouvé en mettant sa propre éloquence au service de la société menacée par la tyrannie. Nous pouvons dire que dans la pratique et la pensée de Cicéron, ennemi juré de tout despotisme et porte-parole héroïque du Sénat, la langue latine s'élève à un tel degré d'excellence grammaticale précisément en tant qu'instrument de liberté, *libertas*, l'un des mots qui lui était le plus cher. Prenons un bref extrait de la troisième Philippique, l'un des discours écrits contre Marc Antoine où la défense idéologique de la liberté prend concrètement la forme d'un mécanisme rhétorique et syntactique élaboré :

> *Hanc vero nactus facultatem nullum tempus, patres conscripti, dimittam neque diurnum neque nocturnum, quin de libertate populi Romani et dignitate vestra, quod cogitandum sit cogitem, quod agendum atque faciendum, id non modo non recusem, sed etiam appetam atque deposcam. Hoc feci, dum licuit ; intermisi, quoad non licuit. Iam non solum licet, sed etiam necesse est, nisi servire malumus quam, ne serviamus, armis animisque decernere.*
>
> (Philippiques, III, 33)

La première période est la plus complexe de l'extrait. Les phrases suivantes sont plus simples, l'ordre des mots étant assez proche de l'italien. Mais elles ne sont pas non plus dépourvues d'une élégance architecturale calculée : symétries, répétitions et variations dans lesquelles les divers retournements de sens symbolisent la volonté de contre-attaquer :

> Fort de la faculté qui m'est offerte [*de donner un avis adapté au Sénat*] je ne veux laisser passer, sénateurs, aucun instant ni de jour ni de nuit sans que les moyens de maintenir la liberté du peuple romain et votre dignité ne fassent l'objet de mes méditations, ce qu'il faut exécuter, ce qu'il convient de faire non seulement je ne m'y déroberai pas mais je l'entreprendrai avec ardeur et je l'exigerai. J'ai toujours agi ainsi, pour autant que cela m'a été possible; si j'ai suspendu mes efforts, c'était face à l'impossible. Aujourd'hui il est non seulement permis d'agir mais c'est une nécessité, à moins que nous ne préférions être esclaves plutôt que de combattre avec nos armes et nos âmes pour échapper à la servitude.

Sous la direction de Cicéron, le latin entre en scène comme langue de la vérité et de la justice. L'orateur n'est pas un masque de théâtre ou un héros d'épopée mais un acteur de la vie: un homme qui lutte en se servant de son intelligence et de son honnêteté contre la dissolution de la société et la corruption des politiciens et qui, en premier lieu, se considère lui-même et son prochain comme des citoyens de l'Urbs, comme des fils de la plus grande république de tous les temps. La langue, par l'engagement civique d'un tel homme, s'affine et se perfectionne dans une recherche méticuleuse des arguments et des preuves qui présentent la réalité comme elle est et aident à concevoir les réformes nécessaires. À signaler les aberrations et à les redresser, à ne jamais perdre des yeux l'idéal à venir qui de plus, pour Cicéron (trait typiquement romain, promis à une longue fortune en Occident), s'incarne presque toujours en un exemple d'excellence passée. D'où une critique incessante, passionnée du temps présent et, en parallèle, la nostalgie d'une antiquité idéale et pure. Avec Cicéron pour arbitre, entre ces deux pôles – la critique et la nostalgie – la langue latine joue sa partie la plus glorieuse. Et l'arbitre participe activement au jeu parce que grâce à lui le latin se trouve être également la langue d'une nouvelle subjectivité, la langue de l'autobiographie. Avec Cicéron, en effet, surgit la voix d'un individu historique parfaitement accompli et déterminé, qui a conscience de ses propres devoirs et s'emploie à forger son identité linguistique et rhétorique, à être tout entier présent dans les mots qu'il prononce. Une des grandes figures de la subjectivité occidentale s'affirme ici : le grand homme, le saint laïc avec ses attributs : indignation, retenue, maîtrise de la parole, rigueur, résistance au mal, soif de gloire, autocélébration, audace, véhémence, austérité, moralisme, horreur du déclin historique.

L'engagement politique de Cicéron est la source principale du progrès accompli par le latin sur le plan formel soit dans ses théories soit dans l'exercice de ses nombreuses charges officielles. Mais il faut aussi prendre en considération les recherches abstraites de l'auteur, son intervention dans l'espace de la réflexion spirituelle, au-delà du débat politique et des luttes du forum. Cicéron, on peut le dire, donna à la philosophie la pleine citoyenneté romaine. Ses écrits philosophiques qui, ce n'est pas un hasard, virent le jour après son retrait de la scène publique, représentent un autre moment important de l'histoire du latin (sans compter celle de la pensée occidentale et l'éloge de Voltaire dans le *Dictionnaire philosophique* suffirait à en montrer la durable vitalité). Le vocabulaire au contact des sources grecques (platonisme, aristotélisme, stoïcisme, épicurisme) s'élargit ; celui dont on disposait déjà étend ses capacités sémantiques, mais surtout apparaissent sur le devant de la scène de nouveaux discours qui imposent des modèles moraux et spirituels pour plusieurs siècles : sur les vertus, les facultés d'entendement, le bonheur, le sens de la mort, la valeur de la vie, la nature de l'âme. Dans les *Tusculanae disputationes,* déjà mentionnées, le chef-d'œuvre de Cicéron philosophe (vers 45 av. J.-C.), voici établies en quatre verbes à l'infinitif les propriétés de l'esprit, propriétés quasi divines au dire de l'auteur : « *vigere, sapere, invenire, meminisse* » (I, 65), c'est-à-dire « vigueur, sagesse, inventivité, mémoire » (le verbe *sapio* dont *sapere* est l'infinitif – qui a donné la forme « savoir » en français –, avec l'accent sur la première syllabe, ne signifie pas «je sais» comme plus tard en italien mais «j'ai du jugement, du discernement», «je sens» par l'intelligence – avec, pour sens premier, «j'ai du goût»; *sapiens*, c'est-à-dire «sage, savant, philosophe» en est le participe présent). Sur les propriétés de la mémoire, faculté mystérieuse et magnifique (qu'au cours des siècles la littérature, la science, la philosophie ont le plus explorée) Cicéron pose déjà des questions fascinantes, ouvrant ainsi la voie aux analyses de saint Augustin qui précisément dira dans ses *Confessions*, composées vers la fin du IVe siècle, être arrivé à la philosophie par la lecture de l'*Hortensius* de Cicéron (œuvre dont nous ne possédons plus que des fragments). Mais écoutons ce splendide éloge de la pensée:

> *illa vis quae tandem est quae investigat occulta, quae inventio atque excogitatio dicitur? ex hacne tibi terrena mortalique natura et caduca concreta ea videtur? aut qui primus, quod summae sapientiae Pythagorae visum est, omnibus rebus imposuit nomina? aut qui dissipatos homines congregavit et ad societatem vitae convocavit, aut qui sonos vocis, qui infiniti videbantur, paucis litterarum notis terminavit, aut qui errantium stellarum cursus, praegressiones, institiones notavit?*
>
> (Tusculanae disputationes, I, 61-62)

> Quelle est cette force qui sonde les choses cachées, et que l'on appelle faculté d'invention et aptitude imaginative? Te semble-t-elle formée de cette nature terrestre mortelle et périssable? Ou celui qui pour la première fois – fait qui, pour Pythagore, relevait de la plus haute sagesse – appliqua des noms à toutes les choses, ou celui qui réunit les hommes dispersés et les appela à vivre en société, ou celui qui, au moyen de quelques signes, fixa les sons de la voix qui paraissaient innombrables, ou celui qui identifia les orbites des planètes, leurs dépassements et leurs arrêts?

7. LA FORCE DU THÉÂTRE COMIQUE : PLAUTE ET TÉRENCE

Plaute inspirait une grande fierté au professeur qui prononçait «*Dzidzerone*»* car elle était de Sarsina (Ombrie, aujourd'hui Émilie-Romagne), pays natal du poète. Au lycée, cependant, il est rare qu'on lise Plaute dans le texte. Ce bon professeur ne nous le proposait pas non plus. Dommage, car Plaute est surtout remarquable pour son génie verbal. Il emprunte des mots au grec, il en invente, il joue avec les sonorités. C'est vrai : les formes sont archaïques, qu'il s'agisse des verbes ou des substantifs ; il fourmille d'interjections que le latin plus avancé en âge abandonnera ; et la syntaxe est encore sans audace (y prévaut la coordination, la construction par unités détachées, rationnelle et claire). Plaute cependant déploie les qualités d'un grand artiste ; dans son usage du latin il fait preuve de créativité, tirant profit de la musicalité et de l'expressivité des mots. Une longue tradition érudite a voulu faire de cet auteur un champion du registre oral. On peut certes affirmer que Plaute a puisé dans la langue parlée de son temps. Quel auteur ne le fait pas ? Il n'est cependant pas possible de déterminer jusqu'à quel point il le fait. Et, quoi qu'il en soit, il faut établir avant tout ce qu'est cette «langue parlée». Je récuse la validité ou même seulement l'utilité de cette catégorie quand on doit aborder des textes littéraires,

* Prononciation singulière en italien où le *c* devant *e* ou *i* se prononce plutôt *tch. (NdT)*

c'est-à-dire quand on veut évaluer les qualités esthétiques d'une écriture, même destinée à l'oral, comme pour le théâtre. Je ne crois pas que dans les comédies de Plaute il y ait plus de langage parlé que dans les dialogues philosophiques de Cicéron. Et je ne crois pas davantage que la correspondance de Cicéron – qu'une certaine tradition érudite rapproche de l'oralité prêtée à Plaute – soit dépourvue de traits littéraires, c'est-à-dire «d'artifices de style» (stylèmes ou structures caractéristiques récurrentes, formules d'usage, attitudes rhétoriques convenues etc.). Un mot, à moins d'être inventé, est toujours «parlé» avant de revêtir la forme écrite, mais une fois écrit, c'est de l'«écrit»; il entre dans un système stylistique qui en modifie la substance, la valeur esthétique et aussi la fonction de communication. Pensons aux gros mots. C'est une chose de les entendre, c'en est une autre de les lire. Écrits, ce ne sont plus des gros mots, ce sont des *simulations* de gros mots (nous en reparlerons à propos de Catulle). Et une simulation comporte toujours un ajout, comme les sous-entendus d'une citation, un caractère allusif qui n'est plus le signifié originel. Celui-ci est devenu autre, il s'est en quelque sorte transformé en métaphore. Prenons des exemples plus proches de nous dans le temps: Beckett, par exemple. Ses personnages s'expriment avec des mots fort ordinaires. Pouvons-nous soutenir qu'ils recourent à la «langue parlée»? Non. Ces mots, l'artiste les a sélectionnés, les a recomposés dans des ensembles qui n'ont rien de spontané; il en a fait, en somme, «quelque chose d'autre», un code, un style... Prenons également l'exemple des dialectes et des idiomes. Que pourrait-il y avoir de plus «parlé» qu'eux? Et pourtant ils cessent de l'être dès lors que, sur la page, ils n'assument plus une fonction de transcription mais de langue spéciale, donc, littéraire. Proust fait parler Françoise d'une certaine façon, il lui fait commettre des fautes de langue... Et pourtant, même ainsi, Françoise est tout autre chose qu'une adepte de la langue parlée, parce que son mode d'expression relève du registre de l'imitation littéraire, de l'artifice... Cela vaut tout autant pour Shakespeare, pour Dante, pour Stendhal et pour tous les grands écrivains de tous les temps qui semblent s'inspirer autant de la littérature que de la vie. Un artiste du verbe, en réalité, emprunte à la vie, reconnaît ce qu'il y a de littéraire en elle, et il est porté à l'écrire ou à le réécrire si quelqu'un l'a précédé dans cette voie. Il faut dire également que l'intérêt pour le latin parlé est alimenté par les historiens de la langue qui croient trouver dans l'archaïsme de Plaute des traits préromans: le verbe *ausculto* par exemple, qui signifie «écouter, prêter l'oreille», apparaît ici mais non dans ce que l'on appelle le latin classique qui, pour exprimer la même idée emploie le verbe *audio*. En italien réapparaît une forme *ascoltare* («écouter», voir *infra*, p. 189) ainsi qu'une forme *auscultare* («ausculter», au sens médical). La même dualité existe en français mais la différenciaiton morphologique est plus marquée entre *écouter* et *ausculter* qui s'impose à partir du XIXe siècle: explorer les bruits de l'organisme par l'auscultation. C'est indéniable. Mais c'est encore un autre point de vue qui, s'il explique les développements de certains emplois et de certaines formes, n'est guère utile, toutefois, pour comprendre le fonctionnement des processus littéraires et poétiques.

Des cent trente comédies que Plaute (vers 254-184 av. J.-C.) aurait composées, vingt seulement nous sont parvenues, ce qui suffit pour faire de lui l'auteur comique le plus largement représenté de l'Antiquité (et un modèle pour le renouveau de la comédie au XVe siècle en Italie puis un peu partout en Europe). Ce n'est pas ici le lieu de traiter des caractéristiques du théâtre de Plaute (structure, personnages, intrigues, métrique), de ses emprunts aux comiques grecs, de ses techniques de composition. Je renvoie sur ce point aux diverses histoires littéraires. Sur son importance, on se contentera de dire qu'une meilleure connaissance des modèles grecs de Plaute, en particulier de Ménandre – grâce aux découvertes papyrologiques récentes –, jette quelque lumière sur la question de son influence. À titre d'exemple, la comparaison fragmentaire des *Bacchides* de Plaute (vv. 494-572) avec une centaine de vers de *La Double Tromperie* de Ménandre montre que Plaute a fidèlement emprunté l'intrigue mais que l'analyse des sentiments est, chez lui, plus originale et que sa langue est plus vigoureuse, plus musicale. Il est notoire que Plaute fait rire, qu'il divertit, qu'il est comique au sens plein et le mieux établi du mot, ce qui ne devait pas être le cas de Térence, l'autre grand poète comique de l'époque archaïque. Mais il y a aussi un Plaute moins évident, moins lié aux circonstances de la représentation et aux impératifs du genre dramatique, un Plaute que je préfère ; un Plaute, justement, poète des mots, qui donne le meilleur de lui-même en dehors également des dialogues et des monologues où il excelle, où l'on peut admirer sa volonté de faire partager la cohérence de son exposé. En voici un exemple tiré de la *Cistellaria* (la « comédie de la cassette »), vv. 203-224.

Credo ego amorem primum apud hominem carnificinam commentum.
Hanc ego coniecturam domi facio, ni foris quaeram,
Quia omnis homines supero (atque) antideo cruciabilitatibus animi.
Iactor, crucior, agitor,
Stimulor, uorsor,
In amoris rota, miser exanimor,
Feror, differor, distrahor, diripior,
Ita nubilam mentem animi habeo.
Ubi sum, ibi non sum,
Ubi non sum, ibi est animus.
Ita mi omnia sunt ingenia.
Quod lubet, non lubet iam id continuo.
Ita me Amor lassum animi ludificat,
Fugat, agit, appetit, raptat, retinet,
Lactat, largitur.
Quod dat non dat ; deludit.
Modo quod suasit dissuadet ;
Quod dissuasit, id ostendat.
Maritumis moribus mecum expeditur :
Ita meum frangit amantem animum,
Neque, nisi quia miser non eo pessum.
Mihi ulla abest perdito pernicies.

Nous avons sous les yeux un lamento d'amour et la victime est un certain Alcésimarque amoureux de la courtisane Sélénie. Obligé par son père d'épouser une jeune fille libre, le jeune homme se désespère à l'idée de rompre avec Sélénie. Un rapide survol du texte suffit à révéler l'art savant du divertissement phonétique qui préside à la composition de ce passage : allitérations, homéotéleutes, effets de répétition. Mais il ne s'agit pas de virtuosité gratuite. La prouesse verbale sert ici à exprimer un sentiment spécial ou plutôt la découverte d'une réalité psychologique profonde : traduire par des mots l'impasse où se fourvoie l'amoureux, c'est-à-dire l'oxymore dans lequel il se débat : témoignage précoce d'un sentiment tragique (bien qu'il apparaisse dans une comédie) qui l'emportera longtemps dans la tradition amoureuse des siècles ultérieurs, y compris à l'époque de la langue vulgaire (pensons seulement à Pétrarque).

> Je crois bien que le premier qui inventa le métier de bourreau, c'est l'amour. Ce que j'en dis, j'en ai la preuve chez moi, sans la chercher ailleurs ; car j'endure des tourments qui dépassent et surpassent ceux d'aucun homme au monde. Je suis ballotté, torturé, agité, transpercé, tourné et retourné sur la roue de l'amour ; je sens ma misérable vie qui m'abandonne ; je suis emporté, tiraillé, déchiré, dépecé ; d'épais nuages embrument ma pensée. Je ne suis pas où je suis ; où je ne suis pas, là se porte mon esprit. Mille sentiments divers me possèdent à la fois. Je veux, et au même moment je ne veux pas. C'est ainsi qu'Amour se joue de moi et de mon cœur las. Il me chasse, il me pousse, il m'invite, il m'entraîne, il me retient, il me séduit, il fait le généreux. Il donne sans donner, pour me berner. Ce qu'il vient de me conseiller, il le déconseille ; ce qu'il m'a déconseillé, il l'agite à mes yeux comme un appât. Il en use avec moi comme une mer orageuse : prenant mon pauvre cœur amoureux, il le brise. Perdu corps et biens, je n'ai plus, hélas ! qu'à sombrer pour consommer définitivement ma perte.

Traduction d'Alfred Ernout

Avec Térence (195/185-159 av. J.-C.) que nous avons déjà évoqué, les moyens dont dispose la langue s'élargissent. Par rapport à Plaute, Térence est de toute évidence le fruit d'une culture plus raffinée et d'une attitude moins utilitariste à l'égard de l'exposition verbale.

Arrivé de Carthage, sa ville natale, à Rome comme esclave d'un certain Terentius Lucanus on ne sait pas exactement dans quelles circonstances, Térence fut bientôt affranchi et devint l'ami de personnages haut placés, comme Scipion Émilien et Lélius. Cicéron, à travers les reconstitutions historiques (sous forme de dialogues rapportés) du *De amicitia* et du *De republica*, a répandu l'idée qu'il existait un cercle des Scipions, c'est-à-dire un cénacle d'amis puissants, épris des penseurs et de la culture grecs, comprenant également des écrivains comme Lucilius, l'un des maîtres du genre satirique, et précisément Térence. L'historicité du cercle des Scipions est mise en doute par de nombreux savants. Mais il est certain que Térence, comme le déclarent également les prologues de deux de ses comédies (l'*Heautontimoroumenos* – littéralement « le bourreau de soi-même » – et *Les Adelphes* – « les frères »), évoluait dans un milieu d'« amis », vivement épris de la culture grecque et où ses œuvres trouvèrent les conditions de leur naissance et de leur diffusion. C'est dans un tel milieu que se développa toute une sensibilité, une attention à l'« humain », aux caractères et aux sentiments qui devait permettre à la langue de s'engager sur de nouvelles voies. Les archaïsmes subsistent en partie mais la syntaxe gagne en complexité, en capacité d'analyse et en souplesse. La construction des phrases évolue de façon toujours plus convaincante vers la subordination. Les enchaînements se multiplient (sous l'effet stimulant, il est vrai, du genre dramatique) ; la discussion dialoguée s'organise en niveaux hiérarchisés.

Voyons-en un exemple également sur un thème amoureux :

proin tu, dum est tempus, etiam atque etiam cogita,
ere : quae res in se neque consilium neque modum

habet ullum, eam consilio regere non potes.
in amore haec omnia insunt vitia : iniuriae,
suspiciones, inimicitiae, indutiae,
bellum, pax rursum : incerta haec si tu postules
ratione certa facere, nihilo plus agas
quam si des operam ut cum ratione insanias.
et quod nunc tute tecum iratus cogitas
"egon illam, quae illum, quae me, quae non… ! sine modo,
mori me malim : sentiet qui vir siem" :
haec verba una mehercle falsa lacrimula
quam oculos terendo misere vix vi expresserit,
restinguet, et te ultro accusabit, et dabis ultro supplicium.

(L'Eunuque, vv. 56-70)

Phédria vient de s'interroger sur l'opportunité de revenir vers la courtisane qui l'a repoussé et l'esclave Parménion lui prodigue quelques mises en garde. Avant d'aborder la traduction, considérons la syntaxe. Quelle variété en un si bref espace ! Relatives (avec anticipation du pronom puis reprise à travers un démonstratif), temporelles, hypothétiques et même quelques ellipses. Ce trait ressortira jusque dans le style épique de Virgile : je pense au menaçant « *quos ego…* » de l'*Énéide* I, 135, où Neptune, à la vue des vents qui mettent en péril la flotte d'Énée à l'instigation de Junon, commence à les tancer vertement puis se retient. (Procédé souvent repris et que l'on retrouvera, par exemple, chez Racine, *Athalie* V, 5, v. 8.) Parménion ne nous épargne pas non plus la forme déclarative la plus élémentaire, l'énumération (*injuriae* etc.) Mais à celle-ci, comme s'il voulait mettre immédiatement en évidence le contraste entre deux hypothèses linguistiques, ou, plutôt, entre deux moments de l'histoire linguistique, il rattache une suite concertée de subordonnées : protases au subjonctif (*si consules*) / apodose au subjonctif (*agas*) / comparative au subjonctif (*quam si des*) / complétive au subjonctif (*ut insanias*). L'abondance des subjonctifs indique que nous sommes dans le domaine de la spéculation ; de l'interprétation subjective. L'énumération précédente ne représente rien d'autre que des données de fait : ceci est ceci et ceci – comme dans Caton.

> Réfléchis donc encore et encore, tandis qu'il en est temps, maître. Tu ne peux pas gouverner par raison une chose qui n'a en soi ni raison ni mesure. Vois les misères de l'amour : outrages, soupçons, brouilleries, trêve, guerre et raccommodement ensuite. Si tu prétends fixer par la raison des choses aussi mobiles, tu n'y réussiras pas plus que si tu essayais de déraisonner raisonnablement. Tout ce que le dépit te fait dire en ce moment : « Moi, retourner chez elle, qui le… qui me… qui ne… ! Laisse-moi faire. J'aimerais mieux mourir… Elle verra qui je suis », tout ce feu, j'en jure par Hercule, une seule petite larme menteuse, qu'elle s'arrachera à grand-peine à force de se frotter les yeux, suffira pour l'éteindre. Et elle sera la première à t'accuser, et toi le premier à te laisser punir.
>
> Traduction d'Émile Chambry

Telles sont donc, succinctement évoquées, les qualités auxquelles on se doit d'être attentif à la lecture, car c'est par elle essentiellement – sinon exclusivement – que l'on découvrira Plaute et Térence. Il est vrai qu'on ne joue plus guère aujourd'hui leurs pièces. Faut-il en conclure pour autant qu'ils appartiennent désormais au genre que Musset appelait le « spectacle dans un fauteuil » (1832), c'est-à-dire des œuvres destinées à être lues mais dont les entrepreneurs de spectacle se détournent ? La vérité est plus nuancée. On n'en finirait pas de dresser le catalogue des œuvres qu'ils ont inspirées un peu partout en Europe principalement depuis la Renaissance. Suivant les époques, l'un ou l'autre domine. Plaute est la source de quelques-uns des plus grands succès de Molière. Un siècle après lui Diderot compose un *Éloge de Térence* (1762), chez lequel il discerne les traits qu'il s'efforcera d'imprimer au théâtre bourgeois dont il sera le chantre. (Il cite d'ailleurs en exemple, pour sa justesse et sa vérité, la première scène de l'acte I d'où provient l'extrait mentionné plus haut.) Est-ce à dire que cet état de la question est révolu ? Ouvrons au hasard le programme de la dernière saison théâtrale parisienne. Que trouve-t-on parmi les pièces à succès ? *L'Avare*, représenté simultanément dans plusieurs salles, *Amphitryon* et *Les Deux jumeaux vénitiens* de Goldoni. « Grand et habile picoreur », comme disait de lui son contemporain La Monnoye, Molière diversifiait ses emprunts mais le plus généreux de ses créanciers fut incontestablement Plaute et dans l'avant-propos de sa pièce (1750) Goldoni, qui transpose l'intrigue des *Ménechmes*, ne craint pas de souligner sa dette envers l'œuvre de Plaute, « la source universelle d'où tous les autres qui vinrent après lui puisèrent les leurs ». On ne s'étonnera donc pas de retrouver, par exemple, l'intrigue des *Ménechmes* chez Sacha Guitry (*Mon double et ma moitié*, 1931) ou chez Tristan Bernard (*Les Jumeaux de Brighton*, 1936) – et cet exemple n'est pas isolé. Inversons la question : que serait notre théâtre comique sans les Latins*?

---

* Au sujet de la survie de la comédie latine, voir Jean-Christian Dumont et Marie-Hélène Garelli, *Le Théâtre à Rome*, p. 204-210, Le Livre de Poche/Références, 1998. *(NdT)*

8. UN FANTÔME (ENNIUS)

On dit *latin* et immédiatement on pense à un système complet de textes et de témoignages, à une littérature achevée, soumise à une grammaire rigide et qui s'offre dans son immuable éternité. La réalité est différente. Ce que nous appelons *latin* est la langue de textes ayant échappé par hasard à l'éparpillement et à la destruction : certains ont revu le jour après des éclipses prolongées, d'autres sont irréparablement mutilés ; aucun n'a été conservé dans son état initial. La continuité n'est certes pas une caractéristique de ce que l'on appelle la tradition. Transmettre (*tradere* en latin, dont la racine a donné « tradition ») est une action qui n'a rien de linéaire et ne suit pas de programmes fixes et assurés. Le latin étudié aujourd'hui au lycée, pour mettre les choses au point, est le résultat d'une reconstitution sans fin, avec les matériaux subsistants ou aussi au prix d'hypothèses et de conjectures. La beauté du latin est la beauté de ce qui a été sauvé et recueilli dans le flot de la vie. Étudier le latin – ne l'oublions jamais – signifie également ceci : s'accommoder de ce qui a été perdu ; apprendre à jouir du peu (du reste encore considérable) que le hasard nous a laissé, le respecter, en prendre soin. Comme l'a écrit Boccace dans la *Genealogia deorum gentilium*, « De la généalogie des Dieux des païens », un vaste exposé mythologique, le temps ronge les pierres : voudrait-on qu'il épargne les livres ? Et l'on ne parle pas ici d'écrits mineurs mais d'œuvres fort étendues, et dont l'influence fut très grande (pour aller plus loin je renvoie à *La Littérature latine inconnue* de Henry Bardon, 2 tomes*). Un exemple suffira pour tous: l'œuvre d'Ennius (239-169 av. J.-C.), le grand modèle épique de Virgile, mais pas uniquement. Ennius, en fait, aborda une extraordinaire variété de genres, du théâtre (comédie et tragédie, où il excella) à la satire, à l'épigramme, à la prose, à la poésie épique, aux *Annales* (en dix-huit livres) dans les dernières années de sa vie. D'une production si vaste, si marquante ne sont restées que quelques poignées de miettes. En classe, on mentionne ce poète comme un simple pionnier et de son latin on rappelle l'allitération singularisante, c'est-à-dire la répétition rapprochée d'une certaine consonne (trait typique pour le latin archaïque mais aussi d'autres langues, comme le vieil anglais). L'allitération pour moi encore aujourd'hui, c'est ce vers d'Ennius: «*O Tite tute Tati tibi tanta tyranne tulisti*», qui veut dire... Mais non, c'est secondaire: laissons-le ainsi, intact, avec tous les «t» qui pour moi, en première année de lycée classique (fr.: 2e année de lycée), étaient l'unique sens concevable.

Né dans la cité messapienne de Rudies (dont les ruines se trouvent à quelques kilomètres de l'actuelle Lecce), Ennius se forma dans le stimulant *melting-pot* de la Grande Grèce et à vingt ans à peine combattit en Sardaigne contre les Carthaginois, qui menaçaient la survie de la puissance romaine. De cette aventure militaire reste une flatteuse reconstitution dans les *Guerres puniques* de Silius Italicus (XII, 388 ss.), un poète du Ier siècle ap. J.-C. dont le projet même devait encore beaucoup à Ennius. À trente-cinq ans il se rendit dans la capitale protégé par Caton (par la suite farouche ennemi de la culture hellénisante qu'Ennius incarnait). La postérité a vu en lui, qui fut le chantre de l'antique gloire romaine et de la geste de Scipion l'Africain (définitivement vainqueur d'Hannibal à Zama en 202 av. J.-C.), le père de la littérature latine. *Pater* est vraiment le titre de respect dont certains poètes ultérieurs

---

* Henry Bardon, *La Littérature latine inconnue*. I. *L'époque républicaine*, 1952, II. *L'époque impériale*, 1957, Librairie Klincksieck. *(NdT)*

le gratifient (Horace dans ses *Épîtres*, I, 19, 7, et – nous le verrons – Properce dans ses *Élégies*, III, 3, 6). Lucrèce attache l'affectueux *noster* au nom d'Ennius dans un passage du *De rerum natura* (I, 117). Mille cinq cents ans plus tard c'est bien lui qu'évoque Pétrarque, en en faisant son double dans l'*Africa* (livre IX), le poème épique en latin dont il attendait une gloire éternelle : Ennius parle du laurier poétique et raconte un songe dans lequel Homère lui a prédit les développements de la poésie latine et l'arrivée d'un grand poète nommé Francesco. Un songe, qui n'est pas sans rappeler le prologue de la *Théogonie* où Hésiode rend grâce aux Muses de l'avoir fait poète, ouvre déjà les *Annales* dans lesquelles le même Homère apparaît à Ennius et lui révèle qu'il s'est réincarné en lui après être passé par l'état de paon, l'initiant ainsi aux secrets du monde, comme le rappelle également Lucrèce dans le passage que je viens de citer (Cicéron lui aussi se souviendra du songe d'Ennius au livre VI du *De re publica*, où Scipion Émilien voit en songe l'Africain).

Ennius a contribué dans une grande mesure à forger un sentiment national, tout en ayant pleine conscience de sa mission littéraire et, de cette façon, aspirant à devenir le futur modèle de Lucrèce et de Virgile et le maître de la poésie épique en tant que genre. Et plus encore : la conscience linguistique de toute la poésie latine à venir.

Dans un fragment du livre VII (fr. 133 ; Loeb, 231-234[*]) des *Annales*, le poète énonce en termes clairs la nouveauté de sa poésie, donnant la preuve d'une conscience artistique qui en fait autre chose qu'un pur et simple imitateur d'Homère.

Scripsere alii rem
vorsibus quos olim Faunei vatesque canebant,
quom neque Musarum scopulos
nec <docti> dicti studiosus quisquam erat ante hunc[15].

---

[*] Pour ce fragment et les suivants nous retenons le texte de l'édition Loeb, tome I (Ennius, Caecilius). *(NdT)*

> D'autres ont écrit sur le sujet en des vers que chantaient jadis les Faunes et les Devins, quand [personne n'était encore monté sur] la colline des Muses... ni aucun homme soucieux de beau langage avant lui [=Ennius].

Nous sommes devant une attaque très ciblée et très hautaine. Ces «autres», contrairement aux apparences, n'ont rien d'imprécis mais visent l'œuvre du poète Naevius (env. 275-201 av. J.-C.), désormais réduite à quelques fragments, qui traitait de la première guerre punique (la *rem* de la citation, accusatif du mot *res*, «chose»). Le vers ou le mètre de Naevius (ici à l'ablatif non de la forme *versus* mais de l'archaïsant *vorsus*) était l'antique saturnien, auquel Ennius substitua l'hexamètre d'origine grecque, celui de l'*Iliade* et de l'*Odyssée*. Voici pourquoi, non sans dédain, il l'attribue aux Faunes (la terminaison *-ei*, au lieu de *-i* est archaïsante), divinités sylvestres locales, et aux devins, qui prononçaient leurs oracles sous une forme poétique (*vates* signifie aussi «poètes»). Le renvoi aux Muses, les divinités grecques plutôt qu'aux Camènes italiques invoquées par Naevius, est une importante marque d'hellénisme. Le mot «Muse» apparaît au premier vers de l'*Odyssée*; il est probablement lié au mot grec *menos*, qui désigne la force vitale, et aussi à la forme verbale *memona*, «désirer, être plein d'ardeur». Et il se trouve aussi dans un autre vers du livre I des *Annales* (fr. 1) que de nombreux commentateurs considèrent comme le vers d'ouverture:

> *Musae, quae pedibus magnum pulsatis Olumpum* [16]
>
> Muses, dont les pieds frappent le grand Olympe

où par Olympe on doit peut-être entendre non la montagne de Grèce mais le ciel. Les *scopuli* (mot qui signifie principalement «rochers, éminences», puis «écueils», son dérivé direct) sont les collines grecques où habitaient les Muses, le Parnasse et l'Hélicon (certains, cependant, ont interprété *scopuli* dans le sens métaphorique, toujours valable, de difficultés). Autre trait hellénisant de portée révolutionnaire, la déclaration de poétique : ici s'affirme *pour la première fois* une poésie savante en latin. Le modèle est l'Alexandrin Callimaque, un poète qui jouera également un si grand rôle dans le développement de la poésie latine ultérieure (Catulle et Virgile d'abord, mais aussi Properce et d'autres, comme nous le verrons) : poète érudit et raffiné, amateur de ce qui est étrange, singulier, précieux. Le thème du songe, fondamental dans la conception des *Annales*, ne renvoie pas seulement à Hésiode, comme je l'ai rappelé, mais aussi à Callimaque : au début des *Aitia* le poète rêve qu'il est transporté sur la montagne des Muses et qu'il y apprend les mythes racontés dans son œuvre. L'adjectif *studiosus* qui dérive de *studium* (d'où l'italien *studio*, « étude ») est également digne d'attention : passion, transport, dévouement. Deux fragments du livre VII à placer immédiatement à la suite (fr. 134-135 ; Loeb, 229-230) soulignent la supériorité du savoir poétique que le poète doit à la révélation d'Homère et non à l'étude appliquée, ainsi que l'audace de son entreprise.

nec quisquam sopiam sapientia quae perhibetur
in somnis vidit prius quam sam discere coepit.
[...]
Nos ausi reserare.

Et nul n'a vu en songe la science qu'on nomme sagesse
avant qu'il ait appris ses secrets.
[...]
Nous, nous avons osé les dévoiler.

On doit relever l'archaïque *sam* pour *eam* (exemple d'archaïsme qui fera par la suite froncer les sourcils à plus d'un sans faire descendre Ennius de son piédestal) et l'hellénisme *sopiam*. Le complément d'objet de l'infinitif *reserare* manque mais on peut imaginer qu'il s'agit des sources et des portes des Muses (Virgile dans l'*Énéide* utilise le verbe pour indiquer ponctuellement l'ouverture d'un lieu protégé) ; ou peut-être bien, suggérerais-je, ce savoir secret qu'Homère insuffle au poète. Le verbe *reserare* est justement utilisé par Ovide au sens de « révéler » dans les *Métamorphoses* (XV, 145) dans un contexte fort semblable.

Telle est donc la réforme du latin d'après Ennius : une connaissance poétique d'un initié et une adaptation du langage et des moyens d'expression à l'esthétique plus avancée des Grecs. Les fragments les plus importants du poème nous donnent diverses preuves d'une telle nouveauté. Je voudrais en citer deux : un portrait psychologique (fr. 164) et une description physique (fr. 136 ; Loeb, 210-227). Voici celui qu'on appelle l'ami de Servilius, qui fut consul en 217 av. J.-C. et mourut à la bataille de Cannes l'année suivante :

Haece locutus vocat quocum bene saepe libenter
mensam sermonesque suos rerumque suarum
comiter inpertit, magnam cum lassus diei
partem trivisset de summis rebus regendis
consilio indu foro lato sanctoque senatu ;
quoi res audacter magnas parvasque iocumque
eloqueretur sed cura, malaque et bona dictu
evomeret si qui vellet tutoque locaret ;
quocum multa volup ac gaudia clamque palamque,
ingenium quoi nulla malum sententia suadet
ut faceret facinus levis aut malus ; doctus, fidelis,
suavis homo facundus, suo contentus, beatus,
scitus, secunda loquens in tempore, commodus,
verbum
paucum, multa tenens antiqua, sepulta vetustas
quae facit, et mores veteresque novosque tenens res
multorum veterum leges, divumque hominumque,
prudentem, qui dicta loquive tacereve posset :
hunc inter pugnas Servilius sic compellat[17].

> Sur ces mots, il appelle l'homme dont souvent il partage volontiers et de bonne grâce la table, les entretiens et les activités, lorsque, fatigué, il a passé une grande partie de la journée à traiter les plus importantes affaires, en tenant conseil sur le vaste forum et dans l'enceinte sacrée du Sénat ; un homme avec lequel il puisse hardiment aborder les questions grandes ou petites, plaisanter et prononcer des paroles bonnes et mauvaises à dire, s'il le désire, en toute sécurité ; un homme avec lequel partager nombre de plaisirs et de joies en secret et ouvertement ; un homme à la nature duquel nulle réflexion n'inspire une action répréhensible par légèreté ou mauvaise intention ; instruit, fidèle, d'un commerce agréable, sachant parler, satisfait de son état, heureux, habile, s'exprimant avec à-propos, aimable, ménager de ses mots ; bon connaisseur des choses anciennes ensevelies par le temps, et des mœurs anciennes et nouvelles conservant les manières de nombreux anciens ainsi que les prescriptions des dieux et des hommes ; un homme qui puisse rapporter ou taire des propos entendus à bon escient. C'est à cet homme que Servilius s'adresse au cœur des batailles.

Ces vers se distinguent par leur rudesse syntaxique, surtout au regard de la fluidité classique de Virgile, le plus grand héritier d'Ennius. Pourtant, même sous ce vernis d'archaïsme, la représentation morale s'avère complexe et vivante. Nous avons ici, ébauchée avec vigueur, une première grande figure d'ami, le précurseur de tant d'amis excellents qui peuplent la littérature latine et font de l'amitié un des pivots de l'éthique romaine (viennent subitement à l'esprit le poème 50 de Catulle ou l'amitié d'Euryale et de Nisus dans l'*Énéide* ou le *De amicitia* de Cicéron qui cite – est-ce une surprise ? – justement Ennius comme autorité en ce domaine, renvoyant toutefois à un autre texte). On a supposé que dans ce personnage Ennius avait voulu se représenter lui-même. Il a, certes, représenté un type humain idéal, le Romain cultivé, qui est à la fois savant, modéré, paisible, qui inspire confiance, qui est plaisant, sérieux, qui a de l'esprit, connaît l'histoire et sait parler en public ; quelqu'un qui est un ami intime parfait mais aussi parfait également comme confident et conseiller d'un homme politique, une sorte de « courtisan »* avant la lettre. On remarque combien de fois le poète se réfère au thème de la parole, parce que dans la parole réside le fondement de la civilisation : parole qui est savoir et raisonnement. Je voudrais souligner la richesse de l'adjectif *facundus* : il est formé sur la racine du verbe *fari*, « dire » (dont le participe présent, avec un préfixe négatif, forme le substantif *in-fans*, « l'enfant », celui qui ne parle pas encore vraiment, selon la conception du temps, âgé de moins de sept ans) et complété par le suffixe *-cundus* (qui se retrouve dans *fe-cundus, vere-cundus*). En latin, il existe aussi un substantif *facundia*. Quintilien, par exemple, en fait une caractéristique de l'historien Tite-Live (*Institutio oratoria*, VIII, 1). Le *facundus* est celui qui sait (bien) parler et pas simplement qui a la parole facile. Le même Quintilien fait une distinction entre *loquax* et *facundus* (IV, 2).

Venons-en au second exemple (Loeb, 517-521) :

Et tum sicut equos qui de praesepibus fartus
Vincla suis magnis animis abrupit et inde
Fert sese campi per caerula laetaque prata
Celso pectore ; saepe iubam quassat simul altam ;
Spiritus ex anima calida spumas agit albas.

Et alors, comme un cheval qui, nourri à l'écurie, a, par sa grande vigueur, rompu ses liens et de là s'élance, le poitrail redressé, dans les riches pâturages céruléens de la plaine ; souvent il agite en même temps sa haute crinière et l'exhalaison de son souffle ardent projette une blanche écume.

* Au sens de B. Castiglione. *(NdT)*

Il s'agit d'une comparaison épique inspirée à Ennius par un modèle homérique (*Iliade*, VI, 506 et sq.) non sans l'ajout de touches originales (les prés et l'écume). Dans la source, le second terme est Pâris, le fils cadet de Priam, qui avance vers l'acropole de Troie. Dans le texte original d'Ennius également il est probable que c'était un guerrier. Dépendance d'Homère mise à part, ce passage témoigne d'un art descriptif épanoui qui identifie le détail et l'isole en une image que l'on retient. Nous avons là déjà certaines caractéristiques anticipées de l'*Énéide* : la fluidité narrative, la concentration sémantique des débuts de vers, la consistance tangible des éléments descriptifs. On remarque les allitérations : *fartus/fert* ; *campi/caerula/celso* (rappelons que le *c* n'est pas palatal, comme dans l'italien *cielo* mais guttural comme dans *cosa*) ; *prata/pectore* ; *spiritus/spumas*. Ennius s'est rendu célèbre pour certaines de ses séquences allitératives exacerbées mais ici, les allitérations n'ont rien de forcé ni de mécanique et plus qu'à structurer le vers elles servent à donner du relief aux images et à entraîner le récit dans un seul et même flux mélodique.

Le curieux de sémantique et d'étymologie glanera ici quelques trouvailles intéressantes. *Fartus* est le participe passé du verbe *farcio*, « remplir » qui subsiste dans l'italien *farcire* (si proche du français « farcir »). Le composé *in-fartus* donne en italien *infarto* et en français « infarctus », qui est justement un remplissage, une occlusion. *Caerula* est une couleur sombre, plutôt imprécise, qui peut aller de l'azur du ciel (il dérive en effet de *caelum*) et de la mer au vert et jusqu'au noir. *Laeta* signifie « fertile » ; « vigoureux, exubérant » donne justement *laetamen* (ital. : *letame*, « engrais, fumier ») : l'idée de *lietezza* (« liesse ») est une extension métaphorique ultérieure.

9. LA MESURE DE LA RÉALITÉ (CÉSAR)

À l'école, c'était la fête quand le professeur donnait à traduire en classe un court extrait de César (101/100-44 av. J.-C.). Parmi les élèves, cet auteur passait pour facile. Effectivement, même les moins entraînés s'en tiraient avec un nombre de fautes qui ne pesait ni sur leurs notes ni sur le sens du texte original. Même le professeur qui aimait ce qui était ardu et compliqué, minimisait la difficulté des extraits donnés en classe d'un dédaigneux «C'est du César». Personne ne soupçonnait – et l'école malheureusement n'en disait rien – que dans la facilité supposée de César le génie du latin s'était accompli sous l'une de ses formes les plus parfaites.

Le *De Bello Gallico*, l'œuvre de César la mieux conservée, raconte la conquête de la Gaule (58-51 av. J.-C.). Plus précisément, elle relate des intentions et des résultats, et les résolutions prises face à l'urgence. Les faits tombent fatalement dans le sillon de la stratégie. Il en sort une galerie de victoires, la victoire n'étant rien d'autre que le franchissement de certains obstacles. Le texte a été composé progressivement au moyen des dépêches à la troisième personne par lesquelles l'auteur informait le Sénat de ses entreprises militaires et qui peut-être devaient constituer la base d'un récit plus étoffé, à rédiger une fois la guerre finie. Je ne m'attarderai pas ici sur la valeur idéologique de l'œuvre et sur la propagande qu'elle développe, ni sur le fait – émouvant et troublant – que nous entendons parler ici un des hommes les plus remarquables de l'Antiquité et qui décrit une des campagnes militaires les plus marquantes de l'histoire mondiale: déplaçant l'autorité de Rome de l'Orient à l'Occident. Je me contente de reproduire un médaillon gravé par Bertolt Brecht: «Il avait inauguré une ère nouvelle. Avant lui, Rome avait été une grande cité dotée de quelques colonies éparses çà et là. Lui seul avait fondé l'empire. Il avait réuni les lois en codes, réformé le système monétaire et même adapté le calendrier aux nouvelles connaissances scientifiques. Ses campagnes dans les Gaules, qui avaient porté les enseignes romaines jusque dans la lointaine Bretagne, avaient ouvert au commerce et à la civilisation un nouveau continent. Sa statue était placée parmi celles des dieux, son nom avait été donné à des cités et à un mois de l'année et les rois ajoutaient au leur son nom sublime. L'histoire romaine avait eu son Alexandre. Il était clair dès lors qu'il serait devenu le modèle inégalable de tous les dictateurs[18].»

Je veux seulement indiquer ici ce que le latin, par l'intermédiaire de César, a eu la capacité de réaliser. Je veux aussi rappeler en préambule que César a été tout autant un grand écrivain et un théoricien majeur de la langue latine. Nous savons par des sources diverses qu'il composa un traité intitulé *De analogia*, dont il ne reste que peu de fragments. Il avait pour dédicataire Cicéron, c'est tout dire. Nous pouvons, en tout cas, nous faire une idée de son contenu: il devait s'agir d'une défense du bon latin, en particulier du bon usage en matière de morphologie. «Analogie» est un terme grec et dans la réflexion antique sur la langue il désigne une application étendue de la régularité, de l'uniformité et de la cohérence morphologique: il s'oppose au type idéal de l'«anomalie», fondé sur la prolifération et la variété des formes. Les analogistes ont pour principe directeur la simplification: au diable les variantes, les archaïsmes, la fluctuation des désinences. César, comme le rappelle Brecht, réforma aussi le calendrier romain, dégageant le calcul du temps des incertitudes et des imprécisions (le calendrier julien fut utilisé jusqu'en 1582, quand le calendrier grégorien, encore plus exact, le remplaça). Nous pouvons dire qu'en fait de langue il obéissait à un rationalisme semblable, à une volonté comparable de délimitation et de mesure.

La géographie, ce n'est pas un hasard, était l'un de ses principaux centres d'intérêt. Nous savons par des sources tardives qu'à un certain moment il chargea quatre Grecs d'explorer l'*oikouménè*, c'est-à-dire la terre habitée. Il est évident que dans ces recherches se reflète aussi le pragmatisme de l'homme de guerre.

Rationalisme et pragmatisme se rencontrent également dans l'œuvre qui a survécu. Tout a une explication, *tout peut être décomposé en parties et en éléments premiers*, comme si l'obscur et le vague des motivations profondes n'avaient pas ici droit de cité, ou plutôt n'existaient en rien (pour cela il faudra se tourner vers Tite-Live et Tacite, comme nous le verrons). La première phrase de l'œuvre est véritablement un exemple de décomposition analytique : «*Gallia est omnis divisa in partes tres...*», «La Gaule tout entière est divisée en trois parties». «Décomposer» signifie «calculer» : voici que se manifeste, précisément, la numération. Distances, surfaces, profondeurs et calculs divers – d'espaces comme de journées – seront traités distinctement du récit dans son ensemble.

Le *De Bello Gallico* est, en définitive, l'aventure d'une langue qui recrée le monde par l'arithmétique et la géométrie, qui organise les phrases selon des rapports exacts de cause à effet et par unités temporelles clarifiées avec précision. Dominent également l'idée de but et celle de conséquence, puisqu'il n'y a pas de fait qui ne poursuive pas un but ou n'amène pas quelque changement.

La langue est, en somme, un récit de quelque chose qui se produit à un certain moment et pour une certaine raison en vue de certaines fins, avec certaines conséquences. Voici une phrase typique :

> *His rebus gestis, Labieno in continenti cum tribus legionibus et equitum milibus duobus relicto, ut portus tueretur et rem frumentariam provideret, quaeque in Gallia gererentur cognosceret consiliumque pro tempore et*

pro re caperet, ipse cum quinque legionibus et pari numero equitum, quem in continenti reliquerat, ad solis occasum naves solvit...

(De Bello Gallico, V, 8)

Cette affaire terminée, ayant laissé sur le continent Labiénus avec trois légions et deux mille cavaliers pour qu'il garde les ports et pourvoie aux vivres, qu'il s'enquière tout ce qui se passait en Gaule et prenne ses décisions en fonction du moment et des circonstances, lui-même [César], avec cinq légions et un nombre de cavaliers égal à celui qu'il avait laissé sur le continent, leva l'ancre au coucher du soleil.

Cet extrait constitue un assemblage parfait, assaisonné de précision arithmétique ; on pourrait dire une véritable pièce d'architecture grammaticale. Ce n'est pas un hasard si César aime l'art de bâtir et se révèle vraiment un maître de la prose latine là où il doit exposer comment sont faites certaines constructions : le pont sur le Rhin (IV, 17) mis sur pied en dix jours seulement (la rapidité est l'un des dons principaux de César) pour permettre à l'armée romaine de passer de Gaule en Germanie et au bout de dix-huit jours, César ayant regagné la Gaule, de le démonter ; les murailles des Gaulois (VII, 23) ; les bateaux des Vénètes (III, 13). Dans ces passages les notations numériques abondent – distances et dimensions. La langue s'attache à représenter avec la plus grande économie la naissance d'une structure, la correspondance entre les parties, la contenance de l'ensemble.

Voyons maintenant le morceau consacré au pont sur le Rhin, particulièrement instructif parce qu'il décrit non pas un ouvrage achevé mais en cours de construction, comme le montrent les verbes à l'imparfait :

Rationem pontis hanc instituit. Tigna bina sesquipedalia paulum ab imo praeacuta dimensa ad altitudinem fluminis intervallo pedum duorum inter se iungebat. Haec cum machinationibus immissa in flumen defixerat fistucisque adegerat, non sublicae modo derecte ad perpendiculum, sed prone ac fastigate, ut secundum naturam fluminis procumberent, iis item contraria duo ad eundem modum iuncta intervallo pedum quadragenum ab inferiore parte contra vim atque impetum fluminis conversa statuebat. Haec utraque insuper bipedalibus trabibus immissis, quantum eorum tignorum iunctura distabat, binis utrimque fibulis ab extrema parte distinebantur; quibus disclusis atque in contrariam partem revinctis, tanta erat operis firmitudo atque ea rerum natura ut, quo maior vis aquae se incitavisset, hoc artius inligata tenerentur [...].

(IV, 17)

Voici le plan qu'il établit pour le pont. On liait ensemble, en ménageant des intervalles de deux pieds, deux par deux des poutres épaisses d'un pied et demi, légèrement aiguisées à l'extrémité et proportionnées à la profondeur du fleuve. Elles étaient introduites dans le fleuve avec des machines et enfoncées à coups de masse, non pas verticalement comme des pieux mais avec une inclinaison pour qu'elles se penchent selon le fil du courant; en face d'elles et plus bas à une distance de quarante pieds on en fixait deux autres assemblées de la même façon mais qui résistaient à la violence et à l'impétuosité du fleuve. Sur ces quatre poutres on en posait une de deux pieds qui s'encastrait dans leur intervalle; elle était fixée à chaque extrémité par deux crampons. Ces pilotis séparés étaient réunis par une traverse. La solidité de l'ouvrage et la nature des choses étaient telles que plus le courant était fort, plus les attaches se resserraient [...].

On relève, au début, le mot *ratio* (d'où viennent l'italien *ragione* et le français «raison»): plan, forme, règle. Et on note la séquence de mots techniques qui constituent les phrases suivantes.

Des extraits de cette nature sont remarquables non seulement parce qu'ils décrivent avec précision et synthétiquement le métier de l'ingénieur mais aussi parce qu'ils mettent en scène symboliquement le travail même de la langue : l'assemblage pièce à pièce d'une structure solide et durable. La langue – César nous le montre – est pont, mur, navire : elle réunit, elle contient, elle fait passer. Elle est, en somme, une syntaxe : assemblage d'éléments nécessaires en vue d'une fonction donnée qui, pour César, en l'occurrence, est d'informer et d'expliquer en mesurant et en conquérant tous les territoires relevant de la parole.

10. LE POUVOIR DE DÉFINIR (LUCRÈCE)

Pourquoi dès que j'entends le nom de Lucrèce mes yeux s'emplissent-ils de vert émeraude tandis que mes oreilles perçoivent le son argentin d'une cascade? Qui sait, peut-être est-ce la transformation du souvenir, désormais fort vague, attaché à la couverture du livre où je le découvris pour la première fois au lycée; un volume acheté d'occasion et que malheureusement je ne possède plus. Ce que, par la suite, j'ai appris sur lui et sur sa poésie à l'université par la lecture solitaire et désintéressée au cours de tant d'années qui ont suivi, dans tant d'autres éditions, s'est-il secrètement agrégé aux premières impressions, les a enveloppées et préservées et même embaumées dans ces perceptions automatiques et simultanées appelées synesthésies.

La découverte de Lucrèce eut pour moi quelque chose de sacré; ce fut vraiment comme venir au monde, poser un pied au paradis.

Le *De rerum natura* décrit en six livres la structure atomique de l'univers, en s'inspirant de la philosophie d'Épicure avec l'intention d'affranchir les esprits des ténèbres et de l'ignorance, de libérer les cœurs des fausses croyances aux dieux et de la peur de la mort, de leur enseigner la vérité et la joie de vivre. Sur l'auteur, Lucrèce, nos informations sont rares et incertaines. Comme l'a écrit Primo Levi qui a cité un extrait du *De rerum natura* dans son anthologie *À la recherche des racines*, «de ses vers a toujours émané un parfum de sacrilège; c'est pourquoi depuis l'Antiquité une chape de silence s'est formée autour de lui et l'on ne sait aujourd'hui pratiquement rien de cet homme extraordinaire[19] ».

C'est à une telle impiété que nous devons l'un des plus grands hymnes à la vie de tous les temps : une célébration, au début du poème, de la puissance génératrice, incarnée dans la tradition par la déesse Vénus, principe d'amour et de beauté, printemps et renouveau de toute la création et source de paix (nous reviendrons sur ce passage).

Lucrèce se proclame grand innovateur, comme l'avait déjà fait Ennius (I, 921-950, et dans les mêmes termes IV, 1-25). Il exprime son amour des Muses et de la poésie ; il est convaincu non seulement de mettre au jour de nouvelles vérités mais aussi de le faire avec élégance et douceur, de mériter qu'elles le couronnent...

avia Pieridum peragro loca nullius ante
trita solo. Iuvat integros accedere fontis
atque haurire, iuvatque novos decerpere flores
insignemque meo capiti petere inde coronam
unde prius nulli velarint tempora Musae...

(I, 926-930 et IV, 1-5)

Je parcours les régions non frayées du domaine des Piérides, que nul encore n'a foulées du pied. J'aime aller puiser aux sources vierges ; j'aime cueillir des fleurs inconnues afin d'en tresser pour ma tête une couronne merveilleuse dont jamais encore les Muses n'ont ombragé le front d'un mortel.

Traduction d'Alfred Ernout

Les Piérides sont précisément les Muses, ainsi nommées d'après la Piérie, une région de Macédoine. Intéressants sont également les vers qui précédent (I, 921-925), dans lesquels le poète affirme que son amour pour la poésie vient d'une sorte d'inspiration bachique. Il s'agit évidemment, pour l'athée Lucrèce, d'une image de répertoire, et non d'une contradiction : la poésie, pour autant qu'elle se propose d'être une recherche scientifique, est un état d'exaltation fébrile et insurmontable, une réviviscence des capacités mentales : «*mente vigenti*» (I, 925), où *vigenti* est le participe, à l'ablatif, du verbe *vigeo* qui signifie «être plein de force» et dont la racine a également donné *vigor* («vigueur») et *vigil* («éveillé» et, comme substantif, «gardien, sentinelle»). Vous vous souviendrez que pour Cicéron *vigere* fait partie des quatre propriétés de l'esprit.

Si le but est la rééducation des êtres humains, la syntaxe ne peut que s'organiser en segments bien détachés, en phrases limpides, en images claires. Puisqu'il s'agit de vers, c'est-à-dire de structures réglées par des lois métriques, il peut sembler que l'exposé tend à une certaine rigidité. Et peut-être est-ce parfois le cas. De fait l'exposé de Lucrèce recherche systématiquement l'ordre et la clarté. Et cela ressort avec plus d'évidence encore de l'emploi des mots de liaison qui soulignent les liens de causalité, de temporalité et de conséquence logique : *quoniam* («parce que»), *praeterea* («en outre»), *sic*... *ut* («tellement... que»), *primum*... *deinde* («tout d'abord... ensuite») etc. La rigidité syntaxique est plutôt rigueur argumentative et les exemples que je propose sont là pour le prouver.

Le lexique, non moins que la syntaxe, répond avec le génie de l'à-propos à la nouveauté du sujet. On peut affirmer à coup sûr que le lexique est la source originelle du modernisme de Lucrèce, titre compris. Il signifie littéralement «De la nature des choses». *Rerum* est le génitif pluriel de *res*, mot fort répandu, fort riche qui tire son sens du contexte. À l'origine il signifie un «bien matériel», une «possession». Il peut aussi désigner une action : *res gestae*, ce sont les «entreprises militaires» («les choses accomplies») ; ou encore les «circonstances», les «situations», *malae* (*adversae*) ou *bonae* (*secundae*), «défavorables» ou «favorables». Virgile emploie l'expression devenue célèbre (et jugée obscure par plus d'un) «*sunt lacrimae rerum*», dans le passage où Énée, à Carthage, contemple la représentation figurée de la chute de Troie (*Énéide*, I, 462) : au travers des diverses scènes est également illustré – c'est le sens de l'expression – *les pleurs que l'on verse pour les maux présents* (le génitif *rerum* ayant valeur d'objet, d'objet des larmes). Suivie de l'adjectif *publica*, *res* en vient à désigner «l'État» et en particulier cette forme d'État qui a pour institution principale le Sénat, c'est-à-dire la «république». En français, pourtant, *res* ne s'est pas maintenu sinon dans les dérivés «réel», «réalité» etc. (Le mot français qui désigne le concept de *chose* vient de *causa*, dont le premier sens en latin est précisément «cause».)

Lucrèce a certainement intégré le mot *res* à son vocabulaire. *Res* est matière, substance, le cœur même de l'objectivité. Considérons le passage suivant qui ne concerne pas la physique mais la morale.

> *Quo magis in dubiis hominem spectare periclis*
> *convenit adversisque in* rebus *noscere qui sit;*
> *nam verae voces tum demum pectore ab imo*
> *eliciuntur et eripitur persona, manet* res.
>
> (III, 55-58)

> C'est donc dans les dangers et les épreuves qu'il convient de juger l'homme; c'est l'adversité qui nous révèle ce qu'il est: alors seulement la vérité jaillit du fond du cœur; le masque s'arrache, la réalité demeure.
>
> Traduction d'Alfred Ernout
>

Ces quatre vers fournissent un excellent exemple du soin avec lequel Lucrèce traite le vocabulaire. Le mot *res* y apparaît deux fois: la première dans une périphrase (*adversae res*), la seconde en une opposition originale au mot *persona*, c'est-à-dire «masque de théâtre» (on se souvient toutefois que le sens du dérivé commun «personnage, individu» apparaît déjà chez Cicéron).

Lucrèce cerne et définit au plus haut degré les significations, il évite par-dessus tout l'imprécision et la faiblesse du sens. On peut déjà mesurer dans un tel effort l'apport fondamental que lui doit le développement du latin.

Examinons un autre exemple lexical, le mot *pietas*. Il exprime une notion fort importante de la culture romaine (passé de là au christianisme qui l'intensifie et le spécialise et à la culture courtoise et aristocratique du second millénaire). *Pietas* (trait distinctif également de l'Énée virgilien), c'est le respect des dieux, des parents et de la patrie; c'est la forme d'amour la plus haute: solidarité, dévouement, ferveur, sollicitude, loyauté. En liaison avec la métaphysique, il peut donc se traduire par «religion». *Religio* existe en latin avec le sens de «religion» mais, chez Lucrèce, uniquement au sens de «superstition» (comme *superstitio*, terme que toutefois le *De rerum natura* évite d'employer). La force étymologique de la racine *-lig* (si c'est la bonne étymologie), qui signifie justement «lier», ressort avec une vigueur particulière. La *religio*, donc, est une chaîne, un nœud dont il faut se libérer (*De rerum natura*, I, 931-932 et *ibid.* IV, 6-7). Mais voyons comment Lucrèce, qui sans nier l'existence des dieux affirme qu'ils sont indifférents aux affaires humaines et sape donc les bases de la croyance populaire teintée de superstition, redéfinit la notion de piété:

nec pietas ullast velatum saepe videri
vertier ad lapidem atque omnis accedere ad aras,
nec procumbere humi prostratum et pandere palmas
ante deum delubra, nec aras sanguine multo
spargere quadrupedum, nec votis nectere vota,
sed mage placata posse omnia mente tueri.

(V, 1197-1202)

La piété, ce n'est point se montrer à tout instant, couvert d'un voile et tourné vers une pierre, et s'approcher de tous les autels. Ce n'est point se pencher jusqu'à terre en se prosternant, et tenir la paume de ses mains ouvertes en face des sanctuaires divins. Ce n'est point inonder les autels du sang des animaux, ou lier sans cesse des vœux à d'autres vœux; mais c'est plutôt pouvoir tout regarder d'un esprit que rien ne trouble.

Traduction d'Alfred Ernout

Pietas est donc le culte de la clarté d'esprit, l'autonomie du jugement, la sûreté de l'intuition, non la pratique de rites sanglants et théâtraux. La violence rituelle contre les animaux, d'autre part, le révulse. Un des passages les plus beaux et les plus émouvants du *De rerum natura* est celui qui décrit les pleurs d'une vache pour le sacrifice de son veau :

nam saepe ante deum vitulus delubra decora
turicremas propter mactatus concidit aras,
sanguinis expirans calidum de pectore flumen ;
at mater viridis saltus orbata peragrans
quaerit humi pedibus vestigia pressa bisulcis,
omnia convisens oculis loca si queat usquam
conspicere amissum fetum, completque querellis
frondiferum nemus adsistens et crebra revisit
ad stabulum desiderio perfixa iuvenci ;
nec tenerae salices atque herbae rore vigentes
fluminaque illa queunt summis labentia ripis
oblectare animum subitamque avertere curam,
nec vitulorum aliae species per pabula laeta
derivare queunt animum curaque levare :
usque adeo quiddam proprium notumque requirit.

(II, 352-366)

Ainsi devant le temple des dieux magnifiquement orné, au pied des autels où brûle l'encens, souvent un veau tombe immolé, exhalant de sa poitrine un fleuve chaud de sang. Cependant sa mère désolée, parcourant les verts pâtis, cherche à reconnaître sur le sol l'empreinte de ses sabots fourchus, fouillant des yeux tous les endroits, dans l'espoir d'y revoir peut-être le petit qu'elle a perdu : immobile à l'orée du bois feuillu, elle l'emplit de ses plaintes et sans cesse revient voir à l'étable, le cœur percé du regret de son fils. Ni les tendres pousses des saules, ni les herbes vivifiées par la rosée, ni ces vastes fleuves coulant à pleins bords ne peuvent divertir son esprit, et détourner le soin qui l'occupe, et la vue des autres veaux dans les gras pâturages ne saurait la divertir et l'alléger de sa peine : tant il est vrai que c'est un objet particulier, bien connu qu'elle recherche.

Traduction d'Alfred Ernout

Ce passage est également intéressant parce que la recherche de la pauvre mère bovine est exprimée en des termes que Lucrèce utilise ailleurs pour décrire la recherche intellectuelle. Le verbe de mouvement qui désigne sa course à travers les vallées verdoyantes est *peragrans*, participe présent de *peragro*, le verbe avec lequel – nous l'avons vu plus haut – Lucrèce fait valoir la nouveauté de son voyage poétique. Et puis il y a toute une série de verbes, dont un grand nombre a trait à la vision, qui à leur tour suggèrent l'investigation et le raisonnement : *quaerit*, *convisens*, *conspicere*, *revisit*, *requirit*. La vache utilise ni plus ni moins que la méthode des scientifiques, comme l'auteur, ou des détectives modernes : elle recueille les indices, suit des traces (*vestigia*)[20]. L'état de manque, exprimé par le mot *desiderium* (d'où, avec une autre valeur, l'italien *desiderio*, en français « désir », c'est-à-dire l'aspiration à quelque chose *que l'on n'a pas encore*), fait appel à l'intégration, la redécouverte de la chose perdue (de fait le mot signifie également « deuil » et « nostalgie »). C'est la condition même des êtres humains inconscients, ignorant la vérité, qui s'agitent et vont de-ci de-là à la recherche de l'on ne sait quoi. Lucrèce, ce n'est pas un hasard, est le premier à représenter l'insatisfaction, l'angoisse et à la rattacher directement au manque de clarté intellectuelle.

Voici l'inquiet :

exit saepe foras magnis ex aedibus ille,
esse domi quem pertaesumst, subitoque revertit,
quippe foris nihilo melius qui sentiat esse.
Currit agens mannos ad villam praecipitanter,
auxilium tectis quasi ferre ardentibus instans ;
oscitat extemplo, tetigit cum limina villae,
aut abit in somnum gravis atque oblivia quaerit,
aut etiam properans urbem petit atque revisit.

Hoc se quisque modo fugit, at, quem scilicet, ut fit,
effugere haut potis est: ingratius haeret et odit,
propterea morbi quia causam non tenet aeger...

(III, 1060-1070)

Souvent l'un s'élance hors de sa riche demeure, par dégoût d'être chez lui, et soudain il y retourne, ne se sentant nullement mieux au dehors. Il court, poussant ses poneys tête baissée vers sa métairie, comme s'il volait au secours de sa maison en flammes. Il bâille aussitôt qu'il en a touché le seuil, ou bien, la tête lourde, il se réfugie dans le sommeil pour y chercher l'oubli ou même il se hâte de regagner la ville. C'est ainsi que chacun cherche à se fuir soi-même; mais le plus souvent incapable, on le voit, d'y échapper, on reste attaché malgré soi à ce moi qu'on déteste, parce que, malade, on ne saisit pas la cause de son mal.

Traduction d'Alfred Ernout

Nous retrouvons deux des verbes de la maman bovine, *quaerit* et *revisit*. Mais ici aussi, bien que pour des raisons différentes, la recherche ne mène à rien. Le thème resurgira chez Horace (*Odes*, III, 16, 22) et le mot pour exprimer l'insatisfaction, pour l'«ennui», sera dans ce cas *cura*, le même par lequel Lucrèce décrit la recherche douloureuse et vaine de la vache.

Arrêtons-nous sur ce beau mot latin de *cura*, que nous retrouvons en italien et en français avec bien d'autres valeurs.

Les mots les plus anciens de notre langue sont comme les maisons hantées. Le nouveau maître peut bien déployer tous les efforts qu'il veut pour ne pas monter au grenier (ou descendre à la cave), ne pas ouvrir telle porte et laisser la lumière allumée toute la nuit, les chuchotements de ses prédécesseurs traversent les murs; il n'y a pas de lampe qui dissipe les ombres. Ces mots font songer aux boîtes des illusionnistes. Ouvertes, elles semblent vides. On les referme, on les rouvre, et il en sort la colombe blanche avec son bruissement d'ailes caractéristique.

Cura, comme nous l'avons vu, n'a pas en latin la signification qu'il tend à prendre aujourd'hui, celle de «remède» (fr.) ou *rimedio* (ital.) en particulier «médical». *Cura* veut dire «préoccupation» – sens présent en français dans l'expression «ne pas avoir cure de» –, «idée fixe», «angoisse», «obsession». Et même «remords» et «repentir». Il en existe une véritable personnification dans l'outre-tombe virgilien, unie à la personnification d'autres maux terribles, comme la faim et la pauvreté. Avec ce sens premier on le retrouve encore dans la poésie de Leopardi: «*e non ti morde/ cura nessuna*», «et aucun souci ne te mord» (*Le Soir du jour de fête*); c'est-à-dire tu éprouves de la béatitude dans ton lit; heureuse et tranquille, pas comme moi qui ne trouverai jamais la paix. Si l'on ne perçoit pas le chuchotement du fantôme dans ce fragment de poésie leopardienne, on croirait se trouver devant une contradiction dans les termes: comment la cure, c'est-à-dire le remède, pourrait-elle *mordre*? Leopardi n'emploie pas ce verbe au hasard. C'est une métaphore parfaitement juste: le verbe dont la racine se retrouve dans le mot «re-mords», que je viens de rappeler. (Leopardi est certainement parmi les poètes italiens celui qui sait le mieux faire parler les fantômes dans sa langue[21].)

Et, sans quitter ce registre, il y a aussi l'expression *sine cura* («sinécure») pour parler d'un travail peu contraignant mais seulement rémunérateur: en somme une occupation qui n'occupe ou ne préoccupe pas.

Considéré dans une perspective opposée, le mot *cura* peut désigner un engagement de l'esprit tout à fait positif. Il effleure l'idée d'amour. Le voici qui signifie alors «sollicitude, prévenance, application». «Faire quelque chose avec soin», «prendre soin de sa propre personne», «s'occuper, prendre soin de quelqu'un». Il y a même le «curé», c'est-à-dire un individu qui prend à cœur le bien-être spirituel des gens, la direction des âmes (et certains n'ont pas manqué, avec un excès d'imagination, de mettre «cure» en rapport étymologique avec «cœur»). Dans le même domaine gravite l'adjectif italien *incurante* («insouciant», «insoucieux») qui renvoie à celui ou à celle qui n'a pas d'intérêt, qui n'a pas de passion. Le contraire du «curieux». Le curieux est justement une personne qui a «cure»: c'est-à-dire qui tourne son esprit vers quelque chose avec élan; peut-être aussi avec un excès de zèle. Souvent, en fait, les curieux finissent mal, comme le Lucius d'Apulée (on verra plus loin), qui, pour en savoir plus en magie, use du mauvais onguent et se retrouve changé en âne. Quoi qu'il en soit, mieux vaut être curieux que le contraire. Le curieux trop curieux nous l'appelons justement, avec un suffixe augmentatif, *curiosone* («fouineur»).

Et les cures médicales? Elles relèvent précisément du sens de «prévenance» ou d'«attention». Les cures médicales concrétisent dans la pratique une volonté d'intervention au début simplement mentale. Dans ce contexte médical, hospitalier ou pharmaceutique, il ne reste rien de la négativité originelle: la cure apporte une solution mais nul abattement. Elle vous remet sur pied et surtout elle ne vous mord pas. Et pourtant... Et pourtant, ce fond d'angoisse, cette activité de ver rongeur qui prive de sommeil les héros des poèmes antiques et aussi Leopardi, n'est pas oublié: non pour faire de ce mot un paradoxe (ou un oxymore) mais pour en comprendre la richesse, pour en respecter la puissance; parce que nous pouvons pénétrer sans peur dans ses recoins sombres – en sachant que la signification même des mots les plus communs est une histoire et que la responsabilité, comme le privilège de la vivre, nous incombe aujourd'hui.

Mais revenons au sujet principal de ce chapitre.

Lucrèce, avec sa confiance dans les mots, s'efforce avec succès de représenter les réalités les plus variées, en poussant sa capacité descriptive dans toutes les directions: la matière et les sentiments, le microscopique et le macroscopique, l'imaginaire et le réel, le comportement des hommes et celui des animaux, l'histoire de la civilisation et la peste qui désola Athènes au Ve siècle. C'est un observateur, quelqu'un qui regarde et qui décrit les phénomènes, avec un profond amour pour le monde sensible, comme quand, en quelques traits, il décrit le plaisir de rester étendu sur l'herbe par une journée de soleil (II, 29-33) ou distingue les reflets iridescents sur le plumage d'une colombe ou d'un paon (I, 801-807). Les pensées et les spéculations sont elles aussi pour Lucrèce des décors sensibles. Et de fait il recourt souvent aux exemples du monde quotidien pour illustrer une théorie physique ou une hypothèse, c'est-à-dire quelque chose qui n'est pas immédiatement démontrable (un procédé similaire se retrouvera chez Galilée dans le *Dialogue sur les deux systèmes du monde*[22]). Quand, par exemple, il affirme que le langage humain a des origines naturelles et n'est pas une invention imposée par quelques individus (V, 1028-1090), il s'appuie sur un rapprochement avec les cris des animaux, chiens et oiseaux: eux aussi émettent des sons différents selon les circonstances.

Lucrèce reconnaît ouvertement que le latin, à la différence du grec, ne dispose pas d'un vocabulaire très étendu (I, 832). Donc, pour pouvoir aborder certains arguments, il faut de nouveaux mots, à inventer peut-être sur le modèle du grec. Pour sa part, cependant, il préfère élargir le sens des mots latins*. Ses procédés sont la «saturation sémantique» et la «métaphorisation». Le poème traite de l'atomisme mais le mot grec *atomos* n'apparaît pas. À sa place, avec le même sens, nous trouvons *semen* («semence»), *corpus* («corps») et *primordium* («principe», «début»), extension sémantique, tous les trois, de mots circulant déjà avec un autre sens et tous les trois des métaphores. Certains adjectifs prennent une valeur de substantifs. Ils se figent en termes techniques. (c'est la saturation mentionnée plus haut): *inane* («le vide»), *imum* («la profondeur»), *immensum* («l'infini»). Il y a ensuite un célèbre néologisme comme *clinamen*, pratiquement une marque de fabrique (formé sur la racine d'un verbe **clino*, uniquement attesté au participe passé *clinatus*, avec le suffixe *-men* qui se retrouve dans des mots courants comme *semen* ou *nomen*): la déviation soudaine et inexplicable des atomes qui détermine – moyen et symbole de liberté – la formation

* Virgile lui fera plusieurs emprunts, par exemple *Bucoliques*, VI, v. 31. *(NdT)*

des organismes complexes. Et là où l'emploi métaphorique d'un mot isolé ne donne rien, la combinaison métaphorique de plusieurs mots s'impose: *moenia mundi,* «les murs de l'univers» (II, 1045) ou *materiae pelagus*, «la mer de la matière» (II, 550). Le procédé métaphorique peut s'étendre aussi beaucoup plus loin, en établissant d'audacieux contacts entre ses dimensions, ou plutôt de véritables paradigmes interprétatifs (exemples explicatifs), comme dans le passage où le fait que diverses formes de vie (l'homme et les végétaux, par exemple) puissent avoir des atomes communs est assimilé à l'appartenance des lettres de l'alphabet à un même ensemble dans des mots toujours différents comme cela se produit justement – Lucrèce le souligne – dans le poème (II, 687-699). La vie de l'univers – c'est là le paradigme interprétatif – s'organise donc comme le langage dans un texte écrit, la création est écriture et l'écriture est création. Le poème lui-même est une image à l'échelle réduite de l'univers. Inutile de souligner qu'une intuition comme celle-ci est parmi les plus sublimes non seulement du *De rerum natura*, mais de toute la poésie latine.

11. LE SENS DU SEXE (CATULLE)

> «Car il est bon* que les mots qui sont le moins en usage, moins écrits et mieux tus, sont les mieux sus, et plus généralement connus.»
>
> MONTAIGNE, *Les Essais* III, 3, *Sur des vers de Virgile*

Et maintenant, comme promis, venons-en aux gros mots.

J'ai rappelé qu'il s'en trouve un bon nombre chez Catulle. J'ai rappelé également qu'au lycée nous étions très désireux de les apprendre. Les gros mots sont en harmonie spontanée avec les préoccupations sexuelles des adolescents et aussi avec leur soif d'infraction et de liberté, parce que le gros mot scandalise, découvre ce qui est caché, renverse les hiérarchies, est comique, carnavalesque, subversif. Le gros mot, par ailleurs, semble annuler par lui-même la distance temporelle entre présent et passé; il a quelque chose de toujours «actuel»: il considère en effet directement le corps, la partie la plus fondamentale de la réalité.

En vérité, le gros mot lui aussi est soumis aux lois du temps, en plus de celles de la géographie. Si l'anatomie dont il découle (les organes de la reproduction ou le postérieur)

---

* il est plaisant… *(NdT)*

ne change pas au cours des siècles, les métaphores et les représentations symboliques qui s'y associent sont toutefois sujettes au changement. Cela échappait malheureusement aux lycéens que nous étions. Il nous suffisait de faire peser sur la connaissance linguistique le couvercle du simple divertissement passager sans nous interroger sur les différences culturelles ni sur la complexité anthropologique dont le mot le plus bas est le vecteur, surtout dans une écriture artistique.

Voyons donc comment fonctionne l'obscénité chez Catulle. Commençons par un inventaire du vocabulaire sexuel.

Parties du corps : *mentula* («bite ou bitte, membre viril») ; *cunnus* («con, sexe féminin») ; *culus* («cul») ; verbes : *futuo* («foutre») et dérivés – *confutuo, ecfututa, defututa, diffututa* ; le substantif *fututio* («coup») est également attesté ; *pedico* («être sodomisé») ; *irrumo* («mettre dans la bouche, se faire sucer») ; on trouve aussi les substantifs *irrumator* et *irrumatio* ; *truso* («pousser vivement, baiser») ; *glubo* («peler», «écorcer» employé métaphoriquement pour «avoir un rapport sexuel») ; *fello* («sucer») ; *perdepso* («pétrir à fond, malaxer», métaphore pour posséder sexuellement) ; *voro* («engloutir», c'est-à-dire «recevoir dans la bouche ou le derrière») ; on trouve aussi l'adjectif *vorax* («vorace»). Autres substantifs : *scortum* («prostituée») ; *scortillum* («traînée»), *pathicus* («homosexuel passif») ; *cinaedus* (même sens, le mot se trouve encore chez l'Arioste).

Les obscénités sont confinées entre la première et la troisième partie du livre de Catulle, c'est-à-dire dans les pièces les plus autobiographiques, où vibrent la passion et l'indignation. Les poèmes dits savants, qui occupent la partie centrale, n'ont nulle trace d'indécence. L'équivalent lexical du très vulgaire «bitte», *mentula* (dont dérive le sicilianisme *minchia* et dont l'étymologie est encore incertaine, bien qu'à mon sens le mot soit à mettre en relation avec *mentum*, «menton, partie en saillie» et *mons, mont-is*, «montagne» ; il aurait par conséquent le sens étymologique de «saillie» mais on cite également parmi les sources étymologiques possibles, mais sans certitude, un mot sanscrit, *manthati*, signifiant «il baratte, il obtient du feu par frottement». «Bitte», quant à lui, dériverait de l'ancien scandinave, *biti*, «poutre transversale»), se répète à peine deux fois dans le sens littéral. C'est peu de chose. La contrepartie féminine n'est directement attestée qu'une fois.

Plus qu'aux substantifs, c'est-à-dire aux parties du corps, Catulle s'intéresse aux verbes, c'est-à-dire à la pratique sexuelle et aux rôles que l'individu y assume. Le Catulle qui s'exprime à travers les mots obscènes se donne une identité d'homme libre, c'est-à-dire d'individu viril qui dans le sexe a toujours un rôle actif et affirme ainsi sa propre dignité sociale soit avec les femmes soit avec les hommes. Mettre son sexe dans la bouche (*irrumo*) ou le postérieur (*pedico*) d'un autre homme n'est pas un signe d'homosexualité (mot inconnu en latin) mais démonstration de force et de supériorité; la valeur en est socio-politique (et les épigrammes de Martial, plus tardif que Catulle, le démontrent également). C'est ce qu'on fait aux esclaves et aux jeunes garçons, qui sont des subalternes (ce qui n'exclut pas en soi la présence de sentiments plus tendres), ou on menace de le faire aux ennemis personnels. Celui qui, adulte et de condition libre, assume des rôles passifs dans le sexe, marqués par les deux mots grecs *pathicus* et *cinaedus* (mot venu du grec dont le premier sens est «qui pratique la débauche avec des hommes» et aussi – sens dérivé – «danseur spécialiste d'une danse efféminée»), est un personnage méprisable, image de l'humiliation suprême, homme indigne de la liberté.

Il est également bon de noter que Catulle, à dessein, répugne à l'emploi de mots obscènes lorsqu'il parle simplement de désir, d'instinct érotique ou d'attraction physique. Même quand il parle de ses propres érections le poète écarte le mot *mentula* (poème 56). Là où, au contraire, il se laisse aller à quelques vulgarités, comme dans le burlesque poème 32, il cherche une compensation avec l'insertion d'expression d'un style opposé, romantique et tendre, relevant vraiment du registre sentimental et introspectif:

Amabo, mea dulcis Ipsitilla,
meae deliciae, mei lepores,
iube ad te veniam meridiatum.
Et si iusseris, illud adiuvato,
ne quis liminis obseret tabellam,
neu tibi lubeat foras abire,
sed domi maneas paresque nobis
novem continuas fututiones.
Verum si quid ages, statim iubeto:
nam pransus iaceo et satur supinus
pertundo tunicamque palliumque.

J'aimerais, toute douce Ipsitilla,
Mes charmantes jouissances, mes délices,
Qu'à midi tu m'invites dans ta chambre.
Et si tu m'y invites, sois gentille,
Ne mets pas le loquet contre la porte,
N'essaie pas de sortir avant que j'entre
Et attends, bien au calme, dans ta chambre,
Prête à être foutue neuf fois de suite.
Mais alors, que ce soit à l'instant même,
Car, repu, reposé, la panse pleine,
Je transperce déjà tunique et cape.

Traduction d'André Marcowicz

On relève, notamment, cet *Amabo* du début: c'est l'indicatif futur du verbe *amo*. Littéralement il signifie «j'aimerai» mais sa signification courante est «s'il vous plaît», d'où l'emploi du conditionnel dans la traduction. Le sens littéral n'est cependant pas oublié: il est là implicite et inspire au lecteur une tendresse que pas même l'abrupt *fututiones* n'a la force d'annuler.

Autre fait essentiel: Catulle évite les doubles sens et ne recourt que rarement au sens métaphorique des mots (on pense aux verbes *glubo* et *voro* précités). Il est vrai que le moineau de deux célèbres poèmes peut être une métaphore pour le pénis du poète mais il est également vrai que les poèmes sont exempts d'obscénités et qu'en tout cas ils offrent un sens parfaitement satisfaisant même pris au pied de la lettre (les pleurs versés sur la mort d'animaux constituaient même un sous-genre de la poésie hellénistique). L'obscénité chez Catulle sert principalement d'instrument de protestation sociale. C'est une « rhétorique » – celle d'un individu masculin de condition libre qui s'oppose au chaos historique, à la corruption politique, à la confusion des rôles. Le respect de la distribution en matière sexuelle signifie pratiquement et symboliquement le respect de l'ordre social ; c'est même une forme d'esprit religieux. Dans sa conduite sexuelle comme dans son rapport avec la collectivité l'individu doit savoir exactement quelle place lui est assignée. Autrement, c'est la fin de la vie en société, la débâcle généralisée comme il ressort également des poésies qui ne recourent pas du tout aux obscénités. Voyons deux cas éloquents, le poème 61 et le poème 63. Ces pièces font partie des poèmes savants auxquels j'ai déjà fait référence. La langue ici est fort différente de celle des épigrammes obscènes mais le noyau idéologique du discours est celui dont naît la poésie de Catulle : l'horreur de la désintégration. Dans le poème 61, qui est un épithalame, c'est-à-dire un poème composé à l'occasion d'un mariage, le poète invite l'époux à porter l'épouse chez lui et à commencer une heureuse lignée. Il doit donc désormais renoncer à la vie de célibataire. Ce qui signifie qu'il doit également se séparer de son concubin, le petit esclave avec lequel il s'était délassé jusqu'à ce jour. Le même petit esclave doit dire adieu à son maître, se résigner à la séparation, se faire couper les cheveux et se chercher lui aussi une femme. Comme on le voit, le sexe est une question de rôles, non de goûts et les liens du mariage sont là pour s'assurer que les rôles et les fonctions de chacun, homme et femme, demeurent bien clairs et distincts. Dans le poème 63 le jeune Attis s'émascule dans un accès de folie sacrée. La privation du pénis (appelé non pas *penis* ou *mentula* mais «*pondera ili*», «charge du bas-ventre») abolit son identité sociale la plus manifeste : sociale – j'y insiste – avant d'être sexuelle. L'Attis châtré n'appartient effectivement plus à son monde, à la cité : c'est un exilé, un exclu, un raté complet, un esclave, ou plutôt – pire encore – une esclave (*famula*). Ses plaintes sont pleines de nostalgie non tant pour ce qu'il était mais pour la réalité à laquelle il ne pourra plus appartenir.

J'ai fait allusion au caractère carnavalesque des gros mots. Eh bien, le langage obscène de Catulle n'a rien de carnavalesque ni de comiquement subversif. Au contraire : il est au service du traditionalisme le plus altier. Il n'a donc rien de plébéien (même si l'on trouve aussi *mentula* dans les graffitis de Pompéi), de grotesque ou de pornographique. Dans la poésie de Catulle les gros mots sont tout autre chose que des expressions de vulgarité ou de pure émotivité. Ils relèvent d'un code moral rigidement organisé qui défend la justice, la dignité personnelle et les bonnes mœurs. Cela paraîtra paradoxal mais ici – lycéens ignares que nous étions – les gros mots sont prononcés par une voix pieuse.

12. LE FRISSON DE LA SYNTAXE (VIRGILE)

Si une catastrophe devait se produire, l'*Énéide* serait le livre à sauver parce qu'il préfigure de nombreux autres livres et qu'il contient l'essentiel de l'*Odyssée* et de l'*Iliade*, les livres les plus anciens de la civilisation occidentale. Quand saint Augustin, dans le *De civitate Dei*, cherche des arguments pour affirmer la supériorité de la religion nouvelle, le christianisme, c'est précisément de l'*Énéide* qu'il tire des exemples pour discréditer le paganisme parce que l'*Énéide* avait accédé au rang de texte de toute une civilisation, était véritablement l'*autre* évangile. De la même manière Platon, pour promouvoir sa philosophie, devait partir de l'élimination d'Homère. Il est assurément superflu de rappeler que tous les deux, saint Augustin comme Platon, étaient épris de leurs antagonistes: qu'en tout premier lieu ils livraient leur combat contre leur propre cœur.

En tout cas, l'*Énéide* n'a jamais vraiment risqué de disparaître, sauf quand Virgile lui-même, sur le point de mourir et n'ayant pu mettre la dernière main à son œuvre, demanda à ses amis de la brûler (sur cet épisode l'Autrichien Hermann Broch écrivit un grand roman commencé durant sa détention dans un camp de concentration et publié en 1945, *La Mort de Virgile*) mais ses amis lui désobéirent et des classiques de l'Antiquité – le classique par excellence, selon T.S. Eliot qui fait écho à Boileau: «Si je pense exprimer un auteur sans défaut, / La raison dit Virgile», *Satire* II* – l'*Énéide* est celui qui a été lu le plus longtemps et le plus régulièrement. Aucune époque n'a eu à le redécouvrir – comme il fallut à l'inverse redécouvrir Lucrèce, Catulle et tant d'autres. Pas même l'opposition chrétienne, si efficace dans certains cas, ne prévalut contre lui. Et l'on arrive à l'époque où le poète chrétien par excellence, Dante, fait même de Virgile son maître. Pétrarque également, l'autre père fondateur de la littérature italienne, chrétien lui aussi, voue à Virgile un culte tout à fait personnel. Son exemplaire manuscrit de Virgile qui, par chance, nous est parvenu (un livre magnifique avec des miniatures de Simone Martini, conservé aujourd'hui à la Bibliothèque Ambrosienne de Milan et pour cette raison connu sous le nom de *Vergilius Ambrosianus*), est le témoin d'une passion sans réserves, humaine et poétique; c'est véritablement un *corps* aimé, objet symbolique d'une vénération sans limite, comme Laure elle-même.

Dans ma vie d'étudiant non plus, il n'y eut aucune saison où l'*Énéide* n'ait été présente. Je l'ai lue intégralement pour la première fois en classe de troisième au collège, dans la traduction de Rosa Calzecchi Onesti, une traduction qui a encore aujourd'hui le pouvoir de m'enchanter. Puis je l'ai lue tout entière en latin à l'université. Et depuis je l'ai relue continuellement, intégralement ou en partie pour moi-même ou à l'occasion d'un cours. Et je ne cesse d'y revenir, même par le biais d'autres œuvres. J'étudie *La Divine Comédie* et je dois relire l'*Énéide*. J'analyse un épisode de *Roland furieux* et je suis poussé à remonter à l'*Énéide*. Je me consacre à *La Jérusalem délivrée*, mais je me dois de partager mon attention avec l'*Énéide*. Parce que l'*Énéide* est partout : dans un poème de Robert Lowell, dans une allusion d'Ungaretti ou dans un roman comme *Le Christ s'est arrêté à Eboli* de Carlo Levi.

La fortune de Virgile tient tout d'abord à la beauté de sa langue. Aucun autre poète antique, pas même l'excellent Horace, n'est son égal. Personne ne s'exprime comme lui;

---

* D'André Chénier, le plus parfait poète du XVIIIe siècle finissant on a pu dire qu'il était «le fils d'Homère et de Virgile». *(NdT)*

personne n'est convaincant au même degré ; personne n'est émouvant comme lui. Dans l'histoire du latin littéraire, Virgile est à la poésie ce que Cicéron est à la prose. Ce rapport est l'un des mythes porteurs de l'humanisme mais c'est aussi le reflet d'une réalité historique. Virgile a refondé le langage poétique de Rome et en a fait un legs impérissable. Une certaine dépendance par rapport à ses prédécesseurs (Ennius, Lucrèce, Catulle), dans le lexique et les images, est sans aucun doute vérifiable, mais le latin de Virgile existe tout entier en dehors des contraintes traditionnelles : il assimile et il réorganise, il ne subit pas.

Tout autant que Lucrèce dans la réforme du lexique, Virgile excelle dans la réorganisation de la syntaxe : soit dans l'ajustement d'un bref groupe de mots (syntagme), la *iunctura*, soit dans l'ordre de la phrase et dans le rapport, toujours dialectique, entre phrase et vers. Aucune trace de schématisme ou de préfabrication. Lucrèce montre et définit ; Virgile anime et met en scène. Lucrèce tend à faire entrer dans un seul vers une unité syntaxique complète. Virgile, s'il compose lui aussi des vers qui coïncident avec des phrases achevées, fait aller par principe la phrase au-delà de la mesure du seul vers (comme le veulent, assurément, le caractère narratif et non pédagogique de son poème et aussi la force émotive de l'histoire) ; et, de cette façon, crée un *enjambement*, le trait le plus caractéristique de sa langue, j'irais jusqu'à dire la structure la plus profonde de son esprit. Je voudrais m'arrêter sur cet aspect, qui est pour moi une source inépuisable de plaisir et d'admiration et qui, en réalité, est un moyen pour ranimer à coup sûr l'émerveillement, premier moteur essentiel de la volonté de lire.

Bien souvent dans l'*Énéide* le premier mot du vers qui suit est le verbe de celui qui le précède. Le verbe arrive ainsi, par surprise, en saillie ; et comme il se trouve coïncider avec une unité métrique d'importance structurelle notable, le début du vers, la phrase dont le même verbe fait partie en reçoit une sorte de poussée, repart au moment même où elle est en train de s'achever. Il n'y a plus la moindre inertie. Deux exemples parmi une foule d'autres :

Improvisum aspris veluti qui sentibus anguem
Pressit…

(II, 379-380)

comme qui, tombé sur un serpent caché dans les ronces épineuses
l'a foulé aux pieds

adversi rupto ceu quondam turbine venti
confligunt…

(II, 416-417)

Tels, parfois, déchaînant leurs tourbillons, les vents contraires
se heurtent.

On rappelle également que le verbe en début de vers dans de très nombreux cas marque le début de la phrase.

D'autre part, il est très courant de voir des verbes en début de vers et appartenant à des phrases voisines produire des chiasmes (structures croisées de type ABBA) avec le sujet ou le complément d'objet auquel ils sont liés : donc on voit les deux verbes dans la même position métrique – précisément en début de vers – mais le premier vient après son sujet (resté dans le vers précédent), tandis que le second vient en première position.

Voici que deux éléments qui occupent la même position dans les vers, en occupent deux différentes, radicalement opposées, à l'intérieur de la phrase. Encore une fois, nulle inertie ; la répétition n'est qu'apparente : c'est la variété dans la continuité. Un exemple tiré d'un des moments les plus inoubliables du poème, la nuit de la reine Didon, qui bientôt se suicidera :

At non infelix animi Phoenissa neque umquam
solvitur *in somnos oculisve aut pectore noctem*
accipit.

(IV, 529-531)

... mais non l'infortunée Phénicienne plus jamais *elle ne connaît la détente* du sommeil ni dans ses yeux ou dans son cœur
n'accueille plus la nuit*.

Ou cet autre, du compte rendu de sa navigation par Énée :

hinc altas cautes proiectaque saxa Pachyni
radimus, *et fatis numquam concessa moveri*
apparet *Camerina procul campique Geloi*...

(III, 699-701)

Puis les roches hautes et saillantes de Pachynum *nous les longerons* et celle que le destin enchaîna à jamais, *apparaît* au loin, Camarine, et les plaines arrosées par le Géla.

Il arrive également que le chiasme, avec une fonction identique, se trouve à l'intérieur d'un même vers. C'est ainsi que commence le livre II, lorsque le réfugié Énée s'apprête à raconter ses tribulations à Didon et à son entourage.

---

* Signalons ici un exemple célèbre de transposition poétique de ce passage. Durement éprouvé par des deuils familiaux et par la maladie, trop accablé pour laisser libre cours à son inspiration, Du Bellay entretint son talent de versificateur en traduisant les chants IV et VI de l'*Énéide* en décasyllabes (1552). « Mais non Didon la triste infortunée / Qui de regrets sans cesse importunée / Ne sent jamais glisser dedans ses yeux / Ny en son cœur le doulx present des dieux. » *(NdT)*

Conticuere *omnes intentique ora* tenebant.
(II, 1)

ils se turent tous et gardaient les yeux fixés sur Énée.

Ou encore :

Iungimus *hospitio dextras et tecta* subimus.
(III, 83)

nous nous serrons la main droite en signe d'hospitalité et nous entrons sous son toit.

Dans le premier exemple (II, 1) nous trouvons un autre trait typique de Virgile, l'hypallage (rare chez Lucrèce), c'est-à-dire l'accord dans le cas présent d'un adjectif non avec le substantif auquel il se rattache logiquement, mais avec un autre élément de la phrase : ici, précisément, l'attention caractérise les yeux, c'est le complément d'objet de « gardaient fixés », et non le sujet. Des raisons métriques font écrire *intenti* plutôt qu'*intenta*. Mais, comme l'a bien montré Gian Biagio Conte dans un magnifique essai, ce n'est pas seulement une question de commodité métrique : l'hypallage introduit un écart, un effet de surprise, il réactive le rapport entre les mots, créant des échanges et des croisements d'ombres, de façon à raviver le plaisir et l'attention prêtée au texte : « La fonction qui lui est assignée est surtout de créer un langage parallèle au langage courant, assez semblable à lui mais aussi substantiellement plus intense. C'est au lecteur de se montrer attentif aux écarts[23]. »

En *enjambement* – cela va de soi – on peut aussi trouver un adjectif, un adverbe, en somme toute partie du discours, et aussi, dans certains cas, à savoir quand l'élément en rejet n'est pas le verbe de la phrase, le sens du mot gagne en intensité, un frisson parcourt, si l'on peut dire, la peau de la phrase. Voici un adjectif d'une rare puissance :

Hoc dicens ferrum adverso sub pectore condit
fervidus...

(XII, 950-951)

sur ces mots il lui plante son fer en pleine poitrine,
bouillant de rage.

C'est la fin du poème : Énée tue son ennemi, Turnus, qui, au vers suivant, gagne le royaume des ombres (*umbras* est, justement, le dernier mot de l'*Énéide* – nous reviendrons sur ce mot splendide).

La sémantique acquiert donc chez Virgile une plénitude de sens et se reflète dans le discours non à partir d'une signification déterminée a priori – cas de Lucrèce, lexicographe pointilleux et « réinventeur » de mots – mais de la position que le mot se trouve occuper dans la phrase. Virgile est vraiment le maître de l'*ordo verborum*. En lisant l'*Énéide* on éprouve un sentiment de liberté, une fluidité que Lucrèce ne communique pas ; et, en même temps que cette liberté on perçoit cependant l'exactitude, le parfait contrôle de tous les mouvements de l'engrenage : chacun, travaillant pour soi, travaille en fait pour l'ensemble, pour que l'équilibre du système n'ait pas à souffrir et pour que, en même temps, à l'intérieur du système, ce flux d'harmonie qui entraîne tout dans une seule direction n'empêche pas l'émergence de certains pics, comme des îles dans une mer.

Voyons un exemple un peu plus étendu :

[...] *hasta volans noctis diverberat umbras*
et venit aversi in tergum Sulmonis ibique
frangitur, ac fisso transit praecordia ligno.
Volvitur ille vomens calidum de pectore flumen
frigidus et longis singultibus ilia pulsat.

(IX, 411-415)

> [...] le trait vole, fend les ombres de la nuit et vient s'enfoncer dans le bouclier de Sulmon; il s'y brise, et les éclats du bois lui traversent le cœur. L'homme roule en vomissant un ruisseau de sang tiède, et, déjà froid, de longs râles font palpiter ses flancs.
>
> Traduction de Maurice Lefaure

Nous en sommes à l'épisode d'Euryale et de Nisus, les deux jeunes amis troyens qui de nuit font un carnage dans le camp adverse avant de tomber eux-mêmes (épisode qu'affectionnent les lecteurs de tous les temps et qui a été imité par divers écrivains, dont l'Arioste dans son *Roland furieux*). Ici aussi nous pouvons relever le chiasme (*hasta* [...] *frangitur* [...]/*Volvitur ille*). Nous observons aussi l'aisance avec laquelle la période syntaxique se déploie de vers en vers, de *hasta* à *ligno*. Mais nous voyons en particulier, par comparaison directe avec Lucrèce, en quoi Virgile est virgilien. Le syntagme «*calidum de pectore flumen*» est prélevé tel quel d'un passage du *De rerum natura*, passage que nous avons déjà rencontré, celui de la vache qui pleure son veau.

Je reprends les vers qui nous intéressent plus directement:

> *nam saepe ante deum vitulus delubra decora*
> *turicremas propter mactatus concidit aras,*
> *sanguinis expirans calidum de pectore flumen...*
>
> (II, 352-354)

> Ainsi devant le temple des dieux magnifiquement orné, au pied des autels où brûle l'encens, souvent un veau tombe immolé, exhalant de sa poitrine un fleuve chaud de sang.
>
> Traduction d'Alfred Ernout
>

Qu'a fait Virgile par rapport à Lucrèce? Il a forcé la métaphore fluviale en éliminant *sanguinis* (qu'à l'inverse Lucrèce – soucieux de métaphores, certes, mais avant tout de terminologie – entend maintenir pour la clarté); il a inséré un *enjambement* efficace par lequel, si le vers s'achève avec le désormais définitif *flumen*, la phrase continue avec *frigidus*; et avec cet adjectif il a formé un brillant oxymore: le sang est chaud mais le blessé est déjà froid; vie et mort se côtoient, contemporaines pour un instant, sur un mode d'un pathétique intense. L'oxymore également est un trait proprement virgilien et ne surprend pas dans un art de la langue aussi «théâtral». Le temps manque ici pour en faire l'inventaire. Je voudrais, toutefois, en mentionner au moins un, fort audacieux: les restes sanglants d'Euryale sont remis à sa mère et elle éclate en sanglots communicatifs. Voici l'oxymore: «*incendentem luctus*» (IX, 500), «qui enflammait les larmes». Nous sommes déjà dans l'art baroque.

Qu'est-ce donc que la métaphore pour Virgile? Lucrèce donne à un mot préexistant un sens nouveau (*semen* qui de «semence» devient «atome»), sans toutefois que la métaphore se perçoive, le nouveau sens se figeant immédiatement. Chez Virgile, au contraire, l'analogie ne s'altère pas dans l'usage métaphorique d'un terme (ce *flumen* n'est pas seulement flot de sang; c'est, véritablement, un fleuve); on perçoit aussi toujours le sens «figuré», l'effort pour faire dire davantage à la langue. Et cet accroissement ne naît pas a priori, n'est pas dans l'idée qui précède la peinture mais il a véritablement son origine propre dans l'achèvement de la représentation figurée. Les significations, comme la syntaxe, obéissent à des procédés «dramatiques», ils agissent sur-le-champ, dans la scène; dans la position qu'ils en viennent à occuper.

Ce dernier exemple nous enseigne deux choses: que la mémoire littéraire de Virgile est très vive et qu'elle n'a rien de littéral ou de mécanique. Virgile, en tout cas, n'est pas une exception, si génial soit-il. Pour les Romains, la poésie, qui constitue la base de la formation scolaire, est une pratique régulière et codifiée et, en tant que telle, se développe par la perpétuation des tournures, des traits stylistiques et des images, allant jusqu'à citer directement des textes du passé ou à y faire allusion d'une façon plus ou moins voilée [24]. L'essence de la littérature, donc, est la tradition. Littérature signifie transmission, réserve de mémoire, système généalogique ; en un mot *imitation*, concept cardinal de l'esthétique antique (qui refera fortune dans le cours de la Renaissance [25]). Et l'imitation n'interdit ni n'exclut l'innovation. La fameuse originalité du poète créateur est un mythe romantique, et peut-être seulement le mythe d'un mythe, parce que même le plus novateur des avant-gardistes ne démontre jamais qu'il abandonne totalement la confrontation avec le passé. Leopardi, l'un des plus grands romantiques européens, est nourri de culture classique. Et, pour citer un exemple opposé, le futuriste Marinetti ne résiste pas à la tentation de traduire *La Germanie* de Tacite et annonce même celle des *Histoires*, projet qu'il ne réalisera jamais.

L'imitation implique le respect des prédécesseurs désignés. Elle sert à «rendre classique» la nouveauté, à imprimer le sceau d'une certaine autorité à l'expérimentation, à faire entrer une phrase dans la mémoire. Mais même le plus profond respect, même la volonté la plus obstinée d'offrir un reflet comporte critique et variation. Le poète qui reprend les mots d'un autre ne dit pas tout à fait la même chose et ne le pourrait pas même s'il le voulait. L'imitation, si elle semble produire quelque chose d'identique dans le texte moderne, apporte une modification essentielle à la signification du texte antique qui, automatiquement, se trouve chargé de la fonction *non originelle* de modèle. Le recours aux mots d'un autre met plutôt en évidence une volonté de convergence qu'une simple répétition, enveloppant – c'est essentiel – le rapport entre l'antique et le moderne dans un souffle de continuité. Il s'agit, en effet, d'une continuité intentionnelle : de considérer les livres, même les plus différents, comme parties fondamentales d'une même culture et de confier à l'écriture littéraire la mission de propager savoirs et identités. Une telle responsabilité naît d'un sens du langage et de la parole qui participe du sacré. La reprise systématique d'expressions, de vocables ou de rythmes se produit parce que certaines expressions, certains vocables et certains rythmes paraissent excellents, parfaits, et même idéaux, donc qu'ils peuvent exprimer même en dehors du contexte qui les a produits toute nouvelle signification qu'ils pourraient avoir à revêtir.

Prenons un exemple célèbre : le passage dans lequel Énée rencontre Didon dans l'outre-tombe, au sixième livre de l'*Énéide*. La reine s'est tuée par amour pour lui à la fin du livre IV. Il lui dit donc que ce n'est pas *par sa propre volonté* qu'il abandonna Carthage : les dieux le lui imposaient… Et il le dit en ces termes :

> *invitus, regina, tuo de litore cessi*
>
> (VI, 460)
>
> c'est contre ma volonté, reine, que j'ai quitté tes rivages

Le vers, comme on l'a plusieurs fois remarqué, est très proche d'un vers de Catulle[26] :

> *invita, o regina, tuo de vertice cessi,*
> *invita…*
>
> (Poème 66, 39-40)
>
> contre ma volonté, ô reine, j'ai quitté ta tête,
> contre ma volonté…
>
> Traduction d'André Marcowicz
>

Le contexte catullien est différent. La phrase est prononcée non par un héros accablé et repentant, mais par une chevelure détachée de sa maîtresse, la reine Bérénice et devenue une constellation. Le changement de contexte opéré par Virgile pourrait sembler pour le moins ironique. Comment peut-on, en effet, mettre Énée, sur le même plan qu'une frivole masse de cheveux? Certains, au contraire, ont cru que Virgile avait chargé la plaisanterie de gravité. Pour ma part, je ne vois ni ironie ni le contraire de l'ironie. Je suis convaincu que même le contexte de départ, le poème de Catulle, est grave. La chevelure souffre *véritablement* du brusque détachement et la transformation en corps céleste ne la console pas de la perte de sa maîtresse. Nous devons comprendre – et c'est dans ce but qu'il faut lire tout Catulle avec soin – que le thème de la séparation est l'une des sources premières de sa poésie, où il ne cesse de revenir dans des variations au plus haut point tragiques (comme la mort). Ceci compris, nous comprendrons alors également que dans le poème 66 sur la chevelure de Bérénice, Catulle, même sous une apparence de légèreté, a entendu composer un symbole abrégé, une sorte de totem, et de plus un totem chargé en soi de préciosité en tant que synecdoque* de la royauté et de la divinité. D'ailleurs, à y bien regarder, dans l'élégie de Catulle tout comme au livre VI de l'*Énéide*, nous sommes dans le contexte de l'au-delà[27]. La complexité et la profondeur émotive de l'élégie de Catulle n'ont pas échappé à Virgile (comme la vive tension pathétique du veau sacrifié ne lui avait pas échappé). Dans l'élégie de la chevelure le poète de l'*Énéide* lisait un archétype dramatique, une matrice de sa perception même. Ce n'est pas un hasard si ce vers de Catulle se fait encore entendre dans un autre passage de l'*Énéide*, exactement vers la fin, donc dans une partie du texte de grande importance. Jupiter s'adresse à Junon, protectrice de Turnus et des Latins, et lui demande de ne plus s'opposer au triomphe d'Énée et des siens. Junon finalement incline la tête et prononce le vers suivant :

> *Iuppiter, et Turnum et terras invita reliqui...*
> (XII, 809)

> Jupiter, c'est malgré moi que j'ai abandonné et Turnus et la terre.

---

* C'est-à-dire « compréhension simultanée », la partie étant prise ici pour le tout, ou le moins pour le tout. (*NdT*)

Invita revient, rendu méconnaissable par le changement de position et *cessi* est une variante de *reliqui.* Trop peu pour établir une descendance directe de Catulle dans ce cas également ? Non, si nous mettons en regard non seulement les deux vers mais les passages où ils figurent ; et cette fois, ne nous préoccupons pas de traduire mais attardons-nous plutôt sur les coïncidences littérales :

invita, *o regina, tuo de vertice* cessi,
invita : adiuro *teque tuumque* caput,
digna *ferat quod si quis inaniter adiurarit :*
sed qui se ferro postulet esse parem ?
Ille quoque eversus mons est, quem maximum in oris
progenies Thiae clara supervehitur,
cum Medi peperere novum mare, cumque iuventus
per medium classi barbara navit Athon.
Quid facient crines, cum ferro talia cedant ?
Iupiter, *ut Chalybon omne genus pereat,*
et qui principio sub terra quaerere venas
institit ac ferri stringere duritiem !

(Poème 66,39-50)

ista quidem quia nota mihi tua, magne, voluntas,
Iuppiter, *et Turnum et terras* invita *reliqui ;*
nec tu me aeria solam nunc sede videres
digna *indigna pati, sed flammis cincta sub ipsa*
starem acie traheremque inimica in proelia Teucros.
Iuturnam misero, fateor, succurrere fratri
suasi et pro vita maiora audere probavi,
non ut tela tamen, non ut contenderet arcum ;
adiuro *Stygii* caput *implacabile fontis,*
una superstitio superis quae reddita divis.
Et nunc cedo *equidem pugnasque exosa relinquo.*

(*Énéide*, XII, 808-818)

Il est impressionnant de voir combien de traces de l'élégie de Catulle se retrouvent dans la voix de Virgile. Il ne peut s'agir de réapparitions fortuites. Comme le suggère la redistribution des éléments isolés, on peut admettre que les reprises ne soient pas intentionnelles. Cela, toutefois, ne la prive pas de force allusive. Le détachement de la chevelure représente dans la psychologie de Catulle un choc que l'on trouve aussi chez Virgile. L'*Énéide* même ne fait que mettre en scène ruptures et séparations : de son épouse Créuse, de son père Anchise, de Didon, justement, de Palinure, son compagnon, de sa nourrice Caiète.

Et pensons à la première bucolique de Virgile : là aussi il y a une séparation, un départ douloureux, l'abandon d'une campagne aimée, l'exil. Junon aussi vit sur le mode traumatique sa séparation d'avec Turnus. Et voici que l'archétype du traumatisme est réactivé ; voici que se met à parler la voix même de la séparation parce que, dans l'imagination de Virgile, elle est devenue l'élégie de la chevelure.

La mémoire est la substance même de l'*Énéide*. Énée se souvient, Didon se souvient. Tout et tous ont l'âme pleine de passé. Ce poème est déjà une « recherche du temps perdu ». On dira que c'était déjà le cas de l'*Odyssée*. L'*Odyssée* en vérité est un chant du retour. Le temps retrouvé de l'*Énéide*, à l'inverse, n'est pas un retour mais une illusion, un succédané de retrouvailles parce qu'il se produit dans un ailleurs : dans le Latium et non pas assurément à Troie qui est détruite. Il y a donc toujours en lui une part de regret ; il ne se distingue pas de l'idée de l'irrévocable. C'est un sentiment auquel nul ne peut être insensible : « Virgile nous permet de voir au-dessous de nous les épaves d'un grand naufrage et les palais de l'Atlantide », dit Jean Giono (*Virgile*, 1943).

Et Virgile est à ce point nostalgique, à ce point dévotement tourné vers le souvenir que non seulement il crée des personnages tournés à leur corps défendant vers leur passé mais il nous fait voir dans leur authentique manifestation extérieure comment les choses vieillissent, perdent leur signification originelle et même deviennent instruments et signes de mort. Les objets de l'*Énéide* ! Ils sont là pour nous dire qu'un monde est fini, pour mêler aujourd'hui, hier et demain. Prenons le moment qui précède le suicide de Didon, moment à la vérité exemplaire.

> *at trepida et coeptis immanibus effera Dido*
> *sanguineam volvens aciem, maculisque trementis*
> *interfusa genas et pallida morte futura,*
> *interiora domus inrumpit limina et altos*
> *conscendit furibunda rogos ensemque recludit*
> *Dardanium, non hos quaesitum munus in usus.*
>
> (IV, 642-647)

> Mais Didon frémissante, rendue farouche par l'effet de son atroce projet, roulant des yeux injectés de sang, ses joues tremblantes constellées de taches, et blême de sa mort prochaine s'élance dans l'intérieur du palais et gravit comme une folle les hauts degrés du bûcher et met à nu le glaive dardanien destiné à un autre usage[28].

Mentionnons également sa transposition poétique par Joachim du Bellay :

> Mais ce pendant Didon fière et terrible
> Pour le remords de son conseil horrible,
> Tournant des yeux la prunelle sanglante
> Deça dela : et sa joue tremblante
> Entre-tachée, avec' pasle couleur
> Signe mortel de son prochain malheur,
> Aux lieux secrez entre par violence,
> et en fureur sur la pyle s'eslance
> Ou le Troien glayve elle a desgainé,
> Qui ne feut pas à telle fin donné.

Le narrateur souligne que l'épée est un don du Troyen Énée («dardanien» signifie descendant de Dardanus, fondateur de Troie). Mais non, ce n'est pas le narrateur, cette observation est dans l'esprit même de Didon ; c'est un discours rapporté. L'épée dégainée est, littéralement, un «souvenir». La grammaire elle-même met en scène, dans le cours d'une seule période, la convergence du passé, du présent et du futur avec trois participes : *coeptis* (l'action juste entreprise), *quaesitum* (l'événement originel, la recherche du don qui est un gage). *Morte futura*, cruel oxymore, surenchérit et fait concorder l'être et le non-être (*futura* est, justement, le participe futur féminin du verbe *sum*).

Un autre exemple, une autre épée :

> *Transiit et parmam mucro, levia arma minacis,*
> *et tunicam molli mater quam neverat auro,*
> *implevitque sinum sanguis ; tum vita per auras*
> *concessit maesta ad Manis corpusque reliquit.*
>
> (X, 817-820)

> La pointe a traversé le bouclier rond, faible armure pour tant d'audace, et la tunique que sa mère avait tissée d'or souple ; des flots de sang inondent sa poitrine ; son âme s'en est allée à travers les airs, toute triste, chez les Mânes, elle a quitté son corps.

La victime est Lausus, le fils de Mézence ; le meurtrier est Énée. Le narrateur introduit ce détail, le travail de tissage de la mère, et colore de tendresse la scène militaire, nous ramenant à un autre temps, en un autre lieu, avec des sentiments à jamais perdus. Le même Énée est attendri face à son propre triomphe et témoigne pour le jeune homme abattu d'une attention qu'il n'a pas pour les autres agresseurs. Et de même, au livre suivant, aux funérailles de Pallas, un autre jeune homme tristement tombé, apparaît un objet-souvenir, dans ce cas également, une pièce de tissu : rien de moins qu'un drap d'or et de pourpre que Didon avait fait pour Énée *suis manibus* (XI, 74). Il a désormais pour office de recouvrir la chevelure du jeune mort, et de brûler avec lui.

13. LA DIFFRACTION (TACITE)

Au chapitre XXIX du *Rouge et le Noir* Julien Sorel rencontre l'évêque, lui prouve qu'il possède une excellente maîtrise du latin et prend congé de lui avec un magnifique cadeau : les œuvres complètes de Tacite en huit volumes. Cadeau, à la vérité, singulier pour un séminariste, comme certains n'ont pas manqué de le souligner.

Mais pourquoi Tacite et non, que sais-je, saint Augustin ? Parce que Tacite enseigne les mécanismes du pouvoir et que l'évêque est convaincu que Julien fera une carrière ecclésiastique fulgurante, s'il sait se comporter comme il convient. Au demeurant le haut clergé, qu'il soit romain ou gallican, compte en son sein de profonds politiques. Dans *La Chartreuse de Parme* (chapitre XVI), le comte Mosca, un émule de Talleyrand, félicite l'archevêque Landriani en ces termes : « Tudieu, monseigneur, vous peignez comme Tacite. »

L'on ne saurait surestimer sa place dans la formation littéraire française jusqu'à une époque encore relativement récente. Taine exprime une opinion largement répandue lorsqu'il lui reconnaît « ... le don divin qui manque à Tite-Live. Tacite est poète. Ce genre d'imagination est une sorte de génie philosophique, qui éclaire par illumination subite et pénètre dans la vérité aussi profondément que la raison même... C'est la puissance de créer ou de reproduire des êtres aussi vrais, aussi vivants que ceux que nous pouvons voir ou toucher... Cet éclat d'un style que la poésie, la haine, l'étude ont enflammé et assombri, ne s'est rencontré qu'une fois dans l'histoire et il a fallu cette âme, cette civilisation, cette décadence pour l'inventer» (*Essai sur Tite-Live*, 1856). Comme pour faire écho à ce jugement et en élargir la portée, Lamartine déclare dans son *Cours familier de littérature française* (1859) : « [Tacite] n'est pas l'historien mais le résumé du genre humain… Sa sensibilité est plus que l'émotion, c'est de la pitié ; ses jugements sont plus que de la vengeance, c'est de la justice ; son indignation, c'est plus que de la colère, c'est de la vertu. » On comprend dès lors qu'il faille prendre au pied de la lettre cette boutade de Sainte-Beuve dans l'une de ses chroniques hebdomadaires (31 octobre 1853) : «Tout bon rhétoricien fait du Tacite au collège. »

Tacite (env. 56-117 ap. J.-C.) est aussi le prosateur latin que je préfère bien que je déteste viscéralement le carriérisme politique : pour moi Tacite est la quintessence du latin ; il pousse à l'extrême, avec une détermination et même une assurance sans égales ses caractéristiques les plus originales : densité, efficacité, plénitude, clair-obscur (au diable le superflu, au diable même l'essentiel s'il peut se déduire de quelque chose de plus grand). Le latin, dans le laboratoire de Tacite, ressemble aux pigments qui restent attachés dans la boîte de pinceaux quand toute la térébenthine s'est évaporée.

À la différence de Julien, personne ne m'a fait cadeau des œuvres de Tacite mais je les ai achetées de mes deniers dans l'édition des Belles Lettres lors de mon premier voyage à Paris. J'avais dix-sept ans et le prix m'en parut exorbitant. Ce fut, cependant, une dépense nécessaire. Je n'avais encore jamais lu Tacite ni en latin ni en traduction. Je savais seulement qu'il était très difficile et que si l'on tombait sur un texte de lui en classe on était mal parti. Ce fut mon cas à l'examen de terminale. Cette année, 1984, le latin était, en effet, sorti à l'écrit et quelqu'un au ministère avait choisi un extrait des *Annales*. Les premiers mots se gravèrent dans ma mémoire : «*Laeti neque procul Germani agitabant*» («Joyeux et proches de nos frontières vivaient les Germains»). C'est le début du chapitre 50, au livre I.

À l'université il fallait pouvoir traduire Tacite au pied levé.

Le professeur Grilli ouvrait au hasard les *Annales* ou les *Histoires* et le candidat devait lire et puis rendre le texte en italien sans avoir à réfléchir trop longtemps, ou alors il était renvoyé chez lui, ce qui n'était pas rare.

Il est vrai que la compréhension de Tacite exige plus d'effort que celle d'autres auteurs également complexes. Sa beauté réside dans la rapidité, la surprise; elle joue sur l'allusion, l'omission d'éléments linguistiques (verbes et prépositions), la concision et ce que l'on appelle la *variatio*, c'est-à-dire l'alternance de constructions apparentées par le sens mais non par la syntaxe: par exemple, le «*laeti neque procul*», précité[29]. En voici un autre:

> [...] *palam laudares, secreta male audiebant*
>
> (Histoires, I, 10)

Avant de commenter les beautés de cette courte période je rappellerai qu'il s'agit du portrait d'un certain Licinius Mucianus, gouverneur de Syrie. L'auteur insiste sur ses contradictions et ses ambivalences. Ami des puissants mais tombé en disgrâce sous l'empereur Claude, il finit dans la lointaine Asie. C'est un mollasson empressé, un arrogant sympathique, un débauché qui cependant en cas de besoin sait s'affairer. Son état, en somme, est l'oxymore. Et notre citation le résume en une phrase inoubliable:

> [...] on pouvait louer ses dehors mais ce qu'il cachait avait mauvais renom
>
> Traduction d'Henri Goelzer

La particule adversative entre la première et la seconde partie manque; manque également le complément d'objet «le». Trait typiquement tacitéen. C'est au lecteur à suppléer le «mais», car c'est quelque chose de postérieur; c'est une partie d'un jugement, c'est-à-dire d'une phase du raisonnement qui intervient après l'exposition des faits. Et Tacite invite à le prononcer sans le prononcer lui-même. Quant au complément d'objet, il se tire aisément du contexte. Et son omission donne plus de vigueur à l'opposition entre les opinions, la bonne réputation et la conduite privée répréhensible. La *variatio* dramatise encore davantage le contraste et consiste à opposer un adverbe (*palam*) à un neutre pluriel (*secreta*), un verbe à la seconde personne du singulier de l'imparfait du subjonctif à un imparfait de l'indicatif à la troisième personne du pluriel. Asymétrie complète et qui, pourtant, produit nécessairement un effet de symétrie; et la symétrie résulte non d'un ordre préétabli, non de l'application préalable, décidée à l'avance, de formes grammaticales de même valeur mais des conclusions du lecteur. Dans une phrase de Tacite, c'est comme si le récit accédait à un premier niveau de vérité par la sémantique des mots isolés et seulement dans un second temps, grâce à l'intervention du lecteur, révélait les rapports de correspondance entre ceux-ci. La sémantique de tout mot isolé a dans cette diffraction toute tacitéenne du discours un rôle fondamental: parce que chaque mot a quelque chose de vague et de phosphorescent autour de lui. *Palam* (dont nous retrouvons trace en italien dans l'adjectif *palese* – «évident, manifeste» et dans l'ancien français *paleser*, «révéler») veut dire justement «aux yeux de tous, ouvertement». Tacite le rattache au verbe *laudares*, en réalité, sur le plan logique, l'adverbe se rapporte au comportement de Licinius Mucianus, à son rôle social: c'est-à-dire que la louange est publique puisque le profil public de Licinius Mucianus se révèle louable. C'est une sorte d'hypallage, un échange de parties (souvenons-nous de Virgile): une caractéristique de l'objet sous-entendu (Licinius Mucianus) est déplacée sur le sujet. *Secreta* est le pluriel de *secretum*, qui veut dire, en dehors de «secret», «mystère», et aussi «lieu caché». Il est évident qu'ici Tacite étend le sens du mot par antithèse avec l'adverbe *palam* et, par conséquent, *secreta* en vient à désigner la vie cachée du personnage, quelque chose que l'on peut aussi rendre par «vie privée». *Audiebant* vient d'*audio* (*audire* à l'infinitif) qui signifie «entendre, ouïr, écouter». Avec les adverbes *male* et *bene*, *audio* prend le sens intransitif de «jouir d'une mauvaise ou d'une bonne réputation». Rien de singulier, cet emploi apparaît également chez d'autres auteurs. Tacite pourtant joue certainement aussi, avec ironie, sur l'opposition et la concurrence entre *laudo*, verbe d'expression, et *audio* pris au sens premier de «percevoir par l'oreille».

Tacite est un continuateur de Salluste (env. 86-36 av. J.-C.). Salluste, qui fut le contemporain de Cicéron, use d'une langue tout à fait personnelle, clairement distincte de la grammaire et du style de Cicéron. Prenons *La Conjuration de Catilina*, son chef-d'œuvre et l'archétype de la nouvelle historiographie classique. Sa syntaxe, influencée par le grec de Thucydide (réputé pour sa sublime brusquerie), évite les phrases complexes : elle procède par blocs paratactiques (juxtaposés), par énumération ; elle est avare de conjonctions ; elle cultive la *variatio*, c'est-à-dire la coordination d'éléments disparates et non l'équilibre et la symétrie ; elle dédaigne les figures rythmiques. Le vocabulaire abonde en mots hors d'usage ; le gérondif a même un aspect archaïsant (*-undus* plutôt que *-endus*) et de même certains adjectifs : *pessuma* plutôt que *pessima*, *divorsa* au lieu de *diversa* etc. Il en résulte une impression de sécheresse nerveuse, d'abstinence vigilante, non dépourvue d'attrait et d'une beauté primitive et dépouillée qui lui est propre[30]. Le style de Salluste, ce n'est pas un hasard, a fait école. Et pas seulement chez Tacite (Sénèque critique les imitateurs dans sa lettre 114 à Lucilius). L'éloge qui lui est décerné par Nietzsche à la fin du *Crépuscule des idoles* (1888) suffirait à le prouver :

> Mon sens du style, de l'épigramme dans le style, s'est éveillé presque spontanément à mon contact avec Salluste. [...] Serré, sévère, avec au fond autant de substance que possible, une froide méchanceté à l'égard de la «belle parole» et aussi à l'égard du «beau sentiment» – c'est à toutes ces qualités que je me suis deviné. On reconnaîtra jusque dans mon *Zarathoustra* une ambition très sérieuse de style *romain*.
>
> (*Le Crépuscule des idoles*, «Ce que je dois aux anciens», 1[31])
>
> Traduction d'Henri Albert

En pleine période humaniste, Politien l'adopte avec succès dans son récit de la conjuration des Pazzi, un des textes les plus raffinés de la littérature néo-latine. Et Alfieri, pour évoquer un autre moderne, se fait même le traducteur de *La Conjuration de Catilina*. Dans la préface de sa version italienne il qualifie l'auteur de «divin» et attribue à son style «clarté, brièveté et énergie». Mérimée lui aussi marcha sur ses traces. *La Conjuration de Catilina* qu'il composa en 1844 mettait, certes, à profit de nombreuses autres sources. Il y rappelait cependant que les anciens et les modernes considéraient à bon droit la composition de Salluste comme «l'un des plus parfaits modèles de narration historique». La vigueur et la concision de «cet écrivain inimitable» ne sont pas sans écho chez l'auteur de *Carmen* et de *Mosaïque*.

Voyons la mort de Catilina lui-même :

> *Catilina postquam fusas copias seque cum paucis relicuom videt, memor generis atque pristinae suae dignitatis, in confertissumos hostis incurrit ibique pugnans confoditur.*
>
> (LX)

> Catilina, après qu'il eut vu ses troupes en déroute et lui-même abandonné avec quelques hommes, se souvenant de ses origines et de son ancienne dignité, s'élance au cœur des troupes ennemies et là se fait massacrer en combattant.

Le point culminant du récit se réduit à cet instantané expéditif où domine le présent historique. Un peu d'archaïsme (*relicuom* pour *reliquum*, *hostis* pour *hostes*) saupoudre de gravité la scène. Le narrateur revient à Catilina quelques phrases plus loin et nous le présente – non moins rapidement, en tout cas – agonisant parmi les cadavres, encore plein d'une indomptable fierté. Il est vrai, en tout cas, que pour Salluste le portrait moral, si bref et sommaire qu'il soit, importe beaucoup plus que la dramatisation des faits. Un bon exemple est fourni par le médaillon polychrome de Sempronia, une alliée de Catilina : femme de condition libre, connaissant les langues et le chant, sensuelle et sans pudeur, criminelle effrontée et spirituelle (*La Conjuration de Catilina*, XXV).

Tacite accentue la concision et la tendance à la *variatio* et tous les traits les moins cicéroniens. Le centre du discours se déplace vers les éléments périphériques tandis que chez Cicéron on trouve une proposition principale dont dépendent avec une logique rigoureuse les subordonnées ; l'allusion et l'ellipse projettent de longues ombres sur le sens, qui apparaît, disparaît et n'est saisi qu'au prix d'interprétations approfondies et de synthèses intuitives. Mais il serait réducteur de dire que le latin dans l'œuvre historique de Tacite n'est qu'un développement de celui de Salluste. Le latin, chez Tacite, atteint des sommets nouveaux et impressionnants, parce que l'esprit de Tacite est supérieur à celui de Salluste, parce que l'art de Tacite naît d'une sensibilité beaucoup plus complexe et critique. On ne doit pas oublier que les langues – et le latin en est un exemple limpide – croissent, changent et se développent jusqu'à certains niveaux de raffinement uniquement grâce à l'intelligence et aux passions d'individus singuliers. Il y a, certes, l'usage, la pratique collective mais il y a aussi l'invention personnelle, la volonté personnelle d'aider la langue à couvrir des distances non encore parcourues. Prenons comme exemple, dans les *Annales* de Tacite – pour rester dans le registre des morts violentes – le meurtre d'Agrippine, la mère de Néron.

> *Anicetus villam statione circumdat refractaque ianua obvios servorum abripit, donec ad fores cubiculi veniret ; cui pauci adstabant, ceteris terrore inrumpentium exterritis. Cubiculo modicum lumen inerat et ancillarum una, magis ac magis anxia Agrippina, quod nemo a filio ac ne Agermus quidem : aliam fore laetae rei faciem ; nunc solitudinem ac repentinos strepitus et extremi mali indicia. Abeunte dehinc ancilla, "tu quoque me deseris ?" prolocuta respicit*

> *Anicetum, trierarcho Herculeio et Obarito centurione classiario comitatum : ac si ad visendum venisset, refotam nuntiaret, sin facinus patraturus, nihil se de filio credere ; non imperatum parricidium. Circumsistunt lectum percussores et prior trierarchus fusti caput eius adflixit. Iam in mortem centurioni ferrum destringenti protendens uterum "ventrem feri" exclamavit multisque vulneribus confecta est.*
>
> (XIV, 8)

> Anicet encercle la maison et, la porte une fois fermée, se saisit des esclaves qu'il rencontre ; puis il parvient à l'entrée de la chambre. Il y avait peu de monde. Presque tous, à son approche, avaient fui épouvantés. Dans la chambre, il n'y avait qu'une faible lumière, une seule esclave et Agrippine de plus en plus inquiète de ne voir personne de chez son fils, pas même Agermus : dans une situation heureuse les apparences auraient été différentes, mais maintenant [il y avait] cette solitude, ce tumulte soudain, et les présages d'un irrémédiable malheur. Comme sa servante elle-même s'éloignait : « Et toi aussi tu m'abandonnes », lui dit-elle, puis elle aperçoit Anicet, accompagné du tétrarque Herculéius et d'Obaritus, centurion de la flotte. [Elle lui dit alors que] s'il était envoyé pour la visiter il pouvait annoncer qu'elle était remise mais s'il venait pour commettre un crime, elle en croyait son fils innocent ; il n'avait pas commandé un matricide. Les assassins entourent le lit et pour commencer le triérarque l'assomme d'un coup de bâton. Déjà le centurion dégainait son glaive pour l'achever : « Frappe ici », s'écria-t-elle en lui montrant son ventre, puis elle expira percée de coups.
>
> Traduction J.-C. Burnouf modifiée

Nous sommes dans l'esprit d'Agrippine, la méchante mère qui succombe à la méchanceté de son fils. Non seulement la grammaire (le discours indirect) nous dit que les pensées que nous lisons sont les siennes, mais le cadre également parle pour elle. Cette faible lumière symbolise sa vie qui est sur le point de s'en aller ; l'abandon de la dernière servante est l'indice de la plus triste des fins. Et puis, il y a le drame intérieur, l'ultime incrédulité d'une mère qui ne peut admettre l'idée que son fils veuille sa mort; et avec l'incrédulité, les pressentiments les plus sinistres; et ces gestes de théâtre.

Salluste raconte une conjuration de son temps, un coup d'État avorté (nous sommes en 63 av. J.-C.), et ramène le tout à une formule simple, à un schéma: la diffusion de la corruption. Aucune analyse politique, aucune pénétration psychologique. Catilina est un titan, mais c'est un obélisque, c'est la criminalité incarnée, non un type particulier de criminel. Les caractères de ses alliés non plus ne se révèlent pas mieux approfondis. Ils sont le mal, également éclairés par les lueurs du génie. Les autres, ceux qui les vaincront, sont le bien. Tacite également parle de sujets qui lui sont proches, il condamne lui aussi et résume en quelques traits, et jauge la réalité en moraliste. Mais avec quelle capacité d'amplification! Une observation ici compte double, car le peu qui est dit n'est pas tout mais il renvoie à quelque chose de plus, en faisant appel à un commentaire secret. Chez Salluste, à l'inverse, récit et commentaire sont identiques; la concision ne produit pas d'abondance, mais plutôt une exhaustivité immédiate, parcimonieuse, un jugement toujours et en tout cas a priori; une protestation qui n'est rien d'autre qu'elle-même.

14. LA FIN DE L'IDENTITÉ (OVIDE)

> « Le premier goust que j'eus aux livres, il me vint du plaisir des fables de la *Métamorphose* d'Ovide. Car environ l'aage de sept ou huict ans, je me desrobois de tout autre plaisir pour les lire : d'autant que cette langue estoit la mienne maternelle, et que c'estoit le plus aisé livre que je cogneusse, et le plus accommodé à la foiblesse de mon aage à cause de la matière. »
>
> MONTAIGNE, *Les Essais*, I, XXVI, *De l'institution des enfans*

S'il est vrai, comme on l'a dit, que « seuls les enfants savent lire » *, cette confidence de Montaigne nous aide à comprendre l'importance d'Ovide dans la tradition humaniste européenne. À dire vrai elle était acquise dès le Moyen Âge où le poète des *Métamorphoses* ne le cédait en rien à Virgile. On a pu qualifier le XIIIe siècle de siècle d'Ovide (*aetas ovidiana*). En témoigne l'immense poème en octosyllabes (72 000 vers) intitulé *Ovide moralisé* (env. 1290-1320) qui offre non seulement une traduction des quinze livres des *Métamorphoses*, mais aussi une réinterprétation allégorique des mythes à des fins d'édification chrétienne. Cette

* Titre d'un ouvrage de Michel Zink, Tallandier, 2009. *(NdT)*

entreprise n'était pas isolée. Jusqu'à la fin du XVe on puisait chez Ovide non seulement des récits merveilleux, mais aussi des exemples d'étymologies ou de versification, des préceptes de sagesse, des vues profondes sur la nature du monde. Cette fonction de guide encyclopédique s'estompa quelque peu par la suite, mais le poète de l'amour et le brillant conteur de récits mythologiques survécurent jusqu'à nous.

Au lycée on rencontre Ovide (43 av. J.-C.-17 ou 18 ap. J.-C.) avant tout en lisant Dante. *La Divine Comédie*, en effet, puise à pleines mains dans les *Métamorphoses*, l'œuvre majeure de ce grand poète. Dans un cas précis (la transformation des voleurs du chant XXV de l'*Enfer*), Dante lance ouvertement un défi à son prédécesseur tout en s'octroyant personnellement la palme dans une formule célèbre (« Qu'Ovide aussi se taise... je ne lui porte pas envie », vv. 97-99).

Les réécritures de Dante ont certainement contribué à la fortune du poème d'Ovide mais à cause d'elles nous nous sommes aussi habitués, inconsciemment à ne voir dans ce poème qu'une source, un répertoire de mythes, entrepôt et magasin, d'où tirer le nécessaire au gré des circonstances. La fresque grandiose qui s'y déploie en quinze livres – l'histoire même de l'univers inscrite dans le cadre révolutionnaire de la transformation de Rome en empire – s'est émiettée en taches colorées, en fragments épisodiques. Narcisse qui devient fleur, Écho qui s'amenuise au point de n'être plus qu'une voix, telle autre qui change de sexe, d'autres encore qui se transforment en chauve-souris ou en oiseaux ou en génisses... Le reste, par une funeste complicité avec la structure d'ensemble, s'est trouvé réduit à l'état d'échafaudage, de toile de fond, de portant.

De plus, l'école n'a guère servi le nom d'Ovide, perpétuant l'image d'un poète léger, inconsistant, comme le physique de ses personnages : le mondain qui recycle un patrimoine mythographique grec et le reproduit à sa façon, avec ironie, certes, mais sans l'approfondir : une friture de produits décongelés, en quelque sorte, une poésie épique factice et dont la facticité ne mène à rien. Trop habile, trop facile, un jacasseur tout en surface cet Ovide...

D'autre part, il n'a rien gagné non plus à la comparaison avec Virgile, son contemporain à un quart de siècle près*. Cette comparaison, en tout cas, n'a pas suffi à l'éclipser; ou plutôt, à sa lumière il a même ajouté l'éclat d'un feu d'artifice. Virgile est passé à la postérité comme le *poète de Rome*; Ovide comme l'*artiste d'une classe*, l'écrivain par trop conscient de ses dons et donc finalement, froid, satisfait, décoratif et fat. Et l'artiste a disparu derrière le flagorneur faraud. Même un connaisseur comme Leopardi, dont toutes les lectures s'insèrent dans un système qui lui est propre, à partir d'un point de vue profondément personnel et *engagé* (et, au fond, an-historique) ne trouve rien de plus dans les *Métamorphoses* que des images, des descriptions gratuites sans rien qui les impose.

> Le poète doit montrer qu'il poursuit un objectif plus sérieux que de susciter des images et de faire des descriptions. [... il doit] décrire et introduire des images avec gravité, avec sérieux sans manifester la moindre complaisance, sans y mettre d'application particulière, de réflexion ou de délibération concertée, sans chercher non plus à fixer l'attention du lecteur. C'est ce que font Homère, Virgile et Dante qui, tout emplis qu'ils soient des images et des descriptions les plus vives, ne laissent pas même voir qu'ils en sont conscients mais laissent entendre qu'ils poursuivent un but beaucoup plus sérieux, le seul qui leur tienne à cœur [...]. Ovide fait le contraire. Il ne dissimule ni ne cache et, pour ainsi dire, avoue ce qu'il est; en d'autres termes il n'a, lui, pas d'intention plus importante ni plus sérieuse ou plutôt il ne vise à rien d'autre qu'à décrire, à faire surgir et à semer images et tableautins, à dessiner et faire voir continuellement des scènes.
>
> *Zibaldone di pensieri*/Mélanges,
> 3479-3480, 20 septembre 1823

* Virgile : 71/70-19 av. J.-C ; Ovide : 43 av. J.-C. - 17/18 ap. J.-C. *(NdT)*

Leopardi dans cet extrait présente comme des défauts, les qualités les plus marquantes du style d'Ovide. C'est vrai : Ovide parle d'abondance, il décrit, représente par des figures et semble mettre tout en scène. Parfois, on aimerait qu'il abrège. Une part de sa force, toutefois, tient justement au bonheur de la composition, à l'accumulation des détails, à l'ouverture d'une suite de tiroirs pour arriver au plus secret d'entre eux dans une fièvre croissante de découverte. À propos de cette abondance, Italo Calvino a écrit : « le geste d'Ovide est toujours celui d'ajouter, jamais de retrancher ; d'aller toujours plus loin dans le détail, jamais d'estomper dans le vague. Procédé dont les résultats sont différents selon l'intonation, ici étroitement solidaire d'humbles réalités, ailleurs agitée et impatiente d'emplir le merveilleux de la fable avec l'observation objective de la réalité naturelle[32] ».

Voyons-en un exemple :

> *extenuant vigiles corpus miserabile curae,*
> *adducitque cutem macies, et in aera sucus*
> *corporis omnis abit ; vox tantum atque ossa supersunt :*
> *vox manet ; ossa ferunt lapidis traxisse figuram.*
>
> (Métamorphoses III, 396-399)

> La nymphe Écho est tombée amoureuse de Narcisse, qui la repousse. À force de l'invoquer, elle est réduite à l'état de simple voix, les soucis qui la tiennent éveillée épuisent son corps misérable, la maigreur dessèche sa peau, toute la sève de ses membres s'évapore. Il ne lui reste que la voix et les os ; sa voix est intacte, ses os ont pris, dit-on, la forme d'un rocher.
>
> Traduction de Georges Lafaye

C'est une suite d'instantanés, une succession de photogrammes. Leopardi a raison : une image prend la suite d'une autre image. Virgile est théâtre, œuvre lyrique et à tout moment dans son récit il y a simultanéité de situations (et la simultanéité, justement, plaît extrêmement à Leopardi) ; c'est un tableau élaboré encadré par l'avant-scène. Ovide, au contraire, c'est un film : une chose à la fois, une pose à la fois ; phénomène qui se déroule, événement qui s'accomplit par étapes, photogramme par photogramme. Chez lui la narration l'emporte sur l'action dramatique. Je veux encore citer Leopardi : « l'esprit est conduit à voir les objets peu à peu pour leur part » (*Zibaldone, Mélanges*, 2042). Les allitérations (de nombreux *c*, plusieurs *s*, quelques *t*, les deux *f* finals) et les répétitions de mots (*corpus/corporis* ; *vox/vocis* ; *ossa/ossa*), échos stylistiques, justement, soudent les anneaux en une chaîne et la référence inattendue à un point de vue extérieur (*ferunt*, « on dit, on raconte que ») fixe l'extrémité de la chaîne, faisant reculer d'un coup l'événement, intégralement relaté au présent, dans le passé, lui conférant un caractère historique, au vrai sens du mot, comme le suggère également la grammaire, avec une forme d'un infinitif parfait (*traxisse*). Voici donc l'ultime résidu, le précipité chimique d'une existence.

J'ai fréquenté Ovide surtout après l'université. Je ne me suis pas consacré immédiatement aux *Métamorphoses* mais j'ai commencé par les *Héroïdes*, un recueil de lettres imaginaires de femmes entrées dans la légende, y compris Sapho, et adressées à leurs amants partis au loin ; une œuvre exquise, qui a connu dans la littérature moderne une fortune singulière et où nous rencontrons un trait typiquement ovidien : la volonté de saisir l'émotion – en l'espèce, le chagrin de la séparation – et de l'exprimer dans la forme la plus inoubliable, en mêlant intelligence et passion. Aux États-Unis, entre deux cours de doctorat, j'ai traduit ces lettres, je ne sais plus pourquoi, ou peut-être pour des raisons par trop prévisibles, mon état présent d'émigré et l'identification à ces héroïnes, ayant eu moi-même depuis l'enfance l'habitude d'écrire de vaines lettres d'amour.

Quelques années plus tard, j'ai traduit l'Ovide de l'exil (les *Tristia*, « Tristes », *Epistulae ex Ponto*, les « Pontiques »), le poète en disgrâce, chassé par Auguste, le même Auguste dont nous trouvons l'éloge dans la dernière partie des *Métamorphoses*. Les raisons d'un exil si déconcertant demeurent encore indiscernables. Mais qu'Auguste ait pris les choses au sérieux est prouvé par le fait qu'Ovide n'est jamais revenu à Rome et, bien qu'il eût adressé des supplications au prince et qu'il s'en fût remis à l'intercession de sa femme et des quelques amis qu'il comptait encore dans la capitale, il est mort précisément là où la colère du prince l'avait rejeté, sur les côtes de la mer Noire, dans un trou perdu au sinistre nom de Tomes, en souvenir du dépeçage par Médée de son propre frère (*-tom* est la racine du verbe grec *temno*, qui signifie «couper, découper»). Vicissitude humaine mise à part, les poèmes de l'exil constituent ce qu'il y a de moins stimulant dans l'œuvre d'Ovide, surtout pour qui s'efforce de les traduire. Ovide réussit beaucoup mieux quand il se contente d'imaginer la souffrance, comme dans les *Héroïdes*. Lorsqu'il souffre vraiment, il se montre lassant et geignard; insincère et beaucoup moins «crédible». De combien Sénèque lui est manifestement supérieur lorsqu'il parle de son propre exil! Contraint par Claude à vivre dans la rude Corse (la relégation, prolongée de 41 à 49 ap. J.-C., eut pour fonction d'arracher Sénèque à l'opposition) il écrit à sa mère Helvia certaines des pages les plus profondes de la latinité (*Consolatio ad Helviam*). Tandis qu'Ovide ne fait que se plaindre et qu'exagérer les ennuis de l'éloignement et la sauvagerie du lieu où il lui est échu de vivre, Sénèque, ouvertement désireux de consoler la destinataire, nie absolument qu'il y ait un exil au monde, parce que le déplacement est la condition même de la vie. Tout dans l'univers (*mundus*) change sans arrêt de place, tout se meut; l'esprit même de l'homme ne cesse d'explorer et de se projeter au loin, parce qu'il est fait de la même substance que les étoiles et les corps célestes éternellement en mouvement. Eh bien! Quand on lit des réflexions de cette nature, on comprend en quoi la littérature latine est unique et indispensable: dans son aptitude à relier l'affaire la plus mince, la vicissitude personnelle ou l'événement insignifiant à un ordre cosmique qui transcende tout mais aussi qui confère à tous une dignité et une profondeur supraterrestre. Même Rome doit sa naissance à un exilé, Énée. Et puis les Romains ont fondé des colonies partout. Et avant eux les Grecs ont essaimé en Méditerranée. Des peuples entiers changent de résidence. Si l'émigration («*populorum transportationes*», *Consolatio ad Helviam*, VII, 5) est un exil (et ici Sénèque, tout en se référant à une réalité déjà fort ancienne de son temps, semble décrire la nôtre), on doit parler d'exil collectif («*publica exilia*», *ibid.*). Pourquoi donc se plaindre de ne plus être à Rome ? Pourquoi une mère devrait-elle pleurer avec nostalgie comme si son fils était mort ? Et pourquoi, de plus, croire que l'exil soit un discrédit public ? Les temples détruits («*aedium sacrarum ruinae*») ne sont-ils pas honorés comme s'ils étaient encore debout (XIII, 8) ?

Sénèque use encore d'un autre argument – grâce auquel il atteint véritablement des sommets vertigineux – pour ôter à sa condition toute singularité négative : l'homme est partout chez lui, parce que ce qui compte vraiment, c'est-à-dire le caractère sublime de la création, se mesure de la même façon de tous les points de la terre. Et il n'y a plus alors de Corse rude et inhospitalière, il n'y a plus de surface terrestre, mais seulement la voûte céleste où des corps diversement lumineux s'élèvent et se couchent, suivent leur orbite, éblouissent et laissent des traînées flamboyantes comme s'ils tombaient, tenant perpétuellement en éveil l'esprit de l'observateur (VIII).

Reste que, même si la *Consolatio ad Helviam* contient beaucoup plus de poésie que les *Tristes* ou les *Pontiques* (textes que le même Sénèque n'ignorait pas), l'exil à l'époque moderne a fini par s'identifier à Ovide et non à Sénèque. Joachim du Bellay, «exilé» à Rome vers le milieu de XVIe siècle (là précisément où Ovide espérait tant retourner), a tiré des *Tristes* des thèmes et des images pour composer certains de ses meilleurs poèmes en français et en latin. L'Ovide de l'exil est devenu un archétype de l'imaginaire moderne et postmoderne qui met fortement l'accent – de par des circonstances historiques évidentes – sur la figure du poète *déraciné*, de l'exclu et de la victime des différents colonialismes ou dictatures. Je pense à au moins deux bons romans de la fin du siècle dernier qui l'ont pris pour protagoniste, *Une vie imaginaire* (*An imaginary life*, 1978) de l'Australien David Malouf, un petit chef-d'œuvre, et

Le Dernier des mondes de l'Autrichien Christoph Ransmayr (*Die letzte Welt*, 1988)*.

Je n'ai lu intégralement en latin les *Métamorphoses* qu'en 2000. J'avais trente-cinq ans et je séjournais encore une fois à New York. Je finis par m'apercevoir qu'il s'agissait d'un voyage dans les mouvements de la création et non pas d'un grand magasin de la mythologie gréco-romaine ou d'un *zapping* entre les films d'animation sur la Décadence.

Finalement je me rendis compte que c'était un récit tragique où, par l'incessante métamorphose de la narration et le passage d'un récit à l'autre au moyen d'embouts fort ténus, il est question du chaos qui menace la vie depuis ses plus intimes cellules ; de l'absurdité qui devient réelle ; de la désintégration du moi ; d'un perpétuel début de différenciation. Il y a une figure de rhétorique qu'Ovide semble affectionner (déjà rencontrée dans l'exemple de la nymphe Écho) : la répétition ou variation d'un terme au sein d'un bref groupe de vers ou même dans le même vers, fait que l'on relève un peu partout mais spécialement dans le récit des transformations véritables. La langue cesse ainsi d'être elle-même ; la répétition avec un changement du cas (pour un substantif) ou du temps (pour un verbe) ou le passage du verbe au substantif correspondant, met en scène la fin de l'identité. Quelques exemples :

> *venatrix*que metu *venantum* territa fugit !
>
> (II, 492)
>
> cette chasseresse a fui épouvantée devant les chasseurs

> [...] quique a me *morte revelli*
> heu ! sola *poteras, poteris* nec *morte revelli*
>
> (IV, 152-153)

---

* Ovide est également très présent dans l'œuvre de Marie Darrieussecq (*Truismes*, 1996 ; *Tristes Pontiques*, 2008). *(NdT)*

[...] hélas, la mort seule pouvait t'arracher à moi;
tu ne pourras plus m'être arrachée, même par la mort

Quae quia mendaci *parientem* iuverat ore,
ore parit [...]

(IX, 322-323)

parce que sa bouche avait secouru par le mensonge une femme près d'enfanter, elle enfante par la bouche [...]

[...] *Lugebere* nobis,
*lugebis*que alios [...]

(X, 141-142)

moi je te pleurerai toujours, toi tu pleureras les autres

[...] *amat* et non sentit *amorem*

(X, 637)

elle aime sans se douter qu'elle aime

[...] aliisque *dolens* fit causa *dolendi*

(XI, 345)

malheureux lui-même, il rend les autres malheureux

[...] *decepta*que *decipit* omnes

(XIV, 81)

trompée elle-même elle trompe tous les siens

On pourrait allonger l'inventaire sur des pages.

La transformation est un processus violent, une «mort dans la vie»; et elle survient au milieu d'images continuelles d'agression sanguinaire. C'est, ouvertement, un attentat contre la stabilité des choses et, toutefois, c'est aussi – fait crucial – un moyen homéopathique, un acte de justice universelle, divine, qui rétablit l'équilibre et affecte l'individu à la place qui lui convient le mieux à l'intérieur du cosmos. Ayant achevé la lecture en une dizaine de jours durant lesquels j'avais rempli de mes remarques tout un cahier, une chose m'apparaissait clairement : les *Métamorphoses* étaient justement un poème sur la Justice ! C'est ainsi que Dante avait dû le lire : comme un système de punitions ! Devenir autre y est déjà un châtiment, *poena* (« *versae poena figurae* », X, 234, le châtiment de se transformer, de subir une métamorphose – le mot *poena*, selon mes calculs, apparaît plus de soixante fois dans le poème) ; l'altération se déroule déjà ici par ressemblance ou antithèse avec l'état du sujet altéré. La source originelle du *contrappàsso* chez Dante (un châtiment calqué sur le péché, par analogie ou par opposition) remontait donc aux *Métamorphoses* d'Ovide, non aux théologiens du Moyen Âge. Voyons comment la déesse Latone (Lêto) réduit à peu de chose des paysans qui l'avaient empêchée de se désaltérer dans un étang en l'injuriant tandis qu'ils troublaient l'eau.

"Aeternum stagno" dixit "vivatis in isto !"
Eveniunt optata deae : iuvat esse sub undis
et modo tota cava submergere membra palude,
nunc proferre caput, summo modo gurgite nare,
saepe super ripam stagni consistere, saepe
in gelidos resilire lacus, sed nunc quoque turpes
litibus exercent linguas pulsoque pudore,
quamvis sint sub aqua, sub aqua maledicere temptant.
Vox quoque iam rauca est, inflataque colla tumescunt,
ipsaque dilatant patulos convicia rictus.
Terga caput tangunt, colla intercepta videntur,
spina viret, venter, pars maxima corporis, albet,
limosoque novae saliunt in gurgite ranae.

(VI, 369-381)

« Puissiez-vous vivre éternellement, dit-elle, dans votre étang ! » Le souhait de la déesse est exaucé : ils trouvent un plaisir à rester dans les ondes ; tantôt ils plongent tout leur corps au fond de l'eau dormante ; tantôt ils montrent la tête, parfois ils nagent à la surface ; souvent ils se posent sur la rive de l'étang ; souvent ils rentrent d'un bond dans leurs humides et froides retraites. Mais ils fatiguent encore leurs vilaines langues à quereller et, quoique cachés sous les eaux, effrontément, jusque sous les eaux, ils s'essaient à l'invective. Leur voix est devenue rauque, leur gorge est enflée par l'effort de leur souffle et les injures qu'ils lancent distendent leur large bouche béante. Leur tête rejoint leurs épaules et leur cou disparaît ; leur échine se colore de vert ; leur ventre, la plus grosse partie de leur corps, est désormais tout blanc ; ce sont de nouveaux êtres, qui sautent dans les profondeurs bourbeuses, des grenouilles.

Traduction de Georges Lafaye

De la même façon, le poète Orphée ayant été tué par les femmes de Thrace, Bacchus « ne permet pas que le crime reste impuni » (XI, 67, « *non impune tamen scelus hoc sinit esse* ») mais les transforme toutes en arbres aux racines contorsionnées. Et de même Minerve, battue dans le concours de broderie, fait en sorte qu'Arachné, plutôt que de mourir par pendaison, comme l'orgueil le lui suggérait, puisque son bel ouvrage avait été lacéré sous ses yeux par la déesse qui lui avait frappé le front, est suspendue au plafond sous la forme d'une araignée (VI, 129-145). Même transformée, toutefois, elle continue à tisser. C'est-à-dire à être ce qu'elle avait toujours été, conservant inchangée sa propre essence, ou plutôt, étant encore plus elle-même dans la métamorphose. Dante donnera pareillement comme punition aux âmes de l'enfer la perpétuation sans fin de leur être.

15. SOUFFLES ET CRAQUEMENTS (TITE-LIVE)

Le Padouan Tite-Live (59 av.J.-C.-17 ap. J.-C.) écrivit une monumentale histoire de Rome qui allait de la fondation (753 av. J.-C.) aux événements de son temps (9 ap. J.-C.). Lui-même se sentait dépassé par l'ampleur de son œuvre. Dans l'introduction du Livre XXXI de l'*Ab urbe condita* il déclare que plus sa narration avance, plus il a le sentiment de s'enfoncer comme dans un abîme marin et que le travail loin de diminuer s'accroît.

Seuls trente-cinq des cent quarante-deux livres originels nous sont parvenus: I-X et XXI-XLV – une perte monstrueuse, irrémédiable sur laquelle Pétrarque se lamente dans une lettre adressée au même Tite-Live (*Familiares*, XXIV, 8).

Cette œuvre fondatrice est le récit d'une longue décadence: elle célèbre la création laborieuse de l'empire en exaltant toute une lignée de héros nationaux et critique la montée de la corruption, le délitement des mœurs, la dégénérescence présente. Tite-Live est l'historien de la nostalgie sous la bannière de laquelle – également grâce à son école – on peut dire que se range une bonne partie de la pensée historique occidentale: le récit de l'Anglais Gibbon publié entre 1776 et 1788 et intitulé justement *Histoire du déclin et de la chute de l'Empire romain* en est un symbole. Cette idée du déclin de Rome, provoqué par l'accroissement de l'Empire, est également développée dans les *Considérations sur les causes de la grandeur et de la décadence des Romains* (1732), où Montesquieu s'efforce de rendre intelligible l'évolution historique sans recourir ni à la Providence divine ni au rôle des grands hommes, mais en s'en tenant aux causes générales ou particulières que la raison seule peut saisir. Tite-Live ne cache pas dans sa préface qu'il éprouve plus de plaisir à écrire sur les temps anciens que sur le présent parce qu'ils éloignent son regard de sa triste actualité. Pétrarque lui aussi, dans la lettre précitée, et à l'image de Tite-Live, entend réserver son attention aux livres de Tite-Live précisément pour oublier le temps présent. Et ce ne sera pas l'effet du seul hasard si la partie subsistante est dans l'ensemble celle qui célèbre les premiers siècles de Rome.

Ce moignon, un peu moins du quart de l'ensemble originel, a suffi pour faire vivre le souvenir de l'auteur et pour nourrir notre information sur les événements essentiels de l'histoire romaine, avec le pouvoir de fascination d'un mythe. «Tacite m'amuse, Tite-Live m'instruit», dira Voltaire par boutade. Ce n'est pas tout. Dans la fortune de Tite-Live nous pouvons voir symboliquement résumé l'esprit de tout l'humanisme italien, ce mouvement de redécouverte et de relecture des textes antiques, latins ou grecs, qui a formé en grande partie l'identité culturelle et littéraire de l'Europe moderne. Une œuvre de valeur a été perdue en route, il en circule des lambeaux, dans diverses directions, et voici qu'après un millénaire de dévastations la philologie intervient pour arrêter le désastre. Pétrarque le premier rassemble tous les fragments et établit le premier manuscrit complet de Tite-Live alors disponible[33]. C'était en 1329. Il avait à peine plus de vingt ans. Machiavel, près de deux siècles plus tard, prend Tite-Live pour modèle et compose un important traité politique – beaucoup plus important que *Le Prince* – en réplique à ses dix premiers livres : *Discours sur la première décade de Tite-Live.*

L'histoire romaine de Tite-Live est l'unique monument en prose de l'époque augustéenne qui ait été conservé. Tite-Live est un cicéronien déclaré ; antisallustien sans réserve. Le latin dans le long récit de Tite-Live déploie toutes ses ressources : d'amples périodes bien articulées, une abondance de solutions syntaxiques et narratives (y compris les discours directs et les dialogues), où se détache le savant système verbal des discours indirects (infinitifs et subjonctifs abondent), des formes régulières, un vocabulaire adapté à toutes les situations concevables, avec plus d'un clin d'œil à la diction poétique. La syntaxe articulée de Cicéron permet à Tite-Live, outre l'application d'une norme linguistique pratique et sûre, de développer un art de la narration complexe et détaillé et, à travers lui, une enquête pour ainsi dire *romanesque* sur les événements, les comportements et les états d'âme où la concision de Salluste – dépourvue du levain tragique d'un Tacite – n'aurait jamais pu parvenir.

À l'école de Cicéron, Tite-Live devient un artiste des *épisodes* (on ne finirait pas d'en citer) : les détails se pressent et se chargent de valeur métaphorique, l'événement est découpé en séquences, on a un crescendo, ce que l'on appelle *climax* ou art de la gradation et l'on en vient aux effets psychologiques sur le spectateur. Un fait pour Tite-Live ne se réduit pas à un événement objectif comme nous l'avons vu chez Salluste ou, même selon des modalités différentes, chez César ; c'est plutôt une somme d'éléments circonstanciels et émotifs qui mettent en jeu plusieurs parties ; c'est toujours quelque chose d'impressionnant qui suscite stupeur, admiration, frayeur chez les participants avant de toucher l'auteur ou le lecteur. Et, s'il s'agit d'un fait antique, il possède en plus la patine du souvenir par lequel l'historien le reçoit comme le legs d'autrui et, en le présentant, fait le récit d'un récit, dans une syntaxe emplie d'échos. Un petit exemple :

> *Eo tempore in regia prodigium visu eventuque mirabile fuit. Puero dormienti, cui Servio Tullio fuit nomen, caput arsisse ferunt multorum in conspectu ; plurimo igitur clamore inde ad tantae rei miraculum orto excitos reges, et cum quidam familiarium aquam ad restinguendum ferret, ab regina retentum, sedatoque eam tumultu moveri vetuisse puerum donec sua sponte experrectus esset ; mox cum somno et flammam abisse.*
>
> (Ab urbe condita, I, 39)

Que se passe-t-il? Le futur sixième roi de Rome, Servius Tullius, est encore un bambin. Les gens croient qu'il est fils d'esclaves. Un prodige, cependant, montre qu'il est de naissance libre et qu'il est destiné à gouverner la cité (nous retrouvons le même prodige dans l'*Énéide*, II, 679-691, concernant le jeune fils d'Énée, Ascagne). Le passage de Tite-Live est un joyau pour la précision grammaticale, la variété et la richesse lexicales, la musicalité, la vivacité narrative, avec la perfection d'une sphère. On notera que tous les verbes, à partir de *plurimo* dépendent de *ferunt* (on raconte):

> Vers ce temps-là un prodige aussi extraordinaire par le spectacle qu'il offrait que par ses suites se produisit dans le palais. La chevelure d'un enfant endormi, nommé Servius Tullius, prit feu, dit-on, sous les yeux de nombreux témoins; une grande clameur s'étant donc élevée devant un tel miracle, les souverains furent éveillés et, comme un des domestiques apportait de l'eau pour éteindre [les flammes], la reine le retint et, le tumulte s'étant apaisé, elle interdit qu'on déplaçât l'enfant jusqu'à ce qu'il se réveille tout seul; bientôt la flamme disparut avec le sommeil.

Dans l'épisode de Lucrèce (I, 57-59), la syntaxe et l'action se répondent en un crescendo d'une puissante perfection. Sextus Tarquinius, le fils du roi, aperçoit Lucrèce, la plus vertueuse des matrones, et est enflammé de désir. Quelques jours après, il fait irruption dans sa chambre et, l'ayant menacée de son épée, lui fait violence. Tite-Live réussit à reproduire les propos du violeur, un bref discours rudimentaire qui résume les basses raisons de cette criminelle violence:

> *"Tace, Lucretia", inquit; "Sex. Tarquinius sum; ferrum in manu est; moriere, si emiseris vocem."*
>
> (I, 58, 2)

> «Tais-toi, Lucrèce», dit-il; «Je suis Sextus Tarquin; je tiens une épée; tu es morte si tu laisses échapper un mot.»

Lucrèce tout d'abord lui résiste; puis, après que Sextus Tarquin lui eut déclaré qu'il la tuerait et que, pour flétrir son honneur, il déposerait à côté d'elle le cadavre d'un esclave, elle cède. Puis elle fait revenir de Rome son père et d'Ardée son mari. Elle leur raconte ce qui est arrivé, qualifiant la violence subie de «*pestiferum* [...] *gaudium*» (I, 58,9), «plaisir mortifère». Lucrèce et les siens usent d'une langue raffinée et maîtrisée qui contraste clairement avec la grossière rhétorique du violeur. Aucune émotivité facile, aucune gesticulation furieuse. Lucrèce demande justice. Les siens la lui promettent. De plus, ils la consolent, entrant dans de subtiles mais substantielles distinctions sur les responsabilités de chacun:

> *consolantur aegram animi avertendo noxam ab coacta in auctorem delicti: mentem peccare, non corpus, et unde consilium afuerit culpam abesse.*
>
> (I, 58,10)
>
> Ils s'efforcent de consoler la malheureuse en déplaçant la faute de la victime contrainte sur l'auteur du délit: c'est l'esprit qui fait le mal, non le corps et quand il n'y a pas d'intention il n'y a pas de faute.

Lucrèce, cependant, a dans l'esprit sa propre idée de la justice; elle pense non seulement à sa réputation mais à celle de toutes les femmes – se destinant à devenir, précisément grâce à la représentation qu'en donne Tite-Live, l'une des icônes féminines les plus célèbres de tous les temps, dans la littérature comme dans l'histoire de l'art:

> *ego me etsi peccato absolvo, supplicio non libero; nec ulla deinde impudica Lucretiae exemplo vivet.*
>
> (I, 58,11)
>
> pour moi, si je m'absous du crime, je ne m'exempte pas de la peine; et que désormais nulle femme impudique à l'exemple de Lucrèce ne survive à sa honte.

Relevons la terminologie juridique, le verbe *absolvo* et le substantif *peccatum*: le christianisme la reprendra et l'utilisera en un sens exclusivement religieux. Pour finir poussant jusqu'aux dernières conséquences son raisonnement, elle se tue:

> *Cultrum, quem sub veste abditum habebat, eum in corde defigit, prolapsaque in vulnus moribunda cecidit.*
>
> (I, 58, 12)

> Le couteau qu'elle avait sous sa robe, elle se le plante dans le cœur et, s'étant affaissée sur sa blessure, elle tomba mourante.

La scène rappelle la mort de Didon jusque dans les éléments précis du vocabulaire (les rapports de dépendance directe entre Tite-Live et Virgile, en réalité, n'ont pas encore été établis avec certitude – et l'on ne peut pas dire effectivement si Virgile emprunte à Tite-Live ou l'inverse): *moribunda* est un adjectif que la reine de Carthage s'applique à elle-même (*Énéide*, IV, 323); le participe *prolapsa* rappelle le *conlapsa* de l'*Énéide*, IV, 664; «*defigit,... in vulnus,... cecidit...*», l'«*infixum vulnus*» de l'*Énéide*, IV, 689. Je voudrais faire remarquer aussi que l'expression «*aegram animi*» (où *animi* est un génitif de lieu de saveur poétique), que nous avons rencontrée plus haut et qui a été traduit par «la malheureuse», est le double d'un «*infelix animi*» appliqué à Didon (*Énéide*, IV, 529) et que la même Didon est qualifiée d'*aegra* à deux reprises dans le livre IV (v. 35 et v. 389). Même la réaction de ceux qui assistent à l'événement est semblable chez les deux auteurs: «*Conclamat vir paterque*» (Tite-Live, I, 58, 12), «*it clamor ad alta/atria*» chez Virgile (IV, 665-666).

Il y a, cependant, une différence fondamentale entre la fin des deux femmes: le suicide de Didon est passionnel (même s'il marque le début d'une dissension qui fait date entre les peuples – entre ses Carthaginois et les Romains qui descendent d'Énée). Il a pour cause le désespoir, la rage d'être abandonnée; celui de Lucrèce est politique, c'est comme tel qu'il est commis. Ce n'est pas un hasard s'il a pour conséquence immédiate la fin de la monarchie: les actions du fils du roi inspirent aux Romains une telle répulsion qu'ils remettent en cause le régime même sous lequel Rome vivait depuis des siècles.

J'ai dit que le latin de Tite-Live s'efforce de rendre les résonances émotives et psychologiques des situations. Un excellent exemple est fourni par un passage du livre V où les Gaulois pénètrent dans Rome et s'apprêtent à la conquérir. Une relation des faits, des actions militaires eût suffi. Tite-Live, au contraire, descend jusqu'au cas particulier, à l'épisode exemplaire et pathétique et l'environne d'échos dramatiques. Les Gaulois se retrouvent donc dans une ville déserte. Les notables âgés (les sénateurs) se sont retirés dans leurs demeures, revêtus des insignes de leurs charges antiques et attendent la mort sur leurs sièges d'ivoire. Une atmosphère de mauvais augure s'est répandue sur tout et a gagné les envahisseurs eux-mêmes.

> *in forum* perveniunt, *circumferentes oculos ad templa deum arcemque solam belli speciem tenentem. Inde, modico relicto praesidio ne quis in dissipatos ex arce aut Capitolio impetus fieret, dilapsi ad praedam vacuis occursu hominum viis, pars in proxima quaeque tectorum agmine* ruunt, *pars ultima, velut ea demum intacta et referta praeda,* petunt*; inde rursus ipsa solitudine absterriti, ne qua fraus hostilis vagos exciperet, in forum ac propinqua foro loca conglobati* redibant*; ubi eos, plebis aedificiis obseratis, patentibus atriis principum, maior prope cunctatio* tenebat *aperta quam clausa invadendi...*
>
> (V, 41, 4-8)

C'est une fort belle période, un peu longue, mais finalement sans complexité, comme il aurait pu sembler de prime abord. Les verbes principaux sont peu nombreux (je les ai mis en évidence avec le caractère romain), verbes de mouvement sauf le dernier qui marque justement un arrêt du mouvement, une hésitation craintive ; au milieu, différentes phrases secondaires qui élargissent l'aire sémantique de l'action primaire, surtout avec des participes (les mots soulignés), comme les cercles formés par le jet d'une pierre dans un étang ou comme les ombres d'un corps éclairé par des feux croisés. Les Gaulois, donc, vont de-ci de-là en faisant du butin et à la fin tombent en arrêt devant le spectacle des vieux sénateurs assis dans une attitude sévère :

> Ils arrivent au forum, parcourant des yeux les temples des dieux et la citadelle qui seule avait un aspect belliqueux. Ensuite, ayant laissé un détachement peu important pour que personne ne fonde sur leur troupe en désordre de la citadelle ou du Capitole, s'étant répandus pour piller dans les rues où ils ne rencontrent personne, les uns se précipitent en masse dans les maisons les plus proches, les autres vers les plus éloignées comme si elles devaient être intactes et pleines de butin ; puis de nouveau effrayés par la solitude même, craignant qu'une ruse de l'ennemi ne les surprenne dans leur vagabondage, ils revenaient en groupe vers le forum et les lieux avoisinants ; là, les maisons des plébéiens étant soigneusement fermées mais les cours intérieures des maisons nobles étant largement ouvertes, ils hésitaient presque davantage à envahir les maisons ouvertes que les autres.

L'action se déroule à divers moments et en divers lieux mais il s'agit, au fond, d'une scène unique : le désarroi des Gaulois. Dans un film, la musique, ici, s'arrêterait. On n'entendrait que la respiration des acteurs, quelques craquements et rien d'autre. Toute la scène, en fait, est une pause, une préparation du massacre final, qui, inéluctablement, arrive, avec une brusque accélération des gestes dans une explosion de notes belliqueuses et occupe, après tant de premiers plans, une longue phrase unique – trois simples infinitifs de narration (avec valeur d'imparfait), tous les trois au passif, en une succession précipitée à la saveur déjà tacitéenne.

> *post principum caedem nulli deinde mortalium* parci, diripi *tecta, exhaustis* inici *ignes.*
>
> (V 41,10)
>
> après le meurtre des notables aucun mortel ne fut épargné, on pilla les maisons, ce qui en restait fut incendié.

Si le malheur de Lucrèce donne lieu à la composition d'une véritable nouvelle (il est, en effet, concentré sur les faits essentiels, liés par enchaînement rigoureux ; sa puissance dramatique a valeur d'*exemplum* moral), il y a des moments dans l'histoire de Tite-Live où la narration s'organise en roman. Je pense aux parties du livre XL (5-16 ; 21-24 ; 56-57) qui racontent la rivalité de Persée et de Démétrius, les deux fils de Philippe V de Macédoine. Nous avons ici le crescendo du roman, sa complexité psychologique et affective (la haine, la trahison, le regret, la douleur pour le tort subi etc.), la variété des solutions rhétoriques, la catastrophe. Persée hait son frère cadet et, même s'il est destiné au trône par droit de naissance, il désire sa mort. Il l'accuse donc devant leur père d'une tentative fratricide – déformant toute une série de faits insignifiants – et d'un excès d'amitié pour les Romains (que Démétrius fût l'ami des Romains est indéniable, son père l'ayant envoyé à Rome comme ambassadeur). Aux accusations persuasives de Persée, Démétrius, même pris au dépourvu, surmontant l'obstacle des larmes, répond par une impeccable autodéfense qui démonte un à un les chefs d'accusation (dans les deux discours Tite-Live se montre un excellent disciple du Cicéron des prétoires). Ultérieurement nous voyons Persée revenir à la charge et Démétrius mourir sur ordre de son père lui-même. Finalement, au comble du désespoir, Philippe réalise qu'il a tué un fils innocent et qu'il a maintenu en vie le méchant. Au dernier moment, il tente de transmettre sa succession à Antigone, son neveu, mais son départ imprévu donne à Persée un avantage décisif. Nous assistons à la mort de Démétrius, empoisonné par un certain Dida, un prétorien de Philippe.

> *Poculo epoto extemplo* sensit, *et mox coortis doloribus, relicto convivio cum in cubiculum recepisset sese, crudelitatem patris conquerens, parricidium fratris ac Didae scelus incusans* torquebatur. *Intromissi deinde Thyrsis quidam Stuberraeus et Beroeaeus Alexander, iniectis tapetibus in caput faucesque, spiritum* intercluserunt. *Ita innoxius adulescens, cum in eo ne simplici quidem genere mortis contenti inimici fuissent,* interficitur.
>
> (XL, 24, 6-8)

Trait typique du latin de Tite-Live, parmi tant de verbes employés, il n'y a qu'une minorité de verbes principaux (mis en évidence par le caractère romain) : quatre sur douze. On notera également que les verbes principaux ont toujours au fond pour fonction d'indiquer ce qui est surprenant et irrévocable.

> À peine eut-il vidé la coupe qu'il s'en aperçut et bientôt ayant dû quitter le banquet sous l'effet des premières douleurs, comme il s'était retiré dans sa chambre, se plaignant de la cruauté de son père, maudissant le crime de son frère et la scélératesse de Dida, il se tordait de souffrance. Furent ensuite introduits un certain Thyrsis de Stubera et un certain Alexandre de Bérée, qui, lui ayant jeté des couvertures sur la tête et la bouche, l'étouffèrent. Ainsi périt un jeune homme innocent, ses ennemis n'ayant pu se contenter d'une seule forme de mort.

Le chapitre s'achève sur une note d'autant plus moralisatrice et pathétique, avec le jugement du narrateur presque manzonien, qu'il attribue à Démétrius la palme de l'innocence et à ses ennemis le plus complet exercice de la violence. Lisons quelques chapitres plus loin, la fin de Philippe.

> [...] *cum Amphipolim venisset, gravi morbo est implicitus. Sed animo tamen aegrum magis fuisse quam corpore constat; curisque et vigiliis, cum identidem species et umbrae insontis interempti filii agitarent, cum diris exstinctum esse exsecrationibus alterius.*
>
> (XL, 56, 8-9)

> [...] Comme il avait gagné Amphipolis, il fut atteint d'une grave maladie. Mais il est établi que son âme était plus malade que son corps ; sous l'effet des chagrins et de l'insomnie, comme les apparitions et le fantôme de son fils innocent ne cessaient de le poursuivre, il mourut en lançant de terribles imprécations contre l'autre.

Même dans ce cas, l'accélération du drame ne requiert que peu de phrases. Mais quelle puissance dans ces deux mots *species* et *umbrae*, l'apparition du spectre offensé (*species* a la même racine que le verbe *specio* qui signifie « regarder ») ! Au point de départ, il y avait deux longs discours, l'un d'accusation, l'autre de défense, une vive opposition entre frères. Ici, cette opposition est reprise et se retourne dans les derniers mots prononcés par un père revenu trop tard de son erreur, en une apocalypse qui est simplement la dénonciation de l'injustice. Fin du roman.

16. LE MOT « OMBRE » (VIRGILE)

Ce matin-là, un instant avant que le cours ne commence, le professeur fut soudainement convoqué par le proviseur. « Gardini, me dit-elle, tu lis et tu traduis depuis le début », tandis qu'elle descendait de sa chaire. Et moi, devant la classe, je commençai à interpréter l'un des débuts de poème les plus fameux de la littérature universelle.

Tityre, tu patulae recubans sub tegmine fagi
silvestrem tenui Musam meditaris avena ;
nos patriae finis et dulcia linquimus arva,
nos patriam fugimus ; tu, Tityre, lentus in umbra
formosam resonare doces Amaryllida silvas.

(Bucoliques, I, 1-5)

Je ne crois pas pouvoir rendre complètement le charme de cette rencontre, où l'obligation de remplacer au pied levé, sans aucune préparation, le professeur, m'imprima un sentiment de responsabilité d'autant plus fort et qui détermina une fois pour toutes ma vocation encore confuse pour l'enseignement. Je peux cependant affirmer sans hésitation que ce charme ne s'est jamais dissipé, aussi souvent qu'il me soit arrivé dans le cours de ma vie de revenir aux *Bucoliques* de Virgile. Le début des *Bucoliques* – je le dis sans craindre d'exagérer – a été pour moi un guide, un lieu d'où puiser réconfort et lumière ; le lieu où je serai toujours jeune et toujours tourné vers l'avenir.

Au retour des États-Unis après le doctorat, une nouvelle vie commençait pour moi en Italie. Parmi les activités diverses dans lesquelles je m'engageais pour me remettre dans le bain, je me mis à traduire vraiment la première bucolique. J'avais en vérité le projet de les traduire toutes mais je m'en détournai. Peut-être dus-je constater que mon zèle n'était pas à la hauteur de mon aspiration et de mon ambition. Je n'exclus pas toutefois l'éventualité d'y revenir un jour ou l'autre en repartant de zéro, de ce «Tityre».

Assurément, comme il est facile de le comprendre si l'on a une certaine connaissance de la langue et comme j'en eus d'emblée le sentiment, le latin des *Bucoliques* est assez «facile»: la phrase – à part les dislocations propres à l'écriture poétique – est linéaire, avec une tendance aux formules bien frappées; le vocabulaire évite l'archaïsme. Des *Bucoliques*, précisément, on peut extraire quelques-unes des expressions les plus inoubliables et les plus lumineuses de la latinité:

[...] *quis enim modus adsit amori?*

(II, 68)

[...] Pourrait-il, en effet, y avoir un terme à l'amour?

Iam redit et Virgo

(IV, 6)

Voici que revient aussi la Vierge [Astrée ou la Justice, changée en constellation]

incipe, parve puer, risu cognoscere matrem

(IV, 60)

commence, petit enfant, à reconnaître ta mère à son sourire

Pastores, hedera nascentem ornate poetam
(VII, 25)

Bergers, parez de lierre le poète naissant

omnia nunc rident [...]
(VII, 55)

aujourd'hui tout est riant [...]

[...] *fors omnia versat*
(IX, 5)

[...] le Sort bouleverse tout

omnia vincit Amor [...]
(X, 69)

l'Amour triomphe de tout [...]

Il y a pourtant dans cette si limpide clarté quelque chose d'insaisissable, d'indéfinissable qui est un défi pour le traducteur le plus scrupuleux; chaque mot, tandis qu'il se lie musicalement aux autres, manifeste une plénitude, une inépuisable complexité sémantique qui lui sont propres et qui repoussent – comme le rameau d'or de l'*Énéide* (VI, 140-148 et 183-211) – dès que l'on croit l'avoir cueilli. Reprenons les premiers vers: *patulae, recubans, tegmine, meditaris, linquimus, resonare*... Ces mots, simples et clairs, sont les fragments d'une formule magique; ils sont emplis d'une signification à la fois précise et métaphorique. Ou plutôt: certains parviennent à la précision en passant par la métaphore, resserrant ou élargissant un autre sens premier. *Musam* ne signifie pas «Muse» mais «chant poétique»; *meditaris* ne signifie pas «tu médites» mais indique le résultat de la méditation, donc «tu composes». La même valeur sémantique se retrouve en VI, 8: «*agrestem tenui meditabor harundine Musam*»; *tenui* souligne les modestes dimensions de l'instrument musical mais aussi le prosaïsme du style, qui n'est pas celui de l'épopée ou du poème philosophique à la Lucrèce (deux possibilités de rang supérieur rappelées au tout début de la sixième bucolique et dans le chant de Silène à l'intérieur de la même bucolique). Revenons au tout début (I, 1-5):

> Toi, Tityre, étendu sous le couvert d'un large hêtre, tu essaies un air sylvestre sur un mince pipeau; nous autres nous quittons notre pays et nos chères campagnes, loin du pays nous sommes exilés; toi, Tityre, nonchalant sous l'ombrage, tu apprends aux bois à redire le nom de la belle Amarillys.
>
> Traduction d'André Bellesort

Sans doute convient-il de donner ici, à côté de cette irréprochable traduction en prose due à un excellent philologue, André Bellesort, la version composée par Paul Valéry et par la grâce de laquelle Virgile est encore vivant parmi nous:

> Ô Tityre, tandis qu'à l'aise sous le hêtre
> Tu cherches sur ta flûte un petit air champêtre
> Nous, nous abandonnons le doux terroir natal,
> Nous fuyons la patrie, et toi, tranquille à l'ombre,
> Tu fais chanter aux bois le nom d'Amaryllis.

Mais on s'en voudrait d'omettre celle de Victor Hugo (1816):

> Couché sous cet ormeau, tu redis, cher Tityre,
> Les airs mélodieux que ta flûte soupire:
> Et nous d'un sort cruel jouets trop malheureux!
> Nous fuyons... nous quittons les champs de nos aïeux,
> Tandis qu'à ces forêts ta voix douce et tranquille
> Fait répéter le nom de la douce Amarylle.

Comme on l'aura noté, *Musam* est rendu par « air », suivant une longue tradition. Il y a pourtant en latin *Musam* et un mot aussi noble, aussi suggestif produit un double effet : ramener la divinité de la poésie au rang d'activité occasionnelle de bergers mais aussi élever la poésie pastorale au rang d'art sacré. Dans cette ambivalence, qui établit un rapport sans fin de circularité entre le grand et le petit, réside l'un des traits les plus caractéristiques du latin de Virgile.

Le berger Mélibée, qui parle ici, a été chassé de ses terres (Auguste, qui à cette date porte encore le nom d'Octavien, ayant décidé de récompenser ses vétérans au moyen d'une politique massive d'expropriation, Virgile s'était vu lui aussi priver de son bien). Tityre, au contraire, non ; lui, il peut rester et continuer à paître ses chèvres, à jouir de la nature et à entonner ses chants d'amour. Ce qu'est, justement, le monde bucolique : une nature protégée et protectrice, sensible, animée, qui prend part aux mésaventures de l'homme et pleure sa mort ; civilisation originelle ; amour jusqu'à la déraison ; amitié ; poésie dont les *Bucoliques* forment une incessante célébration. La poésie (*carmen*, c'est-à-dire chant mais aussi parole oraculaire, charme, enchantement) est pouvoir suprême de la parole (même surnaturel, comme dans la bucolique VIII, où une magicienne amoureuse prononce ses formules propitiatoires) ; elle est aussi réconfort et consolation :

Tale tuum carmen nobis, divine poeta,
quale sopor fessis in gramine, quale per aestum
dulcis aquae saliente sitim restinguere rivo.

(V, 45-47)

Tes vers sont pour nous, divin poète, comme un somme sur le gazon pour qui est harassé ; comme, en pleine chaleur, le plaisir d'étancher sa soif à l'eau délicieuse d'un ruisseau bondissant.

(A.B.)

Ton chant, divin poète, est aussi doux pour moi
Qu'un bon somme dans l'herbe à mon corps fatigué
Ou qu'une eau fraîche offerte à ma soif estivale.

(P. V.)

Nous sommes clairement en face d'une utopie, ou mieux face à l'idéal d'une parenthèse bienheureuse à laquelle s'opposent l'histoire, la cité, le palais, la politique et la mort (que l'on se reporte aux vers magnifiques sur la mort de Daphnis dans la cinquième bucolique). L'utopie bucolique est l'un des mythes les plus riches de la culture occidentale. Nous le retrouverons un peu partout, dans la poésie pastorale humaniste en latin et dans l'*Arcadia* de Sannazaro (1501) en langue vulgaire, mais aussi – pour rester dans un environnement exclusivement italien – dans le *Roland furieux* de l'Arioste, dans *La Jérusalem délivrée* et dans *L'Aminte* (*Aminta*) de Torquato Tasso, dit le Tasse (1573), dans la tradition mélodramatique, chez Leopardi, Pascoli, chez le premier Montale, jusque dans la seconde moitié du XXe siècle (pensons à un recueil comme les *IX Églogues* d'Andrea Zanzotto) et, même modifié, même balançant sans choisir entre désengagement et critique du système, entre oubli des événements et sentiment angoissé de la menace, il sera toujours et de toute façon un chant de nostalgie.

Dans le domaine français, le thème pastoral, mêlé à d'autres, a été illustré avec éclat par *L'Astrée* d'Honoré d'Urfé, publié en cinq parties entre 1607 et 1628 et qui connut un immense succès tout au long du XVIIe siècle.

Il ne saurait être ici question d'explorer la spécificité du genre bucolique, que Virgile importa de Grèce à Rome, ni d'entrer plus avant dans les aspects principaux du texte virgilien, dont la complexité idéologique et littéraire, également en rapport avec les antécédents grecs, mériterait des développements très approfondis. Je veux ici indiquer que dans le latin simple et linéaire du jeune Virgile se sont élaborés deux archétypes de la culture occidentale : le paysage des origines (que Virgile recrée également à travers le souvenir de sa campagne mantouane) et le rêve du renouveau. Revenir aux *Bucoliques* signifie retourner à la source de pensées et d'images millénaires.

Les premiers plans naturalistes abondent. Voyons les meilleurs exemples les plus caractéristiques :

Fortunate senex, hic inter flumina nota
et fontis sacros frigus captabis opacum ;
hinc tibi, quae semper, vicino ab limite saepes
Hyblaeis apibus florem depasta salicti,
saepe levi somnum suadebit inire susurro ;
hinc alta sub rupe canet frondator ad auras,
nec tamen interea raucae, tua cura, palumbes,
nec gemere aeria cessabit turtur ab ulmo.

(I, 51-58)

Heureux vieillard, ici, au milieu des cours d'eau familiers et des sources sacrées, tu chercheras l'ombre et le frais. D'un côté, comme toujours, à la lisière du voisin, la haie où les abeilles de l'Hybla butinent la fleur du saule, t'invitera souvent au sommeil par son léger bourdonnement ; de l'autre, au pied de la roche élevée, l'émondeur jettera sa chanson en plein vent ; ce qui n'empêchera pas cependant les ramiers, tes préférés, de roucouler, ni la tourterelle de gémir dans les airs, en haut de l'orme.

(A.B.)

Oui, trop heureux vieillard, toi tu prendras le frais
Sur le bord familier de nos saintes fontaines.
Ici, comme toujours, sur toi viendra vibrer,
Pour t'induire au sommeil par leur léger murmure
Des abeilles d'Hybla l'essaim nourri de fleurs
Le chant de l'émondeur s'élèvera dans l'air
Et d'une rauque voix tes colombes chéries
Ne cesseront pour toi de se plaindre sur l'orme.

(P.V.)

Ces mots sont adressés par Mélibée à Tityre. Leopardi aura certainement en mémoire le vers 53 – qui contient l'adverbe *semper* (« toujours », *sempre* en italien) et le substantif *saepes* (« haie », *siepe* en italien, auquel fait écho l'adverbe homophone *saepe*, « souvent », au vers 56) et qui exprime une chère habitude – quand il composera le début de son *Infini.* La même idée de «limite» sur laquelle Leopardi a développé d'importantes réflexions et d'où provient sa conception de l'infini, se trouve formulée littéralement dans l'ablatif du substantif *limes*, ital. *limite,* «chemin de traverse; limite, frontière», précisément.

Dans cet autre passage, Daphnis s'adresse à Mélibée (il s'agit de répliques rapportées par le même Mélibée et qui renvoient à un temps antérieur à l'expulsion):

huc ades, o Meliboee; caper tibi salvus et haedi;
et, si quid cessare potes, requiesce sub umbra.
Huc ipsi potum venient per prata iuvenci,
hic viridis tenera praetexit harundine ripas
Mincius, eque sacra resonant examina quercu.

(VII, 9-13)

«Vite, dit-il, viens ici, Mélibée; ton bouc est sauf, ainsi que tes chevreaux; et, si tu as quelque loisir, repose-toi sous l'ombrage. Tes jeunes taureaux sauront bien traverser les prés pour venir boire ici; ici, le Mincio frange de tendres roseaux ses rives verdoyantes, et d'un chêne sacré, vient le bourdonnement d'un essaim.»

(A.B.)

(Je le vois il me voit): «Viens vite, Mélibée
Dit-il, ton bouc est sauf, et saufs tes chevreaux.
Viens à l'ombre t'asseoir, si tu n'as rien à faire
Tes bœufs viendront tout seuls s'abreuver par ici
Vois ce vert Mincius tout voilé de roseaux,
Dans ce chêne sacré vibre un essaim d'abeilles.»

(P.V.)

Dans les vers suivants, chantés par Moeris à Lycidas, le paysage de la campagne forme un clair contraste avec celui de la mer où la nymphe Galatée est dans son élément.

Huc ades, o Galatea; quis est nam ludus in undis?
hic ver purpureum, varios hic flumina circum
fundit humus flores, hic candida populus antro
imminet et lentae texunt umbracula vites.
Huc ades; insani feriant sine litora fluctus.

(IX, 39-43)

Viens ici, Galatée! À quoi bon jouer dans les flots? ici, le printemps rutile; ici, au bord des cours d'eau, la terre étend ses fleurs diaprées; ici, le peuplier blanc surplombe ma grotte, et les vignes souples tissent des ombrages. Viens ici, laisse les vagues folles battre le rivage.

(A.B.)

Viens... Quels ébats prends-tu dans l'onde, ô Galatée
Ici, c'est l'éclatant printemps: ici la terre
Fleurit au bord des eaux: le pâle peuplier
Sur la grotte se dresse et la vigne s'y noue.
Viens!.. Laisse les flots fous battre en vain le rivage.

(P.V.)

Comme on le déduit en partant de ces passages, la botanique et la zoologie du paysage bucolique – le premier grand paysage européen, si l'on veut – sont fixées en éléments précis. Nous avons en effet des arbustes (*arbusta*), des viornes (*viburna*), des noisetiers ou coudriers (*coryli*), des chênes (*quercus*), de la guimauve (*hibiscus* ou *hibiscum*). Et nous avons des chevrettes (*capellae*), des agneaux (*agni*), des chevreaux (*haedi*), de petits chevreuils (*capreoli*), des abeilles (*apes*), des bœufs (*boves*), des cigales (*cicadae*). Et puis un environnement de sources (*fontes*), de rivières (*flumina*), de montagnes (*montes*), de cavernes (*antra*), de bois (*silvae*). Le régime bucolique est également établi: fruits à pépins (*poma*), châtaignes (*castaneae*), lait (*lac*), prunes (*pruna*). Cet inventaire, évidemment, n'est pas complet. Mais plutôt que de tenter une énumération exhaustive, je voudrais mettre en relief un certain élément du paysage, apparemment général et non quantifiable, mais doté de sa propre valeur, et qui a même une fonction rythmique et structurante : l'ombre (*umbra*). De ce mot vague Virgile est même parvenu à faire une chose personnelle, ou plutôt l'un de ses véritables traits distinctifs. Dans l'*Énéide* également il réussira à l'employer d'une manière inoubliable un très grand nombre de fois. L'ombre ouvre la première bucolique, comme nous l'avons vu, et la clôt :

> *majoresque cadunt altis de montibus umbrae.*
>
> (I, 83)
>
> et les ombres, tombant du haut des monts, s'allongent.

L'ombre – le mot est bien répété trois fois – clôt la dixième et dernière bucolique.

> *Surgamus ; solet esse gravis cantantibus umbra,*
> *iuniperi gravis umbra ; nocent et frugibus umbrae.*
> *Ite domum saturae, venit Hesperus, ite capellae.*
>
> (X, 75-77)
>
> Debout ! Souvent l'ombre est malsaine aux chanteurs, malsaine l'ombre du genévrier ; l'ombre fait aussi du mal aux moissons. Allez au logis, vous êtes repues, voici Vesper, allez, mes chevrettes.
>
> (A.B.)
>
> Debout !.. Chanter à l'ombre est chose assez malsaine
> Et du genévrier l'ombre est funeste aux fruits.
> Rentrez, voici Vesper, rentrez, chèvres repues.
>
> (P.V.)

Umbras – nous l'avons déjà vu – sera même le mot de la fin dans l'*Énéide* (où, toutefois, il désigne le royaume des morts).

Umbra est pour moi l'un des plus beaux mots de la langue latine.

Dans sa brièveté il condense sa signification même, passant de la note sombre de la voyelle initiale à la note claire de la voyelle finale, à travers une aubade de trois consonnes bien marquées, la nasale *m* (qui prolonge l'impression d'obscurité) et le couple formé par la labiale médiane (ou sonore) *b* + liquide dentale *r* (qui s'avancent doucement vers la lumière). Étymologiquement, *umbra* a pu être rapproché (mais sans preuve décisive) d'*imber*, «pluie, temps sombre» (grec *ombros*) : les deux mots, en fait, désignent une privation de lumière. Virgile semble être conscient de cette parenté étymologique, si la présence simultanée des deux mots à la même place dans le passage suivant n'est pas le fruit du hasard :

> *Aret ager; vitio moriens sitit aeris herba;*
> *Liber pampineas invidit collibus umbras:*
> *Phyllidis adventu nostrae nemus omne virebit,*
> *Iuppiter et laeto descendet plurimus imbri.*
>
> (VII, 57-60)

Nous sommes dans la bucolique VII qui met en scène un concours de chant entre les bergers Corydon et Thyrsis. C'est Thyrsis qui chante dans ces quatre vers. La traduction ne saurait rendre le jeu phonétique *umbras/imbri* (presque une rime de par la position en fin de vers, d'ailleurs fort commune pour *umbra*) :

> Le champ est desséché; faute d'air, l'herbe meurt de soif; Liber a refusé aux coteaux l'ombre des pampres. Vienne notre Phyllis ! Tout le bocage reverdira, et Jupiter, à profusion, descendra en averse bienfaisante.
>
> (A.B.)

> La campagne est aride et l'herbe meurt de soif,
> Bacchus à nos coteaux n'accorde point de pampres
> Mais nous vienne Phyllis et nos bois verdiront,
> Jupiter généreux versant joyeuse ondée.
>
> (P.V.)

Tant d'ombres – à part leur fonction bénéfique et circonscrite de protection contre la chaleur – suggèrent que le monde pour Virgile n'est pas tout entier exposé au soleil. Les ombres sont l'existence invisible. Elles sont les âmes mêmes des morts, comme nous le voyons sous une forme triomphale au livre VI de l'*Énéide* et dans le dernier vers susmentionné du même poème. L'ombre est abri contre la canicule, fraîcheur (pas toujours heureuse non plus, comme dans la citation finale de l'œuvre), l'opposé du feu d'amour qui brûle à toute heure de la journée (*Bucoliques*, II, 67-68), mais elle est aussi mystère, obscurcissement, pressentiment d'un au-delà, ou plutôt, intrusion de l'au-delà ici et maintenant, suivant un rite quotidien dans la descente des ténèbres nocturnes. Dans l'ombre, l'ambivalence émotive et sémantique du latin virgilien trouve son symbole le plus éloquent.

J'ai fait allusion au rêve de renouveau qui alimentera largement le christianisme et s'épanouira dans la culture humaniste du XIVe et du XVe siècle, historiquement qualifié avec à propos dans la seconde moitié du XIXe siècle de renaissance ou renouveau [34].

Virgile, puisant aux sources grecques, poétiques et philosophiques, parle dans la quatrième bucolique d'un retour au mythique Âge d'or (le christianisme y lira une prophétie messianique), âge des origines, pré-historique, antérieur à tout déclin, dans lequel le genre humain ne connaissait pas la souffrance ni la fatigue et trouvait dans la nature tous les biens pour subsister (Ovide en reparlera dans les *Métamorphoses*, I, 89-108). De fait, nous pouvons considérer tout le monde bucolique comme une sorte d'âge d'or; parce que toutes les *Bucoliques*, comme je l'ai déjà rappelé, sont une utopie, et l'âge d'or n'est rien d'autre qu'une version parfaite de l'idéal bucolique. Et véritablement, en procurant une expression à l'utopie, le latin, grâce au jeune Virgile, porte l'art de la métaphore à des niveaux jamais atteints et à sa plus grande altitude. Il ne s'agit pas, en effet, d'exprimer quelque chose de simplement imaginaire mais quelque chose d'impossible, d'invérifiable par l'expérience ou le souvenir, jusqu'aux limites de l'absurde et du paradoxe. Je ne cite qu'un extrait :

Ipsae lacte domum referent distenta capellae
ubera, nec magnos metuent armenta leones ;
occidet et serpens, et fallax herba veneni
occidet ; Assyrium volgo nascetur amomum.
At simul heroum laudes et facta parentis
iam legere et quae sit poteris cognoscere virtus,
molli paulatim flavescet campus arista
incultisque rubens pendebit sentibus uva
et durae quercus sudabunt roscida mella.

(IV, 21-30)

Spontanément, les chèvres ramèneront au logis leurs mamelles gonflées de lait, et les troupeaux ne redouteront pas les grands lions ; spontanément, ton berceau foisonnera d'une séduisante floraison. Périra le serpent, et la perfide plante vénéneuse périra. Partout poussera l'amome assyrien.

Cependant dès que tu seras capable de lire les exploits des héros, les hauts faits de ton père, et d'apprendre ce qu'est la valeur, la plaine nue blondira peu à peu sous l'épi ondoyant, la grappe vermeille pendra aux ronces sauvages, et le bois dur du chêne distillera la rosée du miel.

(A.B.)

La chèvre rentrera les mamelles trop pleines
Le bétail n'aura plus à craindre les lions
Et ton berceau, de fleurs charmantes s'ornera.
Le serpent périra ; les plantes vénéneuses
Périront ; et partout croîtront les aromates.
Tandis que t'enseignant les hauts faits de tes pères
Les livres t'instruiront de ce qu'est la valeur,
Toute blonde de blés se fera la campagne
Et la grappe aux buissons pendra ses fruits vermeils
Du chêne le plus dur un doux miel suintera.

(P.V.)

C'est, au fond, un inventaire d'*adynata* (de choses impossibles), c'est-à-dire d'erreurs logiques : les chèvres ne reviennent pas sans guide ; les troupeaux ne seront jamais indifférents aux lions ; le serpent ne disparaîtra pas de la surface de la terre, pas plus que le poison etc. Et pourtant, on dit ici le contraire et on le dit par une adhésion radicale à cette ambivalence à laquelle j'ai déjà eu l'occasion de faire allusion : la capacité de dire plus que ce que l'on pourrait dire en une seule fois, en amenant la rencontre de l'obscurité et de la lumière sans qu'il y ait contradiction ; en donnant la primauté à l'ombre.

17. LA SÉRÉNITÉ DE TOUT DIRE (SÉNÈQUE)

Parmi les auteurs antiques, Sénèque est celui qui m'a le plus aidé à vivre. Avec Virgile, j'éprouve des émotions ; avec Tacite, je suis vivement affecté par la cruauté ; avec Lucrèce, je prends du champ, je plonge dans les profondeurs, je tourbillonne ; Cicéron m'offre un rêve de perfection en tout, pensées, discours, comportement. Sénèque me donne des leçons de bonheur.

On accède aisément à son école. Nul besoin de longues recherches. Le bonheur n'est pas imaginé, désiré ou envié : il est là, à portée de main. Il n'est pas du domaine du futur mais du présent. Il n'a rien à voir avec l'espérance (*spes*) que Sénèque récuse ouvertement (*Lettres à Lucilius*, 5, 7-8) et qui sera, à l'inverse, une des principales vertus chrétiennes. Espérer, c'est remettre à plus tard ; s'abandonner à la peur, à l'incertitude, à la frustration. Espérer, c'est perdre du temps, le plus précieux de nos biens. Heureux est celui qui sait voir avec clarté, aujourd'hui, maintenant, sa réalité intérieure, qui connaît exactement ses besoins, qui distingue l'essentiel de l'inconsistant ; qui, dans la solitude, sait demeurer en sa propre compagnie. Heureux celui qui échappe à l'insatisfaction, à l'indécision, à l'inconstance, à la déception, à la dissipation, au vide, à l'ennui, à la nausée (un mot grec dérivé de *naus*, « navire », qui déjà chez Cicéron désigne le mal de mer et que Sénèque emploie avec une valeur psychologique, au sens de « dégoût de la vie », par exemple dans la lettre 24 à

Lucilius) ; qui sait mesurer ses propres forces, ne désire rien de plus que ce qui lui est accessible et ne l'obtient que de lui-même, de sorte que personne ne pourra jamais rien lui dérober même si on le dépossédait de sa maison. Heureux celui qui ne connaît pas la peur, qui ne se fie pas aux on-dit, qui ne se perd pas en hypothèses, se protégeant ainsi de périls purement imaginaires, qui ne se laisse pas atteindre par les faits extérieurs, qui demeure indépendant. Heureux celui dont les jugements sont fermes, qui va de l'avant de lui-même, en se fiant à sa propre intelligence ; qui respecte les maîtres sans s'y asservir, parce que *patet omnibus veritas*, « la vérité est ouverte à tous » (*Lettres à Lucilius*, 33, 11). Heureux celui qui ne se laisse pas voler son propre temps ; qui pratique l'introspection et qui est en accord avec sa propre essence.

Sénèque vécut et mourut en philosophe. Il voyait la bassesse et les mesquineries des gens et s'y résignait mais il affirmait la divinité de l'être humain :

> *Totum hoc quo continemur et unum est et deus ; et socii sumus eius et membra. Capax est noster animus, perfertur illo si vitia non deprimant.*
>
> (Lettres à Lucilius, 92, 30)

> Ce tout qui nous environne est un ; c'est le dieu ; nous en faisons partie, nous en sommes les membres. Notre âme dont la capacité est grande s'élève jusque-là, si les vices ne la ravalent pas.
>
> Traduction d'Henri Noblot
>
>

Son credo était le stoïcisme mais il ne dédaignait pas les maximes des autres doctrines, y compris celle de son plus sérieux concurrent, Épicure (le maître de Lucrèce). Conseiller, enseigner, réconforter, il en fit une profession. Et il fut, comme Cicéron, une autre victime de la politique ; du pouvoir brutal, avec lequel il avait personnellement collaboré (ce que Pétrarque lui reprochera treize siècles plus tard, dans ses *Familiares*, XXIV, 6) ; un excellent symbole du conflit typiquement romain entre participation à la vie publique (*negotium*) – la forme de vie traditionnellement la plus considérée – et le refuge dans l'étude (*otium*). À la différence de Cicéron, cependant, il mit lui-même fin à ses jours, avant que l'empereur Néron, son ancien disciple, déjà souillé par son matricide, ne frappât de nouveau. (S'il y a des gens qui n'apprennent pas, ce n'est pas nécessairement de la faute des maîtres.) Sa mort, grâce notamment au récit de Tacite (*Annales*, XV, 62-63), est l'une des plus célèbres du monde antique, avec celle de Socrate. À l'époque moderne, elle a inspiré de nombreux peintres, parmi lesquels Rubens. Monteverdi (1567-1643) l'a évoquée dans plusieurs scènes du *Couronnement de Poppée* (1643), sa dernière œuvre, le premier drame musical à sujet historique (livret de Giovanni Francesco Busenello)[35]. Il s'ouvrit les veines des poignets puis également celles des jambes, parce que le sang ne coulait pas assez abondamment. En mourant, il dicta de nombreuses pages. Il prit même du poison, qui cependant n'eut aucun effet sur son organisme exténué, et finit par rendre l'âme dans un bassin empli d'eau chaude.

Le latin de Sénèque est le reflet direct de sa lucidité et de son goût pour la synthèse : il fauche et il lime, allant droit au cœur des questions, sans élever la voix, sans s'indigner. Annaeus Serenus, l'ami impatient et irrésolu, expose au début de *La Tranquillité de l'âme* un idéal linguistique qu'on prendrait pour celui de Sénèque lui-même :

> *In studiis puto mehercules melius esse res ipsas intueri et harum causa loqui, ceterum verba rebus permittere, ut qua duxerint, hac inelaborata sequatur oratio.* [...] *aliquid* simplici stilo* *scribe : minore labore opus est studentibus in diem.*
>
> (1, 14)

* Artifice typographique pour les besoins du présent exposé et qui ne figure pas dans le texte. *(NdT)*

> En matière littéraire, je pense qu'il vaut mieux, par Hercule, considérer les choses en elles-mêmes et ne parler que pour les servir, soumettre les mots aux choses pour qu'un style sans apprêt les suive là où elles nous conduisent... écris donc avec simplicité : nul besoin de se donner beaucoup de mal lorsqu'on écrit au jour le jour.
>
> Traduction d'Henri Noblot
>

Stilus a d'abord le sens de « poinçon », la pointe servant à inciser la tablette de cire. Mais chez Sénèque, comme chez d'autres auteurs de l'époque, le mot prend le sens du dérivé courant, « manière d'écrire ». *Simplex* (« sans apprêt » dans la traduction) est un adjectif intéressant (Pétrarque s'inspirera de ce passage de *La Tranquillité de l'âme* pour la composition de ses *Familiares*). La racine *sim-* est une expression de l'unité. Nous la retrouvons dans les adverbes de temps *sem-per* (« toujours ») et *sem-el* (« une fois »). Sénèque emploie aussi le substantif *simplicitas*, entendant par là une qualité que nous pourrions assimiler à notre concept de « sincérité » ou de « loyauté » (voir, par exemple, *La Tranquillité de l'âme*, 15, 1 et 17, 2). Le « style simple » est pour lui un idéal de première importance ; il ne concerne pas exclusivement les questions de rhétorique (il en parle aussi dans les *Lettres à Lucilius*, 40, 4 : « *oratio incomposita esse debet et simplex* », « la forme du discours doit être sans ornement et toute simple »), mais il coïncide avec les fondements mêmes de sa philosophie, qui a pour fin l'amélioration *morale* de l'auditeur. C'est une façon de penser avant même d'être une manière de s'exprimer ; c'est une recherche de la clarté mentale avant d'être verbale. Les philosophes qui perdent leur temps à faire de la littérature sont répréhensibles (*Lettres à Lucilius*, 88, 42). Concrètement, le style simple évite les métaphores aventureuses et recourt aux comparaisons, une pratique, Sénèque nous le rappelle, qui appartient déjà aux écrivains anciens :

> *illi, qui* simpliciter *et demonstrandae rei causa eloquebantur, parabolis referti sunt, quas existimo necessarias, non ex eadem causa qua poetis, sed ut imbecillitatis nostrae adminicula sint, ut et dicentem et audientem in rem praesentem adducant.*
>
> (Lettres à Lucilius, 59, 6)
>
> ceux-ci, qui s'exprimaient simplement et pour exposer leurs idées, usaient abondamment d'images suggestives, que j'estime nécessaires, non pour la même raison que les poètes mais pour fournir un point d'appui à notre faiblesse, de telle sorte qu'elles mettent au contact de la réalité, aussi bien l'orateur que l'auditeur.

Le mot latin pour «comparaison» est *parabola* (du grec *parabolè*), qui est pour nous caractéristique du langage évangélique (celui de la Bible, dans la traduction de saint Jérôme, nous y reviendrons). Comme dit l'apôtre Marc, «[Jesus] *docebat eos in parabolis multa*», «Jésus leur enseignait beaucoup de choses sous forme de paraboles». Il ne faut pas sous-estimer ce point de convergence entre la rhétorique d'un philosophe païen comme Sénèque et celle de Jésus. (En passant, on note que le mot italien *parola* et le français «parole» proviennent justement de ce *parabola*; et que le grec *parabolè* a donné un nom à une figure géométrique typique.)

Le latin de Sénèque, qui fait profession de spontanéité, proscrit le polissage et considère la *concinnitas* (c'est-à-dire l'élégance raffinée et concertée de Cicéron) comme un signe de mollesse (*Lettres à Lucilius*, 115, 2) ; ce n'est pas le latin de quelqu'un qui déclame face à la postérité, mais de quelqu'un qui médite, ou mieux, qui élabore ses idées et les transforme en règles de vie. Et ce latin est ainsi devenu le concurrent le plus vigoureux du latin cicéronien, son contraire, si l'on veut, ou son négatif, pour user d'une métaphore photographique: aucune rondeur ici, aucune abondance mais, à leur place, une sécheresse linéaire, avare de conjonctions, plus sentencieuse que démonstrative; la répétition en série d'une structure minimale («*non... non... non*»; «*alius... alius... alius*») ou la condensation de la pensée en symétries et en antithèses. Une phrase typique :

> *Non exiguum temporis habemus, sed multum perdidimus*
> (De la brièveté de la vie, 1, 3)
>
> Il n'est pas vrai que nous ayons peu de temps mais nous en avons déjà perdu beaucoup.
> Traduction d'Émile Bréhier

Un peu plus loin on retrouve la même structure d'opposition, et même à deux reprises :

> [...] *non accipimus brevem vitam sed fecimus, nec inopes eius sed prodigi sumus*
> (1, 4)
>
> Nous n'avons pas reçu une vie brève nous l'avons faite telle et nous ne sommes pas des indigents mais des prodigues.

Puis c'est l'aptitude à donner à la réflexion la forme de proverbes. Quelques exemples, tirés de *La Vie heureuse* :

> *Nemo sibi tantummodo errat...*
> (1, 4)
>
> Personne n'erre seulement pour son propre compte (traduction d'A. Bourgery) [mais on entraîne également autrui dans l'erreur].

[...] *argumentum pessimi turba est.*

(2, 1)

[...] la foule est l'indice du pire [la foule, c'est-à-dire ce qui plaît au plus grand nombre].

[...] *omnis ex infirmitate feritas est.*

(3, 4)

[...] toute férocité provient de la faiblesse.

Il faut, toutefois, rappeler que Sénèque n'est pas anticicéronien par principe. À l'égard de Cicéron, il use plutôt, à l'occasion, de propos louangeurs et reconnaît à sa prose, quoique très recherchée, quelque chose de parfaitement compatible avec ses idéaux; quelque chose qui est l'essence même de l'éloquence romaine plutôt que grecque (*Lettres à Lucilius*, 40, 11) : une élocution posée et bien articulée, qui donne à l'auditeur le temps d'assimiler le discours, le contraire de l'impétuosité et de la précipitation :

Cicero quoque noster, a quo Romana eloquentia exiluit, gradarius fuit

(Lettres à Lucilius, 40, 11)

Notre Cicéron lui-même, grâce auquel l'éloquence romaine prit son envol, avançait posément.

Lege Ciceronem : compositio ejus una est, pedem curvat lenta et sine infamia mollis

(Lettres à Lucilius, 100, 7)

Lis Cicéron : chez lui la phrase est tout unie, posée et souple en ses inflexions, molle sans avachissement

Traduction d'Henri Noblot

Dans cette dernière citation l'adjectif *una* qualifiant *compositio* est synonyme de *simplex*.

Dans son argumentation, Sénèque clarifie, allège ; il dissipe les apparences (« *rebus persona demenda est* », « on doit enlever aux choses leur masque », *Lettres à Lucilius*, 24, 13) ; en retournant l'objet ; en renversant les perspectives jusqu'au paradoxe. La mort, par exemple, n'est pas devant mais derrière nous :

> *In hoc fallimur, quod mortem prospicimus : magna pars ejus iam praeterit ; quidquid aetatis retro est mors tenet*
>
> (Lettres à Lucilius, 1, 2)
>
> Là est l'erreur, en effet : nous ne voyons la mort que devant nous alors qu'une bonne partie de celle-ci est déjà dans notre dos ; tout ce que nous laissons derrière nous de notre existence appartient à la mort.

Ou bien : nous croyons que nous ne possédons plus ce qui est passé ; au contraire, ce qui n'est plus, justement, ne peut nous être enlevé :

> *Mihi crede, magna pars ex iis quos amavimus, licet ipsos casus abstulerit, apud nos manet ; nostrum est quod praeterit tempus nec quicquam est loco tutiore quam quod fuit.*
>
> (Lettres à Lucilius, 99, 4)
>
> Crois-moi, le sort a beau nous enlever la présence de ceux que nous aimons, une grande partie d'eux-mêmes demeure avec nous. Oui, le temps passé nous appartient, et rien n'est en lieu plus sûr que ce qui a cessé d'être.
>
> Traduction d'Henri Noblot
>

Sénèque ne délivre pas de prescriptions mais il libère. Il n'impose pas de modèle, il abolit les apparences. À Lucilius, auquel il adresse des lettres toutes plus belles les unes que les autres ou aux différents destinataires de ses traités il ne dit pas ce que ceci ou cela devrait être mais ce que c'est *en effet* à la lumière de la raison. Souvent la vérité est l'opposé de ce que nous croyons : le bien est dans ce qui est communément considéré comme mal ; et le mal dans le bien illusoire dont nous nous berçons : le luxe, la compagnie des gens, la cuisine raffinée. Nous avons déjà vu l'exemple de l'exil. Pourquoi y voir un malheur, alors que toutes les formes vivantes, y compris des peuples entiers, y compris les étoiles, y compris la pensée ne cessent de se déplacer ? Et tout peut être modifié grâce à la réflexion critique. Dans *La Tranquillité de l'âme* nous lisons :

> *Adhibe rationem difficultatibus : possunt et dura molliri et angusta laxari et gravia scite ferentes minus premere.*
>
> (10, 4)

> Usez de la raison dans les cas difficiles ; ainsi pourront s'adoucir les duretés de la vie, s'aplanir ses passes malaisées, et moins nous accabler nos fardeaux si nous savons les porter.
>
> Traduction d'Émile Bréhier

Le cicéronien Quintilien, préoccupé de voir combien Sénèque plaisait aux jeunes gens, l'accuse d'être anticonformiste, de n'en faire qu'à sa tête, d'émietter les pensées en phrases brèves, tout en appréciant sa culture encyclopédique, sa facilité, son talent, son opposition aux vices (*Institutio oratoria*, X, 1, 125-131). Pour finir, le cicéronianisme l'a emporté, fondant une longue tradition. Nous ne devons cependant pas oublier que Sénèque lui aussi a eu ses disciples jusqu'au seuil de l'époque moderne. Pensons simplement au Pétrarque des *Familiares* déjà si souvent rappelées, qui, nonobstant la critique de sa participation au pouvoir, doivent énormément au modèle des *Lettres à Lucilius*, ou à Montaigne, qui l'imite et le cite dans une centaine de passages des *Essais*.

En 2003, mon ami Julio Anguita Parrado, envoyé spécial du journal espagnol *El Mundo*, fut tué en Iraq. Il avait trente-trois ans. À son compagnon qui ne cessait de le pleurer, j'offris un exemplaire de la *Consolation à Marcia*. Je ne doutais pas qu'en cette circonstance, les mots de Sénèque ne puissent se révéler beaucoup plus justes et dignes que toute phrase que j'aurais pu prononcer ou composer. En effet, j'écrivis quelque chose à la hâte, une poignée de vers, à peine plus qu'un timide balbutiement. Certains penseront que devant la mort, surtout violente, aucun mot ne tient : qu'il ne *doit* pas y en avoir. J'admets que les mots ne soient pas l'unique façon de communiquer les sentiments. Toutefois, je suis également convaincu d'une autre chose : que nous avons tous le droit de nous appuyer sur les mots dans toutes les circonstances de la vie, même les plus douloureuses ; qu'il est juste de croire aux mots ; et lorsqu'on les a trouvés, il est juste d'en user sans éprouver de gêne. Notre maladresse verbale pourra déplaire à autrui ; elle ne doit pas cependant nous amener à renoncer préventivement aux mots. Si nous n'en trouvons pas en nous, cherchons-en chez d'autres. S'ils nous semblent vrais, ils n'appartiennent à personne ; ils sont à tout le monde. Je pus alors *m'exprimer* avec Sénèque, puisque Sénèque non seulement s'exprimait bien mais – et c'est le point que je voudrais souligner – prouvait qu'il ne craignait aucunement de parler, pas même devant la pire des douleurs, la mort d'une personne aimée. Pourquoi, en effet, se taire devant la mort ? Pourquoi prétendre que seuls les pleurs et le silence s'imposeraient ? La parole est vie, et à la mort nous, les vivants, nous avons le devoir d'opposer la vie, sous quelque forme que ce soit, y compris celle du discours.

Marcia a perdu un fils. Et Sénèque lui rappelle que nous ne sommes pas ici pour durer. Qu'est-ce que l'homme ? lui demande-t-il. Et il répond tout de suite à sa place :

«*imbecillum corpus et fragile, suapte natura inerme...*» (11, 3) «un corps faible et fragile, naturellement sans défense...» et puis «*omnia humana brevia et caduca sunt*» (21, 1) «toutes les choses humaines sont brèves et périssables»; la vie humaine est moins qu'un point si on la compare au temps dans son ensemble: même si l'on prolongeait une vie de quelques fractions de temps, qu'y gagnerait-on? Ces considérations suffiraient à nous donner une preuve convaincante de ce qui a été l'une des tâches principales de la littérature latine et qui demeure l'un de ses enseignements les plus irremplaçables: la pensée de la finitude. Dans ce que l'on appelle la modernité technologique, sauf pour quelques îlots de réflexion religieuse, quel savoir – fût-il humaniste ou scientifique – est apte à l'affronter avec autant de sagesse et de courage? Quel savoir *veut* également s'y essayer?

L'argument le plus fort de la *Consolation à Marcia* est celui-ci: le jeune disparu est monté parmi les étoiles et là il a rejoint les âmes des bienheureux et son excellent grand-père, Cremutius Cordus, père de Marcia (qui fut contraint au suicide par Séjan, préfet du prétoire sous Tibère) qui lui découvre avec satisfaction les routes du firmament et les mystères de la nature (25, 1-3). Le passage sur le destin céleste du fils de Marcia (à lire également en relation avec le *Songe de Scipion* de Cicéron) est le sommet de la *Consolation*. Quand j'offris l'œuvre au compagnon de Julio, je comptais particulièrement sur ce passage, qui s'achève sur les mots suivants:

> *Sic itaque te, Marcia, gere, tamquam sub oculis patris filiique posita, non illorum, quos noveras, sed tanto excelsiorum et in summo locatorum; erubesce quicquam humile aut vulgare cogitare et mutatos in melius tuos flere. Aeternarum rerum per libera et vasta spatia dimissi sunt; non illos interfusa maria discludunt nec altitudo montium aut inviae valles aut incertarum vada Syrtium: omnia ibi plana, et ex facili mobiles et expediti et in vicem pervii sunt intermixtique sideribus.*
>
> (25, 3)

> Dis-toi, par conséquent, Marcia, que ta conduite a pour témoin ton père et ton fils, non pas tels que tu les as connus, mais infiniment grandis et dominant de très haut l'univers : rougis de toute action basse ou vulgaire, et rougis de pleurer les tiens, objets d'une si belle métamorphose. Au sein de l'espace éternel et des libres étendues, ils n'ont plus rien qui les sépare, ni vastes mers, ni hautes montagnes, ni ravins impraticables, ni Syrtes au fond mouvant : pour eux toute route est unie ; ils se meuvent avec une agilité égale, se pénètrent réciproquement et se mêlent à la substance des astres.
>
> Traduction de René Waltz

Mais les beautés ne finissent pas ici, et Sénèque ajoute tout à la fin de la *Consolation à Marcia* un discours du même Cremutius Cordus (26, 2-7) qui raconte comment l'on vit parmi les étoiles et combien de là-haut l'existence humaine apparaît petite et affreuse, faite de violence, de ruses et de conflits. Pauvre humanité qui s'illusionne sur sa durée, alors que le temps (*vetustas*, 26, 6) aura raison de tout, comme les morts le savent déjà : il aplanira les montagnes, il asséchera les mers et dissoudra les sociétés humaines ; il engloutira les cités dans des gouffres immenses et détruira toute chose dans un incendie universel (la conflagration périodique de la philosophie stoïcienne), sans épargner les âmes éternelles des bienheureux ayant reçu l'éternité en partage, pour que, à un certain point, quand le dieu le jugera bon, il soit possible de recommencer[36]. Qui sait si Svevo, en écrivant le dernier paragraphe de *La Conscience de Zeno*, où il évoquait l'éventualité d'une véritable apocalypse nucléaire, n'avait pas Sénèque en tête…

18. DÉRIVES ET DENTIFRICES (PÉTRONE, APULÉE)

Dans le genre romanesque le latin présente les traits anti-classiques les plus marqués. Il y déploie un véritable génie de l'improvisation et de la digression. Sur le modèle grec, ses intrigues mettent en scène en cascade voyages, contretemps, équivoques, situations de détresse. Elles placent en leur centre la nature physique la plus basse des personnages et semblent imposer à la langue même de passer d'aventure en aventure et d'enregistrer ainsi sur sa peau les traces de péripéties virtuellement infinies, par obligation (et par inclination).

Voyons les deux grands romans qui ont survécu, le *Satiricon* de Pétrone (27-66 ap. J.-C.), sous forme de fragments, et *L'Âne d'o*r, d'Apulée (125-170 env. ap. J.-C.), également connu sous le titre *Les Métamorphoses*, par chance transmis intégralement. J'ai lu le premier en traduction italienne vers la fin de la deuxième année de lycée classique (fr. : classe de première), sur le conseil d'une amie qui aimait les lectures osées. Je me souviens d'avoir été frappé par l'absence de conclusion au récit et je demeurai déçu par la rareté des notations sexuelles, et pas seulement par les goûts de ma conseillère. Cette lecture précoce me laissa, cependant, dans l'esprit le sentiment d'une chose inquiétante et puissante, comme les ombres et les lueurs d'un incendie lointain, l'impression d'une comédie funèbre, d'une fête terrifiante, que je sens encore renaître, à peine ce titre,

Satiricon, frappe-t-il mes oreilles. Je relus le roman en latin durant l'été qui suivit l'examen du baccalauréat, avec une tout autre satisfaction, et je lus immédiatement à la suite, toujours dans le texte original, celui d'Apulée également, que je retrouvai ensuite à l'université, au milieu d'autres œuvres du même auteur dans le programme de l'examen de latin en première année. Apulée me plut d'emblée. Non seulement j'ai beaucoup plus d'affinités avec son Lucius qu'avec l'Encolpe de Pétrone, mais pour l'essentiel la narration elle-même éveillait en moi plus d'échos, avec son intrigue fondée sur la magie et la passion. En tout cas, je vis également combien les deux œuvres se ressemblaient; et l'amour d'Apulée me rendit Pétrone plus cher, comme si pour finir j'en comprenais complètement le sens historique et, donc, l'originalité.

Dans les deux romans, mises à part les différences stylistiques des auteurs, l'éclectisme et l'imagination s'imposent, surtout dans le domaine lexical. À juste titre, les éditions Einaudi pensèrent à un certain moment faire traduire le roman d'Apulée par Tommaso Landolfi, un autre grand expérimentateur (la traduction, cependant, devait être confiée par la même maison à l'avant-gardiste Sanguineti) [37]. Un Emilio Gadda aurait été tout aussi bien indiqué.

Hormis les consonances avec des auteurs également modernes (Joyce inclus), la langue de Pétrone et d'Apulée n'a pas créé sa propre tradition : trop inventive, trop « dantesque », trop ouverte à ce qui surprend, aux formes hybrides du langage, à l'irrégularité, imprégnée de cette note carnavalesque, bouffonne et subversive que Federico Fellini et Paolo Poli, dans leurs transcriptions visuelles, respectivement, du *Satiricon* (1969) et de *L'Âne d'or* (1994), devaient trouver conformes à leur conception du cinéma et du théâtre. Et, cependant, une petite mode apuléenne, opposée au cicéronianisme envahissant et centrée sur l'œcuménisme verbal comme sur la reprise de mots sortis de l'usage, a eu lieu vers la fin du Quattrocento, quand *L'Âne d'or*, déjà découvert par Boccace et traduit par Boiardo, sortit dans l'édition commentée de l'humaniste bolognais Filippo Beroaldo : quelques lignes de texte, accompagnées d'un épais appareil de notes[38]. Mais des échos d'Apulée affleurent même chez l'auteur de *Madame Bovary*, Gustave Flaubert, qui définit *L'Âne d'or* comme un chef-d'œuvre, un mélange éblouissant d'encens et d'urine, de bestialité et de mysticisme (lettre à Louise Colet, 27-28 juin 1852) et encore, à la fin du XIXe siècle comme le révèle le roman-manifeste de Walter Pater, *Marius l'Épicurien* (1885), situé dans la Rome du IIe siècle ap. J.-C. à l'époque de Marc Aurèle.

> Il laissait à d'autres le soin de brutaliser ou négliger leur langue maternelle, la véritable carrière ouverte à qui veut charmer ou maîtriser les hommes. Il en ferait une étude approfondie, pèserait l'efficacité de chaque expression et mot, comme s'ils étaient d'un alliage précieux, en les purifiant des accrétions tardives, pour retrouver le sens originel et naturel de chacun – pour rétablir dans son intégrité complète toute la richesse latente d'expression figurée, en ravivant ou remplaçant les images rabâchées et ternies. La littérature latine comme le latin mouraient de routine et de langueur ; ce qu'il fallait avant tout, c'était rétablir la relation naturelle et directe entre la pensée et l'expression, entre la sensation et le terme, redonner aux mots leur puissance primordiale.
>
> Car c'étaient les mots, après tout, les mots manipulés avec toute sa force délicate, qui constituaient la cause matérielle de sa guerre personnelle. Être puissamment ému, pour commencer ; puis trouver le moyen de montrer aux autres ce qui lui apparaissait dans sa fraîcheur, sa grâce, son intérêt évident, à l'exclusion du passable, du timide, de ce qui n'était à ses yeux que demi-vérité – l'exigence de l'art littéraire éveillait réellement en lui, pour la première fois, une manière de conscience chevaleresque. Quel souci du style ! Quelle patience d'exécution ! Quelle recherche des nuances prégnantes de l'idiome d'autrefois ! – *sonantia verba et antiqua*[39].

Traduction de Guillaume Villeneuve

Cet extrait est l'un des plus beaux éloges qui se puisse trouver de la langue latine dans la littérature postérieure à la Renaissance. Rappelons également que juste une année plus tôt, en 1884, Joris-Karl Huysmans fait un grand éloge tant d'Apulée que de Pétrone dans son roman le plus célèbre, *À rebours*, encore aujourd'hui cité comme l'une des plus éloquentes synthèses du décadentisme européen. Le protagoniste, des Esseintes, ennemi de ce qui est suranné et figé par la règle, déteste naturellement le «classicisme». Virgile, Horace et Cicéron lui font horreur et les chrétiens – nous les rencontrerons bientôt – lui donnent le sentiment d'un avachissement de la langue, avec l'introduction de mots abstraits et de constructions neuves. Il reconnaît, cependant, sa fascination pour la figure du chrétien Tertullien, qui prêche la chasteté et le refus de l'ornementation sous un empereur épris de luxe et sexuellement frénétique comme Héliogabale. Et il reconnaît en Claudien le dernier grand poète du paganisme. De Pétrone, en particulier, des Esseintes nous brosse un portrait littéraire d'une puissance et d'une habileté extraordinaires, révélant des dons de critique peu communs, ou plutôt parvenant à suggérer des interprétations et des hypothèses qui feront la fortune de certains théoriciens du siècle suivant[40]. À Oscar Wilde lui-même, entre autres, on attribue une traduction du *Satiricon* (1902) – fait significatif en soi, même si l'ultime paternité de cette version, publiée sous le pseudonyme de Sébastien Melmoth, reste indémontrable.

Mots «plébéiens» ou bas, mots familiers, néologismes, archaïsmes, mots poétiques, emprunts au grec ainsi qu'une tendance générale à la déformation, au mélange des registres, à la caricature, à la parodie et à la luxuriance de l'expression, se fondent en une prose scintillante et compacte, baroque ou décadente, comme a été qualifiée en particulier celle d'Apulée, en somme le contraire de l'esprit cicéronien de régularité. Pétrone, du reste, déplore justement au début de la partie du *Satiricon* qui nous est parvenue le crépuscule de la grande éloquence (thème que Tacite lui aussi développe dans le *Dialogue des orateurs*) et dénonce la mode grécisante, promue par un système pédagogique déplorable et par des parents irresponsables, de la déclamation sans contenu, avec l'étalage d'ornements trop faciles. Son propre roman lui-même, situé à l'époque de Néron dans une cité de Campanie (Naples, Cumes ou Pouzzoles), pour la section centrale, le *Festin de Trimalcion*, s'efforce, pour autant que cela nous soit accessible, de faire entendre un amas d'inanités grotesques, de représenter un monde de mots sans suite, détournés de la vérité et de l'expérience directe de la réalité : rien d'autre que du vent. Dans le festin de l'affranchi Trimalcion, l'épisode le plus célèbre, le plus étendu et le plus marquant du récit qui a survécu (*Trimalcion* – on s'en souvient – est le titre original de la première version de *Gatsby le Magnifique*), le vent joue un rôle de premier plan au moins autant que les mets déversés sans interruption devant la foule des invités en quantité et en apprêts spectaculaires. Les esclaves ne cessent de chanter, et de chanter faux, et les discours que l'on entend sont fous, à commencer par celui du maître de maison, ce *parvenu* dégoûtant et fanfaron qui, avec la grandeur factice qui le caractérise, prononce à un certain moment – ce n'est pas un hasard – une apologie de la libre flatulence :

> *Nemo nostrum solide natus est. Ego nullum puto tam magnum tormentum esse quam continere. Hoc solum vetare ne Iovis potest. Rides, Fortunata, quae soles me nocte desomnem facere ? Nec tamen in triclinio ullum vetuo facere quod se iuvet, et medici vetant continere. Vel si quid plus venit, omnia foras parata sunt : aqua, lasani et cetera minutalia. Credite mihi, anathymiasis si in cerebrum it, et in toto corpore fluctum facit.*
>
> (Satiricon, 47)

Personne de nous n'est venu au monde sans une fissure. Pour moi, je pense qu'il n'y a pas de si grand tourment que de se retenir. C'est la seule chose que Jupiter lui-même ne puisse pas empêcher. Tu ris, Fortunata, toi qui sur cet article m'empêches de fermer l'œil de toute la

> nuit? Et du reste, même à table je ne défends à personne de se soulager; d'ailleurs les médecins ne veulent pas qu'on se retienne. Et s'il vous vient une envie plus sérieuse, tout est prêt au dehors: eau, chaises percées, et tous autres petits détails. Croyez-moi; si les gaz vous montent au cerveau, ils produisent des humeurs dans tout le corps.
>
> Traduction d'Alfred Ernout
>

L'insertion du mot grec *anathymiasis*, qui signifie «exhalaison», et le ton «scientifique» ne relèvent assurément pas le discours dont le niveau tombe davantage lorsque Trimacion se tourne vers Fortunata en lui reprochant ses flatulences nocturnes intempérantes. Et de fait, les protagonistes, après l'avoir remercié pour sa générosité, doivent dissimuler leur rire derrière leurs coupes.

Mais les propos de Trimalcion, outre leur grossièreté et leur incohérence, sont incorrects, ou pour le moins familiers. *Iovis* remplace le nominatif habituel *Iuppiter* (*Iovis* est la forme du génitif), *vetuo* la forme régulière *veto* (*vetuo* n'est attesté nulle part ailleurs), l'adjectif *ullum* le pronom *quemquam*, *foras* est mis pour *foris*, le masculin *lasani* (pot de chambre) pour le neutre *lasana* (emprunt au grec). De plus, *desomnem* (privé de sommeil) n'apparaît qu'ici.

Le latin d'Apulée, s'il tient également compte du précédent de Pétrone, semble moins tourné vers la critique sociale que vers l'abandon, somme toute heureux, à la dérive du langage. On sent, à la lecture, que l'on est à la fin d'une tradition, ou d'une série de traditions, et que la forme du roman – indépendamment de la signification ultime de l'histoire, qui est initiatique et philosophique – se prête à recueillir, comme une vitrine de musée ou, mieux, comme un marché aux puces beaucoup moins ordonné, les trouvailles les plus précieuses ou les plus singulières. Prenons, par exemple, un passage central comme celui où Lucius, le protagoniste, se transforme en âne. Mais d'abord quelques mots sur le contexte. Lucius, un jeune homme entreprenant et fort curieux, se retrouve chez une magicienne de Thessalie. L'ayant vue se changer en oiseau par l'application d'un onguent, il veut faire de même. La servante qui l'assiste, sa maîtresse, lui procure toutefois le mauvais onguent. Sa vie, sous la forme d'un âne, sera pleine de périls et d'humiliations. Mais, à la fin, au terme d'un laborieux parcours de purification et d'expiation, qui le lave de son péché de *curiositas* (presque trois siècles plus tard saint Augustin parlera, dans une optique chrétienne analogue, de *venenum curiositatis*, «venin de la curiosité» qui a tué l'âme, *Confessions*, XIII, 21, 30). Lucius retrouvera l'aspect humain durant une procession pour la déesse Isis, au culte de laquelle il se vouera farouchement. «La métamorphose», comme l'a déjà remarqué il y a longtemps Mikhaïl Bakhtine, «devient une forme de perception et de représentation du *destin personnel de l'homme*, arraché à l'ensemble cosmique et historique. Néanmoins... l'idée de métamorphose conserve encore assez d'énergie pour embrasser *l'ensemble du destin de l'homme* en ses moments essentiels de crise. D'où son importance pour le genre romanesque»[41] (traduction de Daria Olivier).

Voici le passage de la métamorphose.

nec ullae plumulae nec usquam pinnulae, sed plane pili mei crassantur in setas et cutis tenella duratur in corium et in extimis palmulis perdito numero toti digiti coguntur in singulas ungulas et de spinae meae termino grandis cauda procedit. Iam facies enormis et os prolixum et nares hiantes et labiae pendulae; sic et aures inmodicis horripilant auctibus. Nec ullum miserae reformationis video solacium, nisi quod mihi iam nequeunti tenere Photidem natura crescebat.

(L'Âne d'or, III, 24)

De duvet point; de plumes, pas davantage. Mais les poils de mon corps se durcissent comme des soies; ma peau, loin de rester douce, devient un cuir horriblement dur; au bout de chacun de mes pieds, de chacune de mes

> mains, à la place des cinq doigts qui se trouvent perdus, il se forme un sabot; du bas de l'échine il me sort une longue queue; mon visage perd toutes ses proportions, ma bouche s'agrandit, mes narines s'élargissent, mes lèvres deviennent pendantes, mes oreilles se hérissent et croissent d'une façon démesurée. Dans cette triste métamorphose, je ne vois aucune consolation, si ce n'est que, bien que je n'aie plus de bras pour y prendre Photis, mon membre grandissait.
>
> Traduction de Victor Bétolaud

Comme Ovide, Apulée lui aussi donne des détails très précis, cherchant à rendre avec ce *jam* (déjà), la simultanéité des divers changements. Le texte comporte de nombreuses allitérations que la traduction ne peut pas rendre parfaitement. Quelque chose d'extraordinaire est en train de se produire et le narrateur le souligne avec un zèle manifeste. Il y a un trait, toutefois, difficile à transposer: les diminutifs (*plumulae*, *pinnulae*, *tenella*, *palmudis*, *ungulas*) qui ont une valeur simplement affective. Apulée aime les jeux phonétiques (ils reviennent dans de nombreux autres endroits), comme ils plaisent à Catulle. Mais il faut savoir que de telles figures stylistiques sont également répandues en dehors de la langue écrite, ou plutôt ce sont des traits de la langue orale. La preuve en est que divers mots italiens sont venus du latin (du latin parlé justement) précisément par la forme diminutive: *fratello*, «frère» (de *fratellus*, diminutif de *frater*), *unghia*, «ongle» (de *ungula*, diminutif de *unguis*; *ungula*, toutefois, même en latin n'est plus perçu comme un diminutif et a le sens de «sabot d'animal»; Apulée, en tout cas, dans le passage cité, joue ironiquement avec la forme du mot), *vecchio*, «vieux» (de *vetulus*, diminutif de *vetus*), *orecchio*, «oreilles» (*auricula* diminutif d'*auris*), *ginocchio*, «genou» (de *genuculum*, diminutif de *genu*), et ainsi de suite. En somme, dans la langue du roman, les artifices de style, non contents de tirer des éléments de la littérature antérieure (des comédies de Plaute à l'épopée) et d'en inventer de nouveaux, pêchent aussi dans le registre familier, fournissant d'intéressants témoignages de cette évolution du latin vers la langue vulgaire. Il est d'ailleurs assez difficile de ramener cette évolution à une ligne continue. Comment interpréter, en effet, l'histoire de certains mots qui, repris de sources archaïques, se retrouvèrent en italien? Relevaient-ils déjà du registre familier dans la source archaïque? Ou bien est-ce l'effet du temps ou des circonstances dans lesquelles Apulée les reprend? Ou – même cette hypothèse est admissible – entrent-ils dans la langue parlée par la littérature? Un exemple: *exoticus*, «étranger», réplique du mot grec *exoticos* d'où en italien *esotico* et en français «exotique». Il apparaît chez Plaute (*Mostellaria* – la pièce du revenant –, 1, 1, 41) et Apulée l'emploie justement au début du roman, où Lucius déclare que le latin est pour lui une langue étrangère (le grec étant sa langue maternelle). Ou bien le verbe *ausculto*, («dresser l'oreille», qui donne l'italien *ascolto*, «j'écoute», v. *supra*, p. 63) et se retrouve presque à l'identique en français avec un sens spécialisé (*ausculter*) également présent en italien, supplantant la forme classique *audio*: il est aussi attesté chez Plaute (et Térence) avant de réapparaître chez Apulée (et même, occurrence rare, chez Cicéron: *Oratio pro Roscio Amerino*, Pour Roscius d'Amérie, 36, 104).

Lisons maintenant un extrait de la fable d'Amour et de Psyché, le véritable foyer du roman, tant par sa position centrale que par sa valeur hautement symbolique (Walter Pater en donne sa propre version dans *Marius l'Épicurien*, déjà cité). Comme Lucius, en effet, Psyché (*anima*, «l'âme», en grec), déchue par l'effet de sa curiosité, doit, elle aussi, se soumettre à de très dures épreuves, presque insurmontables, pour s'élever à l'altitude du divin. Voici le moment où, profitant de son sommeil, elle découvre les traits de son mystérieux époux et où son cœur abandonne tout projet homicide (un passage repris même, fût-ce avec une ironique brusquerie, dans *Les Fiancés* de Manzoni au chapitre XV, l'hôtelier ayant pris la place de Psyché et Renzo celle d'Amour):

> *Videt capitis aurei genialem caesariem ambrosia temulentam, cervices lacteas genasque purpureas pererrantes crinium globos decoriter impeditos, alios antependulos, alios retropendulos, quorum splendore nimio fulgurante iam et ipsum lumen lucernae vacillabat; per umeros volatilis dei pinnae roscidae micanti flore candicant et quamvis alis quiescentibus extimae plumulae tenellae ac delicatae tremule resultantes inquieta lasciviunt; ceterum corpus glabellum atque luculentum et quale peperisse Venerem non paeniteret. Ante lectuli pedes iacebat arcus et pharetra et sagittae, magni dei propitia tela.*
>
> (L'Âne d'or, V, 22-23)

> Elle admire cette tête radieuse, cette noble chevelure parfumée d'ambroisie, ce cou blanc comme du lait, ces joues éblouissantes de fraîcheur, sur lesquelles sont semées des boucles gracieuses de cheveux, tandis que d'autres reposent sur le front et d'autres en arrière. Leur éclat était si flamboyant, qu'il faisait vaciller la lumière même de la lampe. Aux épaules du dieu qui voltige brillent de petites ailes d'une exquise délicatesse, et où l'incarnat de la rose se marie à la blancheur du lis. Quoiqu'elles soient en repos, le doux et le moelleux duvet qui les borde frémit avec un doux bruissement et ne cesse de s'agiter. Le reste de son corps est brillant et poli comme l'ivoire, tel enfin que Vénus n'ait point à rougir de ce fils.
>
> Au pied du lit reposaient un arc, un carquois et des flèches, traits dociles de ce dieu puissant.
>
> Traduction de Victor Bétolaud

On notera le retour de mots que nous avons déjà rencontrés, avec une connotation différente, dans la scène de la métamorphose : «*plumulae : plumulae*» ; «*tenella : tenellae*» ; «*extimis : extimae*» ; «*pendulae : (ante)pendulos*»/*(retro) pendulos*». Ce qui frappe d'emblée, c'est la surabondance, ou plutôt la redondance. Apulée repousse la simplicité et recourt à tous les moyens pour enjoliver l'expression : les diminutifs, l'hypallage (*genialem* qualifiant *caesariem*, «chevelure» et non *capitis*, *aurei* qualifiant *capitis* et non *caesariem*; double hypallage et même double chiasme, conceptuel et syntaxique), la métaphore simple (la chevelure imprégnée d'ambroisie; les ailes fleuries), la métaphore filée (la chevelure du dieu comme un firmament, puisque *splendore*, «éclat étincelant», étend la portée figurative de *globos*, «boule, sphère», ici traduit par «boucle», mais qui peut également suggérer, outre la simple forme circulaire, les corps célestes), les néologismes (*decoriter*, *antependulos*, *retropendulos*), le jeu étymologique (*lumen/lucerna*), la personnification de l'inanimé (*lumen... vacillabat*, comme déjà dans le passage précédent le couteau qui avait échappé à la main de Psyché, horrifié à l'idée de commettre un crime sacrilège – comme si on pouvait tuer un dieu!), l'audace syntaxique (*inquieta lasciviunt*, où le verbe intransitif *lascivio*, «badiner, s'ébattre», reçoit comme complément d'objet un neutre pluriel, *inquieta*, en une liaison que l'on ne peut traduire que d'après le sens): l'allitération («*capitis, caesariem, cervices*»; «*tenellae, tremule*»; «*peperisse, paeniteret*»).

Qui étaient Pétrone et Apulée?

Sur la vie du premier, l'Antiquité a été par trop avare de renseignements. Seul Tacite parle d'un certain Pétrone dans les *Annales* (XVI, 18-19). L'imprécision des informations biographiques et l'absence de toute référence au *Satiricon* interdisent de l'identifier avec certitude à notre auteur. Pourtant, le portrait psychologique de ce Pétrone – l'un des joyaux du latin tacitéen – s'accorde avec l'image que l'on pourrait se faire de l'auteur à la lecture du roman. Donc, pour s'en tenir à Tacite, Pétrone exerça des fonctions politiques importantes (il fut proconsul en Bithynie, puis consul, on ne sait en quelle année) mais il se signala surtout comme grand maître en matière de raffinement et comme homme de plaisir, sans tomber toutefois dans l'ostentation (la notion de «nonchalance», c'est-à-dire de feinte simplicité – *speciem simplicitatis*, dont la Renaissance a proposé une théorie avec *Le Livre du Courtisan* de Baldassare Castiglione –, trouve dans ces chapitres des *Annales* une première et splendide illustration). Néron le choisit comme modèle pour les bonnes manières (*elegantiae arbitrer*) et Tigellin, un homme de Néron, par jalousie l'accuse d'être un ami de Scaevinus, l'un des complices dans la conjuration antinéronienne de G. Calpurnius Pison. Pétrone, alors, pour ne pas se consumer dans l'attente du supplice, se donna la mort, exactement comme le philosophe Sénèque. En tout cas, sa mort fut très différente. Il ne s'attarda pas en bavardages philosophiques mais échangea des propos frivoles, uniquement désireux d'entendre des chansons et des vers légers, tandis qu'il faisait bander puis délier selon son caprice ses poignets incisés. Puis il écrivit une lettre hostile à Néron, la lui envoya et fit détruire son sceau pour éviter qu'il ne puisse servir à des contrefaçons. Et pour finir il se mit à dormir pour que la mort paraisse la suite naturelle du sommeil.

Très différente est la documentation sur la vie d'Apulée dont nous avons même reçu un récit autobiographique. Né dans la province d'Afrique, à Madaure, il étudia à Carthage et à Athènes et sillonna l'Empire de part en part, poursuivant une brillante carrière de conférencier et gagnant une réputation de philosophe. Il excella dans la pratique du grec comme du latin (mais seules certaines de ses œuvres en latin ont survécu) et s'attacha dans l'écriture à la recherche de la variété et de la virtuosité. Âgé de trente ans il épousa une quadragénaire, Pudentilla, riche veuve et mère de deux fils. Après la mort du fils cadet, les parents de celle-ci le traduisirent en justice, l'accusant de l'avoir conquise au moyen d'un philtre amoureux. Apulée se défendit alors par un feu d'artifice oratoire humoristique et narcissique, d'une composition fort peu accordée à la tonalité et aux formes du débat judiciaire, connue sous le titre de *De magia*, également intitulé *Apologie*, d'où le philistinisme de ses contemporains ressort dans toute sa vulgaire bassesse. Avant tout il déclare, contre qui lui reprochera sa prestance, que la beauté est un don des dieux et que Pythagore lui-même, le premier des philosophes, était l'homme le plus beau de son temps; puis il ajoute que lui-même n'est pas beau. A-t-on vu ses cheveux? Ébouriffés, dépeignés, floconneux, emmêlés (*inenodabilis*, 4). Et quel mal y a-t-il à être éloquent? Il l'est, certes; il a voué toute sa vie à l'éloquence et il n'y a rien qui n'ait développé ses capacités d'expression et qui ne se puisse répéter en public (5).

Et puis le dentifrice (*dentifricium*)... On a utilisé comme preuve contre lui certains de ses vers, qui accompagnent le don d'une certaine poudre. Et alors ? On ne voudrait tout de même pas que les dents se lavent à l'urine, comme Catulle le raconte à propos des Ibères[42] ? Prétendrait-on peut-être que la bouche restât sale, la partie la plus visible et la plus noble du corps humain ?

Lisons cet extraordinaire éloge de la bouche, qui, comme tout le latin d'Apulée, a la saveur d'une argumentation raffinée, où l'esprit ludique le dispute à la culture humaniste :

> *Crimen haud contemnendum philosopho, nihil in se sordidum sinere, nihil uspiam corporis apertum immundum pati ac fetulentum, praesertim os, cuius in propatulo et conspicuo usus homini creberrimus, sive ille cuipiam osculum ferat seu cum quicquam sermocinetur sive in auditorio dissertet sive in templo preces alleget. Omnem quippe hominis actum sermo praeit, qui, ut ait poeta praecipuus, dentium muro proficiscitur. Dares nunc aliquem similiter grandiloquum : diceret suo more cum primis cui ulla fandi cura sit impensius cetero corpore os colendum, quod esset animi vestibulum et orationis ianua et cogitationum comitium. Ego certe pro meo captu dixerim nihil minus quam oris illuviem libero et liberali viro competere. Est enim ea pars hominis loco celsa, visu prompta, usu facunda. Nam quidem feris et pecudibus os humile est et deorsum ad pedes deiectum, vestigio et pabulo proximum ; nunquam ferme nisi mortuis aut ad morsum exasperatis conspicitur. Hominis vero nihil prius tacentis, nihil saepius loquentis contemplere.*
>
> (7)

Et le fait est que ce n'est pas un crime négligeable pour un philosophe de ne tolérer sur soi aucune malpropreté, ni souffrir qu'aucune partie visible de son corps soit immonde et malodorante : surtout la bouche, qui, placée en évidence, exposée aux regards, est l'organe dont l'homme se sert le plus souvent, soit pour donner un baiser, soit pour entretenir une conversation, soit pour parler en public, soit pour prier dans un temple. Il n'est pas d'acte de l'homme que ne précède la parole, laquelle, selon l'expression du prince des poètes [=Homère] «franchit le rempart des dents». Supposez un orateur ayant sa sublime éloquence: il dirait, dans le style qui lui est propre, que celui-là surtout qui a souci de son langage doit, plus que du reste de son corps, prendre soin de sa bouche, vestibule de l'âme, porte du verbe, rendez-vous des idées. Pour moi, qu'il me suffise de dire, dans la limite de mes moyens, que rien n'est plus indigne qu'une bouche malpropre d'un homme libre et de mœurs libérales. Car, par sa place, elle domine les autres parties du corps humain; la première, elle frappe les regards, et sa fonction, c'est la parole. Voyez les bêtes sauvages et les animaux domestiques: leur museau bas, qu'ils laissent pendre dans la direction de leurs pieds, vers le sol que foulent les pas et qui leur donne leur pâture, ne s'aperçoit guère que lorsqu'ils sont morts ou que, rendus furieux, ils se redressent pour mordre. Chez l'homme, au contraire, c'est ce qu'on regarde en premier lieu quand il se tait, le plus fréquemment quand il parle.

Traduction de Paul Valette

19. RONCES, GOUFFRES ET SOUVENIRS (SAINT AUGUSTIN, SAINT JÉRÔME)

Il était bien rare au lycée que nous goûtions au latin chrétien ; parce qu'il était trop tardif et dépourvu d'ornements. Pourtant, lui aussi, bien présenté, est splendide. Je lus des passages des *Confessions*, l'autobiographie de saint Augustin, et des Évangiles pour mon propre compte à l'approche du baccalauréat, uniquement pour voir comment s'achevait l'histoire du latin. Dans les programmes du lycée les images du cicéronianisme dominaient. Ce qui dictait la loi, c'était le soupçon que le latin chrétien ne fût pas du vrai latin et qu'en exposant régulièrement les élèves à son anti-classicisme on ne les aidât guère à acquérir la maîtrise des règles grammaticales, auxquelles, malheureusement, se réduisaient les études dans les écoles italiennes, par la faute d'une division absurde entre enseignement linguistique et enseignement littéraire. En vérité, à ce qu'il me semble, les choses n'ont guère changé, sinon bien peu par une réduction de l'ensemble des programmes et par une différenciation accrue entre préparation grammaticale et lecture des textes originaux.

La transformation subie par le latin à travers le christianisme est immense et a bouleversé la langue. Cette réforme radicale des valeurs qui correspond au surgissement d'un nouveau type humain et d'une religion nouvelle, aux dépens de l'institution impériale pluriséculaire et de l'idéal du *civis Romanus*, ne put que déterminer un vaste changement par capillarité sur tous les plans de l'expression. Ce n'est pas un hasard si Augustin (354-430), au début des *Confessions* (livre auquel quiconque étudie la littérature ne peut se passer de revenir, qu'il se consacre à l'Antiquité ou à la modernité, à la prose ou à la poésie, à Pétrarque ou à Proust), place l'apprentissage du latin sous le patronage de Dieu (I, 14, 23). L'étude même de l'alphabet devient pratique religieuse parce qu'elle permet au jeune enfant de s'approcher de l'authentique vérité (I, 13, 22). Dieu est grammaire (I, 18, 28-29) ; l'éthique est une métrique (III, 7, 14).

Assurément, les mots – affirme encore Augustin – ont diffusé des images fausses, des dieux corrompus et trop humains, comme on peut le lire chez Virgile ou Térence. Mais ce n'est pas la faute des mots, qui sont les coupes ; c'est la faute du vin qu'on y verse ; des significations enseignées par de mauvais maîtres :

> *Non accuso verba quasi vasa electa atque pretiosa, sed vinum erroris, quod in eis nobis propinabatur ab ebriis doctoribus, et nisi biberemus, caedebamur nec appellare ad aliquem iudicem sobrium licebat.*
>
> (I, 16, 26)
>
> Je n'accuse pas les mots eux-mêmes, vases choisis et précieux, mais le vin d'erreur que nous y versaient des maîtres ivres. Et si nous ne voulions pas le boire, on nous frappait, sans qu'il nous fût permis d'en appeler à quelque juge de sang-froid.
>
> Traduction de Pierre de Labriolle

Les changements les plus apparents concernent la syntaxe et, bien sûr, le lexique. La première se simplifie, écartant la subordination et la coordination logique au profit d'un ton oral venu de la prédication ou de la confession ; le second importe du grec des mots nouveaux (qui passeront dans les langues vulgaires, par exemple *scandalum*, « pierre d'achoppement » puis « dispute » et « scandale », « chose qui fait tomber dans le mal» et le verbe dérivé *scandalizo*, «scandaliser, choquer» puis «faire tomber dans le péché»; *angelus*, «ange»; *diabolus*, «diable»; *baptizo*, «je baptise»; *ecclesia*, «église»; *apostolus*, «apôtre» etc., ou met en avant des éléments marginaux (des archaïsmes également), ou modifie le sens de mots déjà fixés par une longue tradition écrite. Un exemple particulièrement éclairant tiré de saint Jérôme (347-419 ou 420):

> *Avaritiae quoque tibi vitandum est malum, non quo aliena non adpetas – hoc enim et publicae leges puniunt –, sed quo tua, quae sunt aliena, non serves*[43].

> Tu dois éviter aussi le péché d'avarice, non dans le sens de désirer le bien d'autrui – ce qu'en effet les lois de l'État punissent – mais dans ce sens que tu ne détiens pas ce qui est à toi et qui est en réalité à quelqu'un d'autre [à Dieu].

Nous sommes dans une lettre célèbre (XII, 31, à Eustochia), celle de la «virginité» (de 384). Le mot *avaritia* apparaît déjà en latin classique avec le sens de «cupidité» («aspirer au bien d'autrui»), soit dans celui d'«avarice» («ménager à l'excès son propre bien»). Mais c'est le premier qui l'emporte. Ici, l'auteur impose le second; ou – pour reprendre l'image augustinienne – verse dans le verre une «meilleure» boisson, qui correspond à la nouvelle éthique chrétienne, et, comme le suggère l'incise, dépasse de loin les simples lois humaines.

La portée métaphorique de la langue change. Non seulement on puise dans des contextes spéciaux, comme la terminologie militaire, au moyen de laquelle, par exemple, le *miles*, à savoir le soldat, est désormais le chrétien qui combat pour le Christ, et le *sacramentum* (le serment du soldat) devient un lien religieux; mais on voit s'affirmer la capacité d'inventer des images nouvelles, des liaisons imprévues et fulgurantes, des contaminations entre les plans sémantiques apparemment les plus inconciliables. La symbolique, l'art des symboles, devient plus complexe, la représentation par des figures se répand. L'hyperbole domine, le paradoxe surgit, sous l'influence également des textes bibliques, souvent impénétrables, comme le remarque approbativement Augustin : parce que ce qui s'acquiert avec une certaine difficulté procure une plus grande satisfaction (*De doctrina christiana*, I, 6, 8).

Examinons, à propos des paradoxes, ce passage tout à fait caractéristique de Tertullien (160-220 env.), auteur d'un premier traité en faveur du christianisme, *Apologeticum*, fondé tout entier sur le renversement du point de vue païen et riche, bien entendu, de paradoxes et de contradictions :

> *Invisibilis est, etsi videatur; incomprehensibilis, etsi per gratiam repraesentetur; inaestimabilis, etsi humanis sensibus aestimetur; ideo verus et tantus est. Ceterum quod videri communiter, quod comprehendi, quod aestimari potest, minus est et oculis, quibus occupatur, et manibus, quibus contaminatur, et sensibus, quibus invenitur; quod vero inmensum est, soli sibi notum est.*
>
> (XVII, 2)

> Il [Dieu] est invisible, bien qu'on le voie ; il est insaisissable, bien que sa grâce nous le rende présent ; incompréhensible, bien que nos facultés puissent le concevoir : c'est ce qui prouve la vérité de sa grandeur. Les autres choses qu'on peut voir, saisir, comprendre à la manière ordinaire, sont inférieures aux yeux qui les voient, aux mains qui les touchent, aux sens qui les découvrent. Mais ce qui est infini n'est parfaitement connu que de soi-même.
>
> Traduction de Jean-Pierre Waltzing

La racine d'une semblable rhétorique se trouve dans les propos du Christ lui-même. Un exemple, parmi tant d'autres, tiré de l'Évangile :

> *Tollite iugum meum super vos* [...] *et invenietis requiem animabus vestris ; iugum enim meum suave, et onus meum leve est.*
>
> (Matthieu, 11, 29-30)
>
> Prenez mon joug sur vous... et vous trouverez le repos de vos âmes ; car mon joug est doux et mon fardeau est léger.

Là où la distance avec la tradition classique se révèle la plus grande, la cohérence des liaisons analogiques propres à Cicéron et à Virgile fait place à un associationnisme avant-gardiste, erratique et même visionnaire. Si Augustin, comme nous l'avons vu avec les images du vin, fait encore preuve d'une cohérence métaphorique remarquable, en développant le motif analogique initial en une chaîne d'expressions figurées interdépendantes (le verre / le vin / l'ébriété / la sobriété), il introduit aussi dans la langue des métaphores totalement inédites qui établissent d'audacieux rapports entre l'incorporel et le concret ou le sensible, entre la dimension morale et la dimension physique. Quelques exemples tirés des premiers livres des *Confessions* : «*palmitem cordis mei*», I, 17, 27, «le sarment de mon cœur» ; «*in adfectu tenebroso*», 1, 18, 28, «dans la passion ténébreuse», combinaison dans laquelle nous trouvons de plus l'emploi d'un adjectif typiquement poétique (déjà présent chez Virgile et Ovide) ; «*voraginem turpitudinis*», «gouffre de honte», I, 19, 30 ; «*vepres libidinum*», «les ronces des passions», II, 3, 6 ; «*mortis profunditas*», «abîme de mort», II, 6, 14 où *profunditas* est un mot relativement nouveau ; «*sartago flagitiosorum amorum*», «la poêle des honteuses amours», III, 1, 1 – qui fait jeu de mots avec Carthago ; «*anima... ulcerosa*», «âme couverte d'ulcères», *ibid.*

Tout aussi originales sont les accumulations de métaphores comme dans ce cas :

> *Exarsi enim aliquando satiari inferis in adulescentia et silvescere ausus sum variis et umbrosis amoribus, et contabuit species mea et computrui oculis tuis...*
>
> (II, 1, 1)
>
> Car je brûlais alors dans mon adolescence de me gorger des infernales voluptés et je n'eus pas honte de m'épanouir sauvagement dans de changeantes et ténébreuses amours, et ma beauté se gâta et je ne fus plus que pourriture à vos yeux.
>
> Traduction de Pierre de Labriolle

Combien de contextes différents sont évoqués en si peu de lignes ! Le feu (*exardesco* est aussi un verbe nouveau), la nourriture (*satior*), la végétation (*silvesco*, déjà cicéronien mais non au sens moral), la corruption physique (*contabesco* et *computresco*, verbes eux aussi postclassiques).

Ou cet autre exemple, plus loin :

> *Sic aegrotabam et excruciabar accusans memet ipsum solito acerbius nimis ac volvens et versans me in vinculo meo*
>
> (VIII, 11, 25)
>
> Ainsi, l'âme malade, je me torturais m'accusant moi-même avec plus de sévérité que jamais, me retournant et me débattant dans ma chaîne.
>
> Traduction de Pierre de Labriolle

En une seule séquence nous trouvons côte à côte maladie, torture (*excrucior* est un verbe ancien de la comédie qui revient dans la fameuse épigramme 85 de Catulle sur le conflit de la haine et de l'amour) et captivité – chacune pour désigner la condition du pécheur.

Des phrases de ce genre suffisent pour montrer les progrès

de la langue dans la connaissance de la vie intérieure. L'introspection s'approfondit et les occasions de s'examiner sont incessantes. Et de cette façon toute une critique nouvelle des émotions et des états d'âme se développe ; un langage psychanalytique qui a le pouvoir d'un tribunal ; qui dicte ses lois et ses conditions à la partie du cœur qui ne s'exprime pas distinctement ; et une véritable *topographie* de l'esprit qui se développe en de vertigineuses plongées. Voici que s'impose un mot comme *abyssus*, « abîme » (II, 4, 9, vocable d'origine grecque qui aura une très grande fortune dans les langues modernes) ou *celsitudinem* (II, 6, 13, « élévation, hauteur »), ou des expressions comme « *gurgite flagitiorum* » (II, 2, 2, « le gouffre des vices ») et *Tartaro libidinis* (III, 1, 1, « l'enfer de la passion »), qui reprend un mot de la religion païenne. Et puis, c'est toute la série des métaphores renvoyant à la mémoire, sur laquelle Augustin a écrit des pages définitives. Là aussi, les représentations spatiales dominent : « *campos et lata praetoria* » (« les domaines et les vastes palais », X, 8, 12), « *aula ingenti* » (« l'ample palais » X, 8, 14), « *ingenti sinu* » (« les vastes replis », *ibid.*), *thesauro* (« coffre » puis « arche », *ibid.*), « *penetrale amplum et infinitum* » (« sanctuaire immense et infini », X, 8, 15) ; *fundum* (« fond », *ibid.*), « *interiore loco, non loco* » (« dans un lieu intérieur, qui, à vrai dire, n'est pas un lieu », X, 9, 16), « *campis et antris et cavernis innumerabilibus* » (« des plaines, des antres, des cavernes innombrables », X, 17, 26).

La mémoire, pour Augustin, est constituée avant tout par les images venues des expériences sensibles (on note que la mémoire est déjà abordée dans les traités de rhétorique, à partir de la pseudo-cicéronienne *Rhétorique à Herennius*, le travail de la mémoire étant une partie fondamentale de la formation oratoire, et c'est justement de là, de la rhétorique, qu'Augustin repart, avec toute l'originalité dont il témoigne. Personne ne sait comment se sont formées de telles images ; mais elles sont bien là, dans les replis de l'esprit, et sont à l'occasion rappelées même si les sens qui les ont produites n'agissent plus. De cette façon – voici une série d'oxymores ou de paradoxes animés d'une véritable énergie cognitive – je peux voir les couleurs même si je suis plongé dans l'obscurité ou chanter sans ouvrir la bouche ou distinguer l'odeur des lys de celle des violettes sans en respirer aucune (X, 8, 13). La mémoire, toutefois, contient aussi des notions abstraites, qui ne sont pas des images issues d'expériences sensibles, mais des choses en soi : par exemple, les connaissances grammaticales (*litteratura*, X, 9, 16 – mot qui se répandra dans les différentes langues européennes avec une autre signification et que nous trouvons déjà attesté au sens précisément de « grammaire, philologie » chez Quintilien, *Institutio oratoria*, II, 1, 4, et chez Sénèque, *Lettres à Lucilius*, 88, 20), la capacité d'argumenter, l'arithmétique et la géométrie. Dans le cas également de ces notions, Augustin recourt à une métaphore spatiale : « *miris tamquam cellis reponuntur* », « elles sont déposées comme dans de merveilleuses resserres » et de là elles sont ressorties (*proferuntur*) à l'occasion (X, 9, 16). Mais les notions abstraites ne sont pas entrées par les portes de la chair (« *januas... carnis* », X, 10, 17), ce qui signifie qu'elles se trouvaient *déjà* dans la mémoire, dispersées et cachées en des lieux très reculés ; en prendre possession, c'est donc tout à la fois les extraire et les recueillir. C'est pour cela, selon Augustin, que penser se dit *cogito*, fréquentatif du verbe *cogo*, « rassembler, réunir » (X, 11, 18).

La mémoire contient aussi le souvenir des bonheurs et des tristesses passés, sans pour autant procurer nécessairement du plaisir à celui qui se souvient quand c'est une chose belle qui lui revient à l'esprit ou de la peine quand c'est une chose mauvaise. La mémoire, en effet, est esprit ; donc, elle est détachée du corps (X, 14, 21). Et pourtant, Augustin recourt bien à une métaphore corporelle – une de ses métaphores les plus audacieuses – pour représenter une semblable distinction :

> *memoria quasi venter est animi, laetitia vero atque tristitia quasi cibus dulcis et amarus...*
>
> (*ibid.*)

> La mémoire est comme l'estomac de l'âme, et la joie ou la tristesse comme une nourriture douce ou amère...

Des innovations de cette importance ont toujours leur prix pour les innovateurs eux-mêmes. Le gain a un goût de perte. Ce qui est perdu, c'est avant tout l'«élégance», idole du classicisme: l'art de combiner musicalement le sens, les sons et la syntaxe. Un bon exemple est fourni par saint Jérôme, intransigeant défenseur du nouveau latin, mais lui aussi, comme Augustin, formé à l'école des grands auteurs du paganisme. Avec quel déchirement il déclare, dans cette lettre sur la virginité (XXII, 30), avoir tourné le dos au bel apprentissage de sa jeunesse! Plaute lui donnait beaucoup plus de plaisir que les prophètes, dont le rude langage l'horrifiait («*sermo horrebat incultus*[44]»). Augustin lui aussi déclare qu'au début la comparaison avec l'éloquence de Cicéron lui rendait pénible la lecture des textes sacrés (*Confessions*, III, 5). Le même Augustin, cependant, avec l'intention avouée de sauver ce qui peut l'être, s'applique à ne pas laisser à Cicéron le titre exclusif de maître du style et reconnaît qu'il a même trouvé chez lui – et en particulier dans son exhortation à la philosophie, l'*Hortensius* (œuvre malheureusement perdue) – l'argument décisif pour se convertir au christianisme[45]. Il s'agit d'une intelligente tentative de conciliation entre les deux cultures, qui, à peine effleurée chez Tertullien (l'*Apologeticum* prête au philosophe Solon les traits d'un prophète), fera son chemin et triomphera des siècles plus tard avec ce que l'on appelle l'humanisme de Dante, tourné tout entier vers la reconnaissance de signes avant-coureurs du message chrétien chez de grands auteurs païens, comme Virgile, Ovide, Stace ou Lucain et qui subsiste chez Pétrarque lui-même, véritable père de l'humanisme renaissant (voir *Familiare*s, II, 9). Pétrarque y rappelle justement le cas d'Augustin, en concluant en ces termes, à propos de la dette contractée par ce dernier à l'égard du païen Cicéron: «*nemo dux spernendus est qui viam salutis ostendit*», «aucun guide n'est à dédaigner, qui a montré la voie du salut»).

Dans un songe – un des plus célèbres de l'Antiquité tardive, relaté dans la lettre précitée à Eustochia (XII, 30) – Jérôme se retrouve aux pieds de Dieu dans l'attente du jugement. Les choses se présentent mal, parce que Dieu l'accuse de n'être pas chrétien mais *cicéronien* (on pourrait écrire des pages sur cette extraordinaire intuition, qui anticipe sur des théories révolutionnaires de l'âge dit moderne – que la psyché, justement, est langage). Après une bonne dose de coups, qui laissent de sérieuses marques sur sa peau, comme il le constate une fois réveillé, il se voit reconnaître une seconde *chance*: qu'il retourne à la vie mais à condition de se tenir à l'écart de cette coupable matière. Et c'est ce qu'il a dû faire.

À l'époque précisément où il compose la lettre sur la virginité, Jérôme commence à se préparer à l'entreprise majeure de sa carrière littéraire, hommage titanesque à l'autre tradition: la version latine de la Bible, connue sous le nom de Vulgate, qui lui a valu le titre de saint patron de tous les traducteurs à venir. La traduction de Jérôme n'est certes pas la première, mais elle doit être celle qui fait autorité au plus haut point, la version définitive. Et ce sera le cas. Les traductions antérieures, comme il ressort du livre II de *De doctrina christiana* de saint Augustin, fourmillent d'erreurs de nature variée. Dans une lettre adressée à Pammachius, de 395-396 (la traduction est entreprise vers 390 et s'achève autour de 405), Jérôme expose de façon polémique les critères qui régissent sa conception de la traduction, à savoir la nécessité de traduire d'après le sens et non mot à mot, les différences lexicales et syntaxiques entre les langues étant à cet égard dissuasives[46]. Eh bien, à quelle autorité recourt-il? Encore à Cicéron, qui fut pour sa part traducteur des orateurs grecs. Mention est faite également de ses chers comiques, en particulier de Térence, qui traduisait et adaptait des originaux grecs. Critères de traduction mis à part, cette lettre éclaire un nouveau principe esthétique important du latin littéraire: la *simplicitas* (mot non pas cicéronien, justement, mais qui vient de Sénèque); ou plutôt: la *sancta simplicitas*, la langue des apôtres – qui est de plus un mode d'existence comme le leur – pour que tous puissent comprendre et devenir des disciples de Jésus.

Un exemple, tiré de l'Évangile de Luc :

> *Et postquam venerunt in locum, qui vocatur Calvariae, ibi crucifixerunt eum et latrones, unum a dextris et alterum a sinistris. Iesus autem dicebat : "Pater, dimitte illis, non enim sciunt quid faciunt". Dividentes vero vestimenta eius miserunt sortes. Et stabat populus exspectans. Et deridebant illum et principes dicentes : "Alios salvos fecit ; se salvum faciat, si hic est Christus Dei electus !" Illudebant autem ei et milites accedentes, acetum offerentes illi et dicentes : "Si tu es rex Iudaeorum, salvum te fac !" Erat autem et superscriptio super illum : "Hic est rex Iudaeorum." Unus autem de his, qui pendebant, latronibus blasphemabat eum dicens : "Nonne tu es Christus ? Salvum fac temetipsum et nos !" Respondens autem alter increpabat illum dicens : "Neque tu times Deum, quod in eadem damnatione es ? Et nos quidem iuste, nam digna factis recipimus ! Hic vero nihil mali gessit." Et dicebat : "Iesu, memento mei, cum veneris in regnum tuum." Et dixit illi : "Amen dico tibi : Hodie mecum eris in paradiso." Et erat iam fere hora sexta, et tenebrae factae sunt in universa terra usque in horam nonam, et obscuratus est sol, et velum templi scissum est medium. Et clamans voce magna Iesus ait : "Pater, in manus tuas commendo spiritum meum" ; et haec dicens exspiravit. Videns autem centurio, quod factum fuerat, glorificavit Deum dicens : "Vere hic homo iustus erat !"*
>
> (23, 33-47)

Le passage relate la mort de Jésus. Passage sublime, passage tragique par excellence, point culminant du récit et sommet du mystère religieux ; et pourtant... Et pourtant, la langue ne se départ nullement de la linéarité syntaxique et de la sobriété verbale avec lesquelles les Évangiles développent tous les moments du récit (paraboles, vie de Jésus et miracles). Les diverses phases de l'événement s'enchaînent par parataxes, entrecoupées de quelques « et », la conjonction la plus élémentaire et la plus *passe-partout* de la langue latine. Les verbes ne suivent pas la syntaxe traditionnelle (aucun subjonctif dans l'interrogative introduite par *quid* et le plus-que-parfait passif a pour auxiliaire *fuerat* au lieu de *erat*). Les participes présents au nominatif, rares en prose classique (mais courants en grec), reviennent avec des tournures populaires. Le vocabulaire est sans relief, l'ordre des mots en partie déjà celui que l'on trouvera dans le latin vulgaire :

> Lorsqu'ils furent arrivés au lieu appelé le Calvaire, ils y crucifièrent Jésus et ces deux voleurs, l'un à droite et l'autre à gauche. Et Jésus disait : « Mon père, pardonnez-leur, car ils ne savent pas ce qu'ils font. » S'étant partagé ses vêtements, ils les tirèrent au sort. Cependant le peuple se tenait là et le regardait. Et les notables aussi se moquaient de lui en disant : « Il a sauvé les autres ; qu'il se sauve lui-même s'il est le Christ, l'élu de Dieu. » Les soldats même l'insultaient, s'approchant de lui, et lui présentant du vinaigre et lui disant : « Si tu es le roi des Juifs, sauve-toi toi-même. » Il y avait aussi au-dessus de lui une inscription : « Celui-ci est le roi des Juifs. » Or l'un des deux voleurs qui étaient crucifiés avec lui l'insultait en disant : « Si tu es le Christ, sauve-toi toi-même et nous avec toi ! » Mais l'autre, le reprenant, lui disait : « Ne crains-tu pas Dieu, puisque tu es condamné au même supplice ? Et nous en vérité, c'est avec justice car nos actes l'ont bien mérité ! Mais lui il n'a fait aucun mal. » Et il disait : « Jésus, souviens-toi de moi lorsque tu seras dans ton royaume. » Et Jésus lui dit : « En vérité, je te le dis, tu seras aujourd'hui avec moi dans le Paradis. » C'était déjà presque la sixième heure [midi environ] et les ténèbres recouvrirent la terre jusqu'à la neuvième heure [trois heures de l'après-midi], et le soleil fut obscurci, et le voile du temple se déchira en son milieu. Et Jésus, jetant un grand cri, dit : « Mon Père, je remets mon âme entre tes mains » ; et en prononçant ces paroles il expira. Alors le centurion, ayant vu ce qui s'était passé, glorifia Dieu en disant « Certainement, c'était un homme juste ».
>
> Traduction de Lemaître de Sacy, revue

Dans le *De doctrina christiana*, un traité d'importance fondamentale sur la linguistique chrétienne, Augustin affirme qu'une langue fruste et même incorrecte est de beaucoup préférable à une élocution élégante mais difficile à comprendre.

Le latin chrétien se développe et se définit, en effet, substantiellement, comme un outil d'enseignement. Il sert à expliquer les vérités complexes du discours sacré, à juger du bien et du mal et à convaincre. Il n'utilisera pas une succession musicale de syllabes pour conclure le discours, pratique cicéronienne typique – une chose qui tout de même trouble quelque peu le même Augustin – mais il sait montrer les choses avec clarté (*evidentia*) et varier les arguments comme le ton (*varietas*) dès que l'auditeur aura compris la démonstration d'un certain point.

Il faut remarquer qu'Augustin fonde sa réforme du langage également sur l'exemple de Cicéron; qu'il fait profession d'anti-cicéronianisme tout en étant cicéronien. L'*evidentia* et la *varietas* sont, en effet, des composantes fondamentales du latin des orateurs païens eux aussi, traits qui reviendront dans l'esthétique et les discours sur la langue de la Renaissance[47]. Ce qui fait comprendre une fois de plus combien l'apport de cet auteur est fondamental pour le développement de toute la culture linguistique occidentale. Les trois styles eux-mêmes dont Augustin se fait le théoricien – bas, moyen, élevé – proviennent, comme il le reconnaît, de Cicéron (*Orator*, 21, 69 sq.). Le premier sert à expliquer, le second à juger et le troisième à persuader. Mais – voici par rapport à Cicéron une importante innovation, qui vivra longtemps dans notre histoire culturelle, déterminant le développement des langues vulgaires elles-mêmes – chaque style possède quelque chose des deux autres, et chemine à travers leurs ombres, se définissant et se renforçant par opposition[48]. De toute façon, en tous, même dans le plus élevé des trois, c'est la clarté qui domine; et aucun, pas même le plus bas, ne traite de choses qui ne soient de la plus grande importance, le but ultime de quelque discours que ce soit étant la vérité divine. L'élévation du style, de fait, ne réside plus dans l'abondance des images métaphoriques ou dans la difficulté du lexique ou de la syntaxe, mais dans la ferveur du discours: elle est, plus qu'autre chose, une attitude intérieure, une chaleur de l'esprit («*pectoris ardorem*», *De doctrina christiana*, IV, 20, 42), qui devient la plus grande quand on parle pour convertir.

20. LE DEVOIR DE S'AMÉLIORER (JUVÉNAL)

« Désormais le latin est passé de mode : ainsi, à dire vrai, Onéguine en savait assez pour déchiffrer une inscription, pour disserter sur Juvénal. »

ALEXANDRE POUCHKINE [49]

L'une des inventions les plus caractéristiques de la langue latine est la « critique sociale ». Je désigne ainsi ce genre entièrement romain (et fièrement romain) que les histoires littéraires depuis l'Antiquité appellent « satire » (*satura*). Elle exige un lexique coloré, une syntaxe vive et ramassée, une rhétorique entraînante, parce que son objectif est d'observer, de fustiger, de dénoncer, de ridiculiser, d'insulter, d'exagérer. Assurément, il y a satire et satire. Celle d'Horace (65-8 av. J.-C.) n'est guère mordante ; elle est plus souriante que cancanière, et relève plus des scènes de genre que de la charge expressionniste et caricaturale. En tout cas, la satire d'Horace elle aussi naît d'une désaffection marquée pour l'actualité et d'un hautain mépris pour les contemporains. En fait, toute la littérature latine, dominée comme elle l'est par la nostalgie d'un passé où tout était mieux, possède une dimension satirique, indépendamment de la spécificité des divers genres. Plaute est satirique quand il tourne en dérision la naïveté des pères. Cicéron est satirique quand il expose les défauts de

Catilina ou de Verrès ; Catulle l'est également quand, dans ses épigrammes, il s'en prend aux vices et aux manies de certains individus ; de même Pétrone quand il braque le projecteur sur la débauche et la gloutonnerie sordide de la société méridionale. L'histoire aussi, dans une certaine mesure, est satirique puisqu'elle exalte le passé et vilipende le présent : qu'il suffise de considérer Salluste ou, davantage encore, Tacite. Même la rêverie bucolique fait preuve d'un penchant à la satire, se situant entre la nostalgie d'origines immaculées et le rêve d'une renaissance dorée.

Mais je veux m'arrêter ici plus particulièrement sur les aspects linguistiques du genre satirique, dont Juvénal (50/65-140 env. ap. J.-C.), un écrivain, à vrai dire, plutôt obscur, procure une illustration particulièrement brillante. Ses données biographiques ne sont pas non plus très précises. Nous savons simplement qu'il vit se succéder divers empereurs, de Néron à Hadrien, et que, comme ses vers le montrent, il fut le témoin d'une corruption étendue, irrémédiable et multicolore. Dans les seize compositions qui nous sont parvenues il n'y a aucun aspect de la réalité sociale qui ne soit passé à la loupe et condamné avec la plus vive indignation. La déchéance naturelle également, comme la vieillesse, est objet de dédain et se prête à une féroce caricature (*Satire* X, 190-209). Tout va mal, tout va de mal en pis, « *difficile est saturam non scribere* », I, 30 (« Il est difficile de ne pas écrire de satire »). Et l'on ne pourra pas aller au-delà de ces turpitudes.

> *Nil erit ulterius quod nostris moribus addat*
> *posteritas, eadem facient cupientque minores,*
> *omne in praecipiti vitium stetit. Utere velis,*
> *totos pande sinus. Dices hic forsitan "unde*
> *ingenium par materiae ? Unde illa priorum*
> *scribendi quodcumque animo flagrante liberet*
> *simplicitas ?* [...] ".
>
> (I, 147-153)

> Non, les générations futures n'ajouteront rien à nos dépravations ! Nos descendants ne feront, ne rêveront rien de plus que nous. Tout vice est à son comble. Déployons nos voiles ! Qu'elles se gonflent toutes au vent ! Mais, m'objecterez-vous peut-être, où trouver un génie égal à un pareil sujet ? Où cette franchise qui faisait écrire à nos prédécesseurs ce que leur suggéraient les ardeurs de leur âme ?
>
> Traduction de Pierre de Labriolle
> et François Villeneuve
>

Une variante en vers montrera l'écho durable de cette œuvre :

> Que la postérité nous imite, courage !
> Mais qu'ajouterait-elle aux vices de notre âge ?
> L'infamie est au comble. Eh bien donc, en avant !
> — Hé quoi, me direz-vous, poète à l'âme altière
> As-tu donc un génie égal à ta matière ?
> Comme nos devanciers as-tu ce feu divin,
> La franchise qui fait tout dire à l'écrivain ?
>
> Traduction de Jules Lacroix, 1848

Il faut ici relever les interrogatives directes, l'une des figures syntaxiques les plus typiques dans lesquelles s'exprime l'esprit de la satire. Et l'on note aussi le mot *simplicitas*, placé en début de vers et habilement préparé par le démonstratif *illa*, deux vers plus haut : nous venons de le rencontrer comme principe du latin selon les chrétiens (et selon Sénèque) ; et, en fin de compte, chez Juvénal, il n'a pas une valeur très différente ; lui aussi, comme les apôtres du Christ, se propose de trouver une langue véridique pour instruire son prochain.

Un autre trait du latin de Juvénal est l'hyperbole fantastique, construite par associations d'images précises :

Egregium sanctumque virum si cerno, bimembri
hoc monstrum puero et mirandis sub aratro
piscibus inventis et fetae comparo mulae,
sollicitus, tamquam lapides effuderit imber
examenque apium longa consederit uva
culmine delubri, tamquam in mare fluxerit amnis
gurgitibus miris et lactis vertice torrens.

(XIII, 64-70)

Si je vois un homme d'élite, un homme d'honneur, c'est pour moi un phénomène tel qu'un enfant à deux corps, des poissons trouvés sous la charrue stupéfaite, une mule qui a mis bas ; je reste interdit comme s'il était tombé une pluie de pierres et qu'un essaim d'abeilles se fût posé en longue grappe au faîte d'un temple, comme si un fleuve avait roulé dans la mer, en merveilleux tourbillons, des torrents de lait.

Traduction de Pierre de Labriolle
et François Villeneuve

L'écriture se peuple d'exemples négatifs, et elle attire fragment par fragment une histoire séculaire. Des centaines de personnages, proches et lointains dans le temps, sont réduits à de simples noms et ceux-ci à des symboles de vices et de perversions. Le propos, cependant, ne demeure pas abstrait, ne se fige pas en une galerie de types, mais compose une marqueterie de détails concrets, de situations ordinaires, qui nous font efficacement pénétrer dans la réalité quotidienne de ces décennies. Et toutes ces silhouettes nous les voyons se mouvoir au milieu d'outils et d'ustensiles, de nourritures et de vin, d'édifices et de rituels, et commettre toutes sortes de turpitudes ; s'enivrer, s'inonder d'urine, vomir, s'accoupler jusqu'à l'épuisement (même avec des proches et avec leurs propres parents), prendre de grands airs, se démener, débiter des niaiseries, dépenser à tort et à travers, se maquiller, s'entraîner à la palestre, mentir à soi comme aux autres, falsifier des testaments et des documents publics, même s'adonner au cannibalisme. L'unité élémentaire de l'énonciation (la phrase ou le vers) fait office de véritable kaléidoscope, de mécanisme qui recompose sans interruption, en les colorant d'une lumière toujours différente, les fragments innombrables et disjoints du monde observé. Il y a quelque chose de dantesque, d'infernal à entasser dans le vers tant de renvois tourbillonnants au concret, d'allusions parfois opaques, de circonstances « objectives », petites et infimes (Dante, justement, connaît Juvénal et le cite en plusieurs endroits), au point que l'esprit du lecteur a du mal à le suivre. Quand Juvénal écrit, le latin se remplit de réalités matérielles, prêtes à déterminer l'esprit et la pensée :

> *quidquid agunt homines, votum, timor, ira, voluptas,*
> *gaudia, discursus, nostri farrago libelli est.*
>
> (I, 85-86)

> Tout ce qui agite les hommes, vœux, crainte, colère, volupté, joie, intrigues, tout vient composer la macédoine de mon livre.

Ces deux vers illustrent bien la tendance à l'accumulation qui caractérise le latin de la satire. *Farrago*, c'est proprement un mélange destiné à l'alimentation des bestiaux (Varron, Virgile). Ici, *farrago* a déjà une valeur métaphorique, d'où la traduction adoptée (« macédoine »). Il contient déjà l'idée d'assemblage éclectique, qui prévaut, avec une connotation tout à fait négative, dans l'italien *farragine* (fatras). Fort expressif et vigoureux, plus encore après une liste de mots abstraits, y compris *discursus* (traduit par « intrigues ») qui contient la racine de *curro* ; c'est l'action de courir çà et là, sans destination précise. Incidemment, c'est un peu ce que fait elle-même l'écriture de Juvénal. (Il est singulier qu'il aboutisse en italien à *discorso* qui désigne un processus ordonné et cohérent en vue d'un but donné.)

Juvénal, par ailleurs, est habile à varier les vitesses et, s'il préfère courir, de temps en temps il ralentit, et alors il s'attarde sur une scène ou une silhouette et, en s'attardant, il grossit et déforme. On pense aux figures situées aux premiers plans de la satire VI, tout entière contre les femmes : celle qui, pour suivre son amant en Égypte, oublie qu'elle a la nausée et affronte d'épuisants voyages par mer, celle qui force ses invités à jeûner pour prolonger une orgie et puis engloutit des fleuves de vin sous les yeux horrifiés de son mari, celle qui parle grec à contretemps ou celle qui pose à l'experte en matière de poésie.

Il y a les splendides *ralentis* qui décrivent et définissent un état d'âme, par exemple le sentiment de culpabilité du criminel (XIII, 211-244) – un bref essai de psychanalyse avec un goût de Dostoïevski ou tout aussi bien de Freud – ou la solidarité et la compassion pour la souffrance d'autrui (XV, 131-158). Le latin déploie ici au mieux son génie ; en se plongeant dans l'introspection, il représente des circonstances pratiques, des réactions physiques, des expériences vécues : le criminel, plein d'*anxietas* (mot et notion déjà cicéroniens), se retourne dans son lit, éprouve du dégoût pour la nourriture, même pour le bon vin, est assailli de cauchemars, prend pour des signes de sa condamnation des phénomènes atmosphériques normaux comme les éclairs et les vents, retombe dans les erreurs que même son esprit angoissé avait appris à condamner, en sachant finalement distinguer le bien du mal. Et qui prend sa part des souffrances du prochain pleure, parce que la nature a fait au genre humain le don des larmes.

Mais si l'homme est capable d'émotion, s'il a une âme qui le distingue des bêtes et lui permet d'organiser la vie en société, de cultiver la solidarité (XV, 147-158), d'où vient que la décadence présente soit si grande ?

C'est l'argent le grand coupable. Il domine tous les rapports. Le sexe et la gueule arrivent derrière lui. Ainsi, les valeurs de l'esprit se perdent, l'amour du sacré s'évanouit ; toute dignité humaine est anéantie. C'était mieux quand on vivait de peu, quand le Carthaginois Hannibal était aux portes de la cité :

Nunc patimur longae pacis mala, saevior armis
luxuria incubuit victumque ulciscitur orbem.
Nullum crimen abest facinusque libidinis ex quo
paupertas Romana perit.

(VI, 292-295)

Nous souffrons aujourd'hui des maux d'une longue paix. Plus funeste que les armes, la luxure s'est ruée sur nous et venge l'univers asservi. Tous les crimes s'étalent, tous les forfaits de la débauche, depuis qu'a péri la pauvreté romaine.

Traduction de Pierre de Labriolle
et François Villeneuve

Cette analyse est peut-être sommaire, mais on y découvre un louable effort d'interprétation. Juvénal, en effet, n'est pas un moraliste conventionnel et rabâcheur, comme une lecture hâtive des satires pourrait le suggérer, mais plutôt un individu qui examine le développement de la société d'un œil critique et qui n'est pas dépourvu d'une conscience philosophique personnelle de la vie en société. *Paupertas* – d'où viennent l'italien *povertà* et le français « pauvreté » – c'est proprement la pénurie de moyens (*pau-* se retrouve dans l'adjectif *paucus*, « peu »), le manque d'argent ; non pas l'indigence. Ce mot est lui aussi essentiel, comme *simplicitas*. À point nommé, à un certain moment s'impose justement comme modèle Diogène, le philosophe pauvre par excellence, qui vivait dans un tonneau, éveillant l'admiration du grand maître du monde, Alexandre le Grand (XIV, 308-314). Ne sont oubliés ni Épicure, heureux de son petit jardin, ni Socrate, satisfait de sa maisonnette (XIV, 319-321). Et l'on célèbre le régime rudimentaire et frugal des anciens dont la satisfaction n'exigeait pas une grosse dépense, parce que tout provenait du jardin ou des champs avoisinant la maison : chevreau, asperges, œufs et poules, raisin, pommes, légumes, un peu de lard et, éventuellement, un peu de viande, prélevée sur la victime d'un sacrifice (XI, 64-85).

Donc, quelle est la juste quantité de biens à posséder, qu'est-ce qui en détermine la limite (*mensura*, «mesure», XIV, 316, mot cher à Juvénal)? La faim, la soif et le froid. Les vrais biens, en fait, sont intérieurs; au plus haut point, la noblesse de l'âme, au regard de laquelle il n'y a pas de titre héréditaire qui tienne. «*Stemmata quid faciunt?*» (VIII, 1), «Que valent les arbres généalogiques?» (*stemma*, mot grec qui veut dire «guirlande»; *stemma*, donc, c'est la guirlande dont on orne la statue d'un ancêtre, ou encore la guirlande qui reliait entre eux les noms des ancêtres (Sénèque, *De beneficiis*, Sur les bienfaits, III, 28, 2). Tu peux avoir dans l'atrium de ta maison tous les bustes enduits de cire que tu veux: «*nobilitas sola est atque unica virtus*» (VIII, 20), «la seule et unique noblesse c'est la vertu». Au premier rang se trouvent les biens (qualités) de l'âme, *animi bona* (VIII, 24), magnifique métaphore que l'on ne serait pas surpris de trouver chez un chrétien. Les convergences avec le christianisme ne sont nullement négligeables. Juvénal, bien que païen, s'exprime en véritable réformateur moral, allant jusqu'à la défense du martyre:

Esto bonus miles, tutor bonus, arbiter idem
integer; ambiguae si quando citabere testis
incertaeque rei, Phalaris licet imperet ut sis
falsus et admoto dictet periuria tauro,
summum crede nefas animam praeferre pudori
et propter vitam vivendi perdere causas.

(VIII, 79-84)

Sois bon soldat, bon tuteur; sois arbitre incorruptible; si jamais on t'appelle en témoignage dans un cas incertain et douteux, quand même Phalaris t'ordonnerait de mentir et ferait avancer son taureau pour te dicter le parjure, regarde comme l'infamie suprême de préférer l'existence à l'honneur et de perdre pour sauver ta vie ce qui est ta raison de vivre.

Traduction de Pierre de Labriolle
et François Villeneuve

Un nouvel exemple de transposition en vers illustrera la vivante tradition de l'esprit juvénalien en France :

> Sois fidèle tuteur, sois soldat intrépide
> Juge, à tous tes arrêts que l'équité préside ;
> Et s'il faut témoigner sur un fait incertain,
> Quand lui-même à tes yeux de son taureau d'airain,
> Phalaris, préparant l'effroyable torture ;
> Viendrait le glaive en mains te dicter un parjure,
> Songe que préférer l'existence à l'honneur
> Et renoncer pour vivre aux motifs de la vie,
> C'est le comble du crime et de l'ignominie.
>
> Traduction de V. Raoul, 1812

Rappelons que Phalaris était un tyran d'Agrigente (570-554 av. J.-C.). Il tuait ses opposants en les enfermant dans un taureau de bronze chauffé au rouge (les hurlements faisaient office de mugissements). Son nom était devenu dans l'Antiquité synonyme de cruauté poussée au paroxysme. Pour caractériser ce penchant monstrueux Cicéron parlait de *phalarismos* (Lettre à Atticus, 7,2). Donc : sois bien heureux de mourir pour la vérité, accepte de bon gré les fers des bourreaux.

Une telle fermeté, d'autre part, s'appuie sur des bases solidement religieuses, que la médisance et la déformation railleuse tendent à obscurcir. La langue de la satire, donc, quand c'est l'idéal qui l'emporte, prend encore une autre allure, celle du conseil de sagesse. L'agitation retombe, la scène se vide et finalement on peut entendre le murmure de la conscience apaisée. Qu'on lise la fin de la satire X, un petit chef-d'œuvre, ou, si l'on veut, une synthèse de plusieurs siècles de sagesse morale, dans laquelle clarté de la langue, croyance au divin et rationalisme se fondent harmonieusement (nous trouvons ici également au vers 356 – dans son contexte originel, où elle a une tout autre signification que celle répandue hors contexte – une des maximes latines les plus célèbres) :

Nil ergo optabunt homines? Si consilium vis,
permittes ipsis expendere numinibus quid
conveniat nobis rebusque sit utile nostris;
nam pro iucundis aptissima quaeque dabunt di.
Carior est illis homo quam sibi. Nos animorum
impulsu et caeca magnaque cupidine ducti
coniugium petimus partumque uxoris, at illis
notum qui pueri qualisque futura sit uxor.
Ut tamen et poscas aliquid voveasque sacellis
exta et candiduli divina tomacula porci,
orandum est ut sit mens sana in corpore sano.
Fortem posce animum mortis terrore carentem,
qui spatium vitae extremum inter munera ponat
naturae, qui ferre queat quoscumque labores,
nesciat irasci, cupiat nihil et potiores
Herculis aerumnas credat saevosque labores
et venere et cenis et pluma Sardanapalli.
Monstro quod ipse tibi possis dare; semita certe
tranquillae per virtutem patet unica vitae.
Nullum numen habes, si sit prudentia: nos te,
nos facimus, Fortuna, deam caeloque locamus.

(X, 346-366)

Alors quoi? Ne former jamais de vœux? – Voulez-vous un conseil? Eh bien, laissez aux dieux le soin d'apprécier ce qui nous convient, ce qui doit servir nos intérêts. Au lieu de ce qui plaît seulement, les dieux nous donneront ce qui nous est vraiment utile. L'homme leur est encore plus cher qu'il ne l'est à soi-même. Emportés par l'élan de nos cœurs, par l'aveuglement de nos ardents désirs, nous souhaitons une épouse, des enfants. Eux, ils savent ce que seront ces enfants, ce que sera cette épouse. Si pourtant vous tenez à demander quelque chose, à offrir dans les temples les entrailles et les saucisses sacrées d'un blanc cochon de lait, que vos prières sollicitent un esprit sain dans un corps sain. Demandez une âme forte, exempte des terreurs de la mort et qui place parmi les bienfaits de la nature l'étape suprême de la vie; une âme capable de supporter n'importe quels labeurs, inaccessible à la colère, aux vains désirs et qui préfère les travaux, les épreuves d'Hercule aux amours, aux festins, au duvet moelleux de Sardanapale. Je vous montre là des biens que vous pouvez vous procurer vous-mêmes : c'est par la vertu que passe l'unique sentier d'une vie tranquille. Si nous sommes sages, ô Fortune, ton pouvoir n'existe plus. C'est nous, oui, nous, qui te faisons déesse et qui te plaçons au ciel.

Traduction de Pierre de Labriolle
et François Villeneuve

Dans ce magnifique passage apparaît un mélange de doctrines, du platonisme au stoïcisme et à l'épicurisme. On remarquera parmi tant de philosophie le détail discordant des saucisses, *tomacula*, désignées avec un mot d'origine grecque (*tomé* veut dire « coupure », « tronc » ; on rattache aussi *tomacula* au grec *témachos*, « cervelas »), et la mignardise railleuse du diminutif *candiduli*, quelque chose comme « blanchet » (la dépréciation des rites, nous l'avons déjà rencontrée chez Lucrèce, dont l'esprit flotte encore sur les vers consacrés à la peur de la mort). Il y a de l'ironie mais aussi une combinaison de sens pratique et de réflexion théorique, comme quand nous lisons qu'il faut observer une juste mesure dans chaque geste, grand ou petit, y compris l'achat d'un poisson (XI, 35-36). Sardanapale est un antique roi assyrien, symbole d'une existence décadente et relâchée. Hercule, en revanche, est depuis toujours une allégorie du sacrifice de soi et de l'altitude spirituelle (il fait figure d'emblème dans la tradition stoïcienne et dans le christianisme il sera repris, précisément, comme symbole de Jésus). Les derniers vers, en particulier, contiennent le noyau d'une éthique qui non seulement possède déjà une haute tradition à l'époque où écrit Juvénal, mais aura une longue fortune en Occident, en triomphant à la Renaissance : la capacité de l'emporter sur l'adversité, *fortuna*, au moyen de la sagesse, *prudentia*, qui, étymologiquement (issue de *providentia*), consiste à pré-voir. *Prudenza* (« prudence ») conserve également dans l'italien des premiers siècles le sens précisément de « sagesse », tout comme en français médiéval «prudence» veut dire «sagesse» (la «prodomie» ou «preudomie» est la qualité de l'homme sage). Le mot apparaît, par exemple, avec cette signification chez Machiavel, qui en fait une composante fondamentale de la *virtù*, son concept cardinal.

Cette altière attitude servie par l'éclat du verbe explique aisément la place de Juvénal dans la littérature française et le culte que lui voue le plus grand de ses poètes qui s'est voulu son disciple dans *Les Châtiments*:

> Retournons à l'école, ô mon vieux Juvénal
> Homme d'ivoire et d'or, descends du tribunal
> Où depuis deux mille ans tes vers superbes tonnent.

«Qu'est-ce que Régnier, qu'est-ce que d'Aubigné, Qu'est-ce que Corneille? Des étincelles de Juvénal», dit encore Victor Hugo.

Mais laissons le dernier mot au législateur du Parnasse.

> Juvénal élevé dans les cris de l'école
> Poussa jusqu'à l'excès de mordantes paroles
> Ses ouvrages tout pleins d'affreuses vérités
> Étincellent pourtant de sublimes beautés.

(Boileau, *Art poétique*)

21. LA SOLITUDE D'AMOUR (PROPERCE)

Ce qui fait en grande partie la beauté du latin, c'est qu'il s'agit d'une langue de l'éros, l'une des composantes fondamentales de la vie humaine et de la culture universelle : un système de métaphores, d'images, de termes qui définissent et ordonnent l'expérience amoureuse dans toutes ses gradations, physiques et psychologiques mais aussi, plus largement, culturelles, relativement à d'autres domaines et champs linguistiques comme la politique et la guerre. Il existe tout un genre amoureux, l'élégie, qui a, évidemment, des origines grecques, comme tous les genres les plus importants de la littérature latine, et qui prépare ou anticipe la grande poésie lyrique amoureuse de la tradition en langue vulgaire. Les représentants les plus remarquables, parmi ceux dont l'œuvre subsiste, en sont Tibulle, Properce et Ovide, tous actifs sous le règne d'Auguste. Mais il faudrait aussi mentionner au moins Cornelius Gallus, un ami de Virgile, dont pourtant il ne reste presque rien. Virgile le cite dans la dixième bucolique, et en effet entre bucolique et élégie amoureuse il y a un lien très fort, comme le prouve l'élégie I de Tibulle, l'une des pièces les plus précieuses de la poésie latine et qui mêle harmonieusement les deux genres. L'élégie, non contente d'exprimer et d'étudier ce sentiment, propose même une casuistique amoureuse et fait de l'amour une véritable discipline. Tel est le cas d'Ovide.

Mais il est également question d'amour dans la comédie,

l'épopée de Virgile, dans ses *Bucoliques*, que nous venons de mentionner, et aussi même dans ses *Géorgiques*, qui s'achèvent sur l'une des histoires d'amour les plus inoubliables du monde antique (celle d'Orphée et d'Eurydice), dans la poésie de Catulle et d'Horace (qui se distinguaient du genre de l'élégie amoureuse par une métrique particulière), dans les *Métamorphoses* d'Ovide, le roman d'Apulée etc. Un vocabulaire de l'amour apparaît même dans le poème philosophique de Lucrèce, à commencer par les premiers vers, qui décrivent Vénus et Mars après l'étreinte. L'amour, en somme, est partout. Il est joie sensuelle et passion, attente, déroute de la raison. L'amour, quand il en est question en latin, conduit presque inévitablement à la souffrance. Catulle en fait l'idéal suprême, une forme d'échange ayant sa consécration dans le mariage (d'où ses poèmes de noces), mais il en montre aussi les aspects destructeurs, la face la plus trompeuse et la plus médiocre, l'infidélité, en premier lieu. Le Mars de Lucrèce, même s'il se repose des fatigues de la guerre dans les bras de Vénus, y est lui aussi blessé, parce que l'amour est justement *vulnus*, «blessure». Lucrèce encore, au livre IV du *De rerum natura* (1037-1287), fournit une description crûment réaliste du rapport amoureux. Qui sont les amants? Deux êtres qui ne deviendront jamais une seule et même chose, qui dans le rapport sexuel tentent vainement de parvenir à la complétude, en s'efforçant d'entrer l'un dans l'autre avec violence. La frustration l'emporte en toute hypothèse:

> [...] *etenim potiundi tempore in ipso*
> *fluctuat incertis erroribus ardor amantum*
> *nec constat quid primum oculis manibusque fruantur.*
> *Quod petiere, premunt arte faciuntque dolorem*
> *corporis et dentes inlidunt saepe labellis*
> *osculaque adfigunt, quia non est pura voluptas*
> *et stimuli subsunt, qui instigant laedere id ipsum,*
> *quod cumque est, rabies unde illaec germina surgunt.*
>
> (IV, 1076-1083)

> [...] au moment même de la possession, l'ardeur des amoureux erre et flotte incertaine : jouiront-ils d'abord par les yeux, par les mains ? Ils ne savent se fixer. L'objet de leur désir, ils le pressent étroitement, ils le font souffrir, ils impriment leurs dents sur ses lèvres mignonnes, qu'ils meurtrissent de baisers : c'est que chez eux le plaisir n'est pas pur ; des aiguillons secrets les pressent de blesser l'objet, quel soit-il, qui fait lever en eux ces germes de fureur.
>
> Traduction d'Alfred Ernout
>

L'amour-blessure est recherche du plaisir (*voluptas*), rien d'autre. D'abord, une goutte de douceur dans le cœur, et puis l'angoisse qui se fige. Et pourtant l'amour, spécialement pour l'homme, est inéluctable, parce que c'est une condition physiologique, un instinct d'éjaculation, qui, s'il est ignoré, exacerbe la douleur, envenime la plaie.

Puis ce sont mille fantasmes, mille projections mentales (*simulacra*), qui torturent comme des spectres et n'apportent jamais la sérénité ni la sécurité et qui raniment d'une continuelle illusion le feu de la passion. La personne désirée, en effet, ne pourra jamais assumer la fonction d'un aliment, mais seulement d'une image abstraite, et donc le contraire de ce à quoi pousse le désir. Des siècles et des siècles avant Pétrarque ou Proust, le latin, par l'entremise de Lucrèce, a su représenter la dimension imaginaire du désespoir amoureux :

ex hominis vero facie pulchroque colore
nil datur in corpus praeter simulacra fruendum
tenuia ; quae vento spes raptast saepe misella.
Ut bibere in somnis sitiens quom quaerit et umor
non datur, ardorem qui membris stinguere possit,
sed laticum simulacra petit frustraque laborat
in medioque sitit torrenti flumine potans,
sic in amore Venus simulacris ludit amantis,
nec satiare queunt spectando corpora coram
nec manibus quicquam teneris abradere membris
possunt errantes incerti corpore toto.

(IV, 1094-1104)

> Mais d'un beau visage et d'un bel incarnat rien ne pénètre en nous dont nous puissions jouir, sinon des simulacres, d'impalpables simulacres, espoir misérable que bientôt emporte le vent. Semblables à l'homme qui, dans un rêve, veut apaiser sa soif, et ne trouve pas d'eau pour éteindre l'ardeur qui le consume : il s'élance vers des simulacres des sources, il s'épuise en vains efforts, et demeure assoiffé au milieu du torrent où il s'efforce de boire ; ainsi les amoureux sont dans l'amour le jouet des simulacres de Vénus. Ceux-ci ne peuvent les rassasier par la vue de l'être aimé ; leurs mains ne sauraient détacher une parcelle de ces membres délicats sur lesquels ils laissent errer leurs mains incertaines.
>
> Traduction d'Alfred Ernout
> © *Les Belles Lettres CUF*

Quel texte ! Quelle amertume, quelle ironie triste devant ce constat des limites imposées aux sens ! On regarde et l'on ne voit pas, on touche et l'on ne saisit pas. Et quel coup porté à l'espoir, qualifié par un diminutif rare (*misella*, diminutif de *miser*, « misérable »), quelle force poétique dans la formulation ! Nous entendons le vent qui l'arrache. Et le retour de l'idée d'*error* (action d'errer çà et là) que nous avons vue dans la citation précédente : cette exploration fébrile du corps d'un autre sans but, qui n'est pas simplement une vaine recherche mais un égarement sur de fausses pistes. Parce que, assurément, pour Lucrèce, le véritable plaisir réside dans la pensée, dans le raisonnement, non certes dans une illusion, comme la soif de possession physique.

Arrêtons-nous sur Properce (env. 50-16 av. J.-C.), le meilleur poète élégiaque augustéen, le plus profond, celui qui dans la forme la plus élégante et la plus passionnée, sans afféteries ni clinquant rhétorique (je pense à Ovide), illustre le langage de l'amour. Comme Catulle a sa Lesbia, Properce a sa Cinthia (et Dante aura sa Béatrice, Pétrarque, Laure, et Ronsard, Hélène). Properce décrit les douceurs de l'amour mais ne manque pas non plus d'en représenter les tourments physiques et moraux. L'amour est *furor*, « folie » ; *morbus*,

« maladie » ; *servitium*, « servitude » ; *militia*, « guerre » ; *toxicum*, « poison ». Il vous prive de la parole, de vos belles couleurs, de vos forces physiques. On ne sait pas non plus d'où le mal a commencé. Il n'y a pas de médecin pour le traiter.

omnis humanos sanat medicina dolores :
solus amor morbi non amat artificem.
(Élégies, II, 1, 57-58)

la médecine soigne toutes les maladies humaines :
l'amour seul n'aime pas celui qui traite son mal.

La promenade de l'amant malheureux est une cérémonie funèbre (II, 4). La cause, assurément, en est la femme : belle, changeante, infidèle. Un jour elle veut de toi, un autre, elle t'abandonne et part avec on ne sait qui, et tout change à l'improviste. Properce, même sans avoir la vision philosophique de Lucrèce, place les bouleversements de la vie amoureuse dans la perspective du devenir historique le plus large :

omnia vertuntur : certe vertuntur amores :
vinceris aut vincis, haec in amore rota est
(II, 8, 7-8)

tout change : l'amour assurément aussi
on est vaincu, on est vainqueur, ainsi tourne la roue dans l'amour.

D'autre part, l'amour et le discours sur l'amour représentent un nouveau point de départ pour les poètes qui assistent à la fin de la liberté républicaine. L'élégie amoureuse est le tableau d'un crépuscule. Elle naît, en effet, de l'effritement de la grande éloquence, c'est un refuge mais aussi un rejet polémique d'engagements plus élevés, d'entreprises littéraires qui sachent coïncider avec la politique – politique *militaire* – et avec le projet impérial :

Pacis Amor deus est, pacem veneramur amantes :
stant mihi cum domina proelia dura mea.
(III, 5, 1-2)

l'Amour est un dieu de paix, et nous, les amants, nous aimons la paix.
c'est avec ma maîtresse que je dois affronter de durs combats.

Virgile, qui semble représenter le porte-voix par excellence du projet impérial, en vint malgré lui à la poésie épique, ayant, dans les *Bucoliques*, plusieurs fois réfléchi au contraste entre poésie mineure et poésie majeure et proclamé sa préférence pour la première. Ovide tenta de s'acheminer vers un poème qui fût une somme avec les *Métamorphoses*, mais finit par édifier un monument non à la stabilité et à l'ordre augustéens mais à l'état de crise qui n'a pas de fin. Dans les élégies de Properce le rejet d'un type de poésie grandiloquente – en dépit des pressions environnantes – s'exprime en toute conscience, ou plutôt avec une intention manifestement hostile à la politique, opposant à l'idéologie virgilienne de l'épopée dynastique une autre idéologie de caractère privé :

nec mea conveniunt duro praecordia versu
Caesaris in Phrygios condere nomen avos.
Navita de ventis, de tauris narrat arator,
enumerat miles vulnera, pastor ovis ;
nos contra angusto versamus proelia lecto ;
qua pote quisque, in ea conterat arte diem.
(II, 1, 41-46)

les vers mâles ne conviennent pas à mes forces et je ne ferais pas à César sa place parmi ses aïeux phrygiens. Le pilote parle des vents, le laboureur de ses taureaux, le soldat compte ses blessures, le pâtre ses brebis ; moi je livre combats après combats sur une couche étroite : que chacun passe donc ses jours dans la carrière où il excelle.

Traduction de D. Paganelli

L'opposition à Virgile – d'emblée, immense surmoi littéraire destiné à croître pendant des millénaires – éclate dans la dernière élégie du deuxième livre :

Me iuvet hesternis positum languere corollis,
quem tetigit iactu certus ad ossa deus ;
Actia Vergilio custodis litora Phoebi,
Caesaris et fortis dicere posse ratis,
qui nunc Aeneae Troiani suscitat arma
iactaque Lavinis moenia litoribus.
Cedite Romani scriptores, cedite Grai !
nescio quid maius nascitur Iliade.

(II, 34, 59-66)

J'aime à reposer languissamment couronné des fleurs de la veille, moi que le dieu a touché au cœur d'un trait sûr. À Virgile de célébrer Actium et les rivages que garde Phébus, de célébrer les vaillantes flottes de César, Virgile qui aujourd'hui fait revivre les exploits du Troyen Énée et relève les murs qu'il bâtit aux rivages de Lavinium. Cédez le pas, écrivains romains, et vous, Grecs, cédez le pas ; je ne sais quoi va naître de plus grand que l'Iliade.

Traduction de D. Paganelli

Un peu plus bas Properce indique exactement – une sorte de contre-tradition – le canon qu'il entend suivre : Varron de l'Aude, Catulle, Calvus, Gallus, des poètes qui n'ont pas chanté que l'amour mais qui sont ici rappelés pour leurs poèmes d'amour. Et naturellement s'impose un renvoi à son célèbre prédécesseur grec, l'Alexandrin Callimaque, qui fait école à Rome dès le temps d'Ennius. Au livre III, au début de la première élégie, il l'invoque avec Philétas, dont Callimaque fut le disciple (de Philétas, poète et philologue homérisant, il ne nous reste que des fragments). Il y renouvelle sa profession de foi en faveur d'une forme de poésie brève et raffinée : « *non datur ad Musas currere lata via* », « le chemin offert pour aller jusqu'aux Muses est étroit» (III, 1, 14). Le topos de l'étroitesse revient dans la neuvième élégie du troisième livre, où le poète dit qu'il préfère à la haute mer un petit fleuve («*sub exiguo flumine*», III, 9, 35-44») et encore une fois rappelle Callimaque et Philétas.

Face à Ponticus (un poète épique ayant désormais sombré dans l'oubli), Properce défend fièrement la veine mineure qui est la sienne et qui saura lui assurer une gloire durable, servant d'exemple à d'autres amants infortunés (I, 7). Il reprend (III, 3, 6) le mythe du songe initiatique, qui – comme nous l'avons vu – caractérise déjà Ennius, le glorieux père-fondateur de l'épopée latine. Le poète songe aux anciens rois d'Albe, étendu à l'ombre du mont Hélicon, séjour des divinités de la poésie (je voudrais souligner que le premier vers de cette élégie reprend deux mots caractéristiques du Virgile des *Bucoliques*, *recubans* et *umbra*), quand lui apparaît soudain Apollon, qui l'encourage à se tourner ailleurs, vers des thèmes mieux accordés à son génie, en parcourant un nouveau sentier. À ce moment Calliope se montre. C'est la Muse de l'éloquence et de la poésie héroïque. Elle répète un peu les propos d'Apollon (à savoir, pas de thèmes guerriers) et la bouche du poète est aspergée d'eau sacrée parce que l'initiation est achevée.

Properce, il faut le rappeler, a également écrit des élégies qui parlent du passé de Rome, élégies antiquisantes et archéologiques magnifiques (réunies dans un quatrième livre). Pour l'essentiel, cependant, sa poésie est amoureuse et parle d'un amour qui se dresse contre l'histoire et les généalogies, qui est, si je puis dire, une force antiromaine, de par l'entraînement fatal des événements. Sur ce point, il se distingue radicalement d'un prédécesseur comme Catulle, qui, à l'inverse, dans l'amour, même avec toutes les difficultés que les rapports avec la femme aimée lui imposent, voit se réaliser la fusion de l'individu et de la société, de la province (dont il est issu) et de la capitale. Catulle condamne les altérations de l'amour, la rupture des pactes et des serments, mais il croit intimement à l'amour. C'est justement pour cela qu'il souffre tant. Chez Properce, nulle trace d'un tel credo. Pour lui, il n'y a pas d'amour qui ne soit une source d'effroi: «*omnis* [...] *timetur amor*» (I, 11, 18), «tout amour est à craindre». L'infidélité n'est pas un égarement, mais une condition inhérente à l'amour: «*nemo est in amoris fidelis*» (II, 34, 3). Sa souffrance ne résulte pas simplement de l'amertume et de la désillusion due aux circonstances, même si sa poésie semble en parler, mais plutôt d'un sens profond de désarroi, d'une perte de confiance initiale. Lesbia finalement sera pour Catulle l'échec d'un grand idéal, mais l'idéal demeurera. Cynthia n'est pas un idéal; c'est seulement une belle femme qui fait souffrir et dont il convient de s'affranchir. Si la douleur est apparemment la même, sa signification historique a changé. On est passé de la protestation contre la corruption des temps à l'acceptation d'une destinée de solitude.

Une telle acceptation ne va pas sans quelque nostalgie (qui, d'autre part, est une composante fondamentale de la culture romaine et l'un de ses legs les plus durables). Ces mêmes élégies antiquisantes du livre IV, qui parlent d'une Rome qui n'est plus, peuvent se lire par rapport aux trois premiers livres des élégies amoureuses, comme un grand chant funèbre sur la mort de l'idéal. Un hymne au bonheur – au bonheur amoureux – des origines apparaît dans l'élégie 13 du livre III. Après avoir fustigé le luxe, la frivolité des femmes, l'infidélité féminine, Properce entonne un hymne à la paisible jeunesse des campagnes en un temps où les jeunes filles se contentaient de recevoir de leurs soupirants des fleurs et des fruits, où l'herbe faisait office de lit à l'ombre des arbres. Aujourd'hui la nature ne peut plus accueillir que la tristesse du poète séparé de la femme aimée. Lisons ce splendide début dont peut-être Pétraque s'inspire dans son *Solo et pensoso*...:

Haec certe deserta loca et taciturna querenti,
et vacuum Zephyri possidet aura nemus.

(I, 18, 1-2)

Oui, ces lieux sont déserts et silencieux, propices pour mes plaintes le souffle de Zéphyr anime ces bois sans personne.

Le finale de la même élégie, un passage dont s'inspirera André Chénier dans ses *Bucoliques*, exalte la correspondance entre la désolation du cœur et celle du paysage :

pro quo, divini fontes, et frigida rupes
et datur inculto tramite dura quies ;
et quodcumque meae possunt narrare querelae,
cogor ad argutas dicere solus aves.

(I, 18, 27-30)

M'en voici récompensé avec les divines fontaines et les roches glacées et les sentiers sauvages pour me reposer, dur repos ! Tout ce que je puis raconter, toutes mes plaintes, me voici contraint, dans ma solitude peuplée de leurs cris, de le dire aux oiseaux.

Traduction de D. Paganelli

Solus : dans cet adjectif il y a toute une poétique de l'exclusion, de l'éloignement, des pleurs que nul n'entend, de l'état de déréliction. Dans les élégies de Properce *solus*, au nominatif justement, revient avec une fréquence symbolique et résonne comme une proclamation, *principium individuationis*, un principe d'individuation, réalisation d'une idée générale dans un individu concret ; il annonce une véritable forme de l'identité. Je cite, pour conclure, ce vers qui en impose :

solus ero, quoniam non licet esse tuum

(II, 9, 46)

je serai seul puisque je ne puis être à toi.

22. ENCORE SUR LE BONHEUR (HORACE)

Venons-en à Horace (65-8 env. av. J.-C.), le plus grand poète de l'époque d'Auguste, avec Virgile; suprême symbole de toutes les beautés de la langue et modèle impérissable de pure poésie, jusqu'à nos jours.

Plutôt qu'à l'épopée, il s'adonna à la poésie brève d'influence grecque, et aux scènes de genre en vers, les satires, dont j'ai déjà fait mention. Ici, arrêtons-nous sur son œuvre lyrique.

Antique et hyperclassique, Horace semble un contemporain de tous les temps; sa voix nous salue de loin, mais elle est encore parfaitement nette et invite au dialogue. Dans la suite des siècles on lui écrit des lettres. À l'aube de ce que l'on appelle l'humanisme, Pétrarque lui en adresse une pleine d'admiration (*Familiares*, XXIV, 10), peut-être la plus belle de celles qu'il envoie aux auteurs antiques, centrée sur la création lyrique (on remarque que pour Dante, au contraire, Horace n'était encore qu'un auteur de satires – *Enfer*, IV, 89). D'autres lui parviennent à la fin du XXe siècle. Primo Levi, réfléchissant aux prétendues conquêtes de la modernité, éprouve réellement le besoin de se tourner vers lui, et c'est avec lui que le poète russe Joseph Brodsky, tout en paraissant lui préférer Ovide, fait le point de la situation sur la poésie moderne[50]. Dans la conclusion au *Crépuscule des idoles*, que nous avons déjà évoquée pour son hommage à Salluste, Nietzsche place ce splendide éloge d'Horace:

> Jusqu'à présent, aucun poète ne m'a procuré le même ravissement artistique que celui que j'ai éprouvé dès l'abord à la lecture d'une ode d'Horace. Dans certaines langues, il n'est même pas possible de *vouloir* ce qui est réalisé ici. Cette mosaïque de mots, où chaque mot par son timbre, sa place dans la phrase, l'idée qu'il exprime, fait rayonner sa force à droite, à gauche et sur l'ensemble, ce minimum dans la somme et le nombre des signes et ce maximum que l'on atteint ainsi dans l'énergie des signes – tout cela est romain, et, si l'on veut m'en croire, noble *par excellence.* Tout le reste de la poésie devient, à côté, quelque chose de populaire – un simple bavardage de sentiments[51].
>
> Traduction d'Henri Albert

Et puis, il y a une longue tradition de poésie horatienne, spécialement en langue anglaise, qui parvient jusqu'à nous. Tout au début du troisième millénaire un éditeur américain a fait une expérience intéressante : il a demandé aux poètes de langue anglaise les plus importants de traduire toutes les odes en en choisissant chacun une[52]. Des échos d'Horace se trouvent également chez notre Eugenio Montale : son célèbre début « *Non chiederci...* » (« ne nous demande pas... »), un véritable art poétique, reprend justement le début d'un poème d'Horace, « *Tu ne quaesieris* » (« Toi, ne cherche pas », *Odes*, I, 11, à Leuconoé), et disciple d'Horace, Montale montre qu'il l'est un peu partout, jusque dans le titre d'un recueil de la maturité, *Satura* (c'est-à-dire satire), et dans le premier vers d'un célèbre sonnet, « *Ut pictura...* », citation de l'Épître aux Pisons, très tôt désignée sous le nom d'*Art poétique,* et dont il faudra parler[53].

Au fond, tout cela, Horace l'avait prévu et même décidé. L'une des odes où s'exprime le plus vivement sa fierté, placée à la fin du troisième livre, déclare justement qu'il vivra plus longtemps que les Pyramides grâce aux lauriers conquis par sa poésie. Donnons ici une traduction de ce texte sans reprendre l'original :

> J'ai achevé un monument plus durable que le bronze, plus haut que les royales Pyramides, et que ne sauraient détruire ni la pluie rongeuse, ni l'Aquilon emporté, ni la chaîne innombrable des ans, ni la fuite des âges. Je ne mourrai pas tout entier, et une bonne partie de mon être sera soustraite à Libitine; sans cesse je grandirai, toujours jeune par la louange de la postérité, tant que le pontife, avec la vierge silencieuse, montera au Capitole. On dira que né au pays où résonne l'impétueux Aufide, où Daunus, mal pourvu d'eau, régna sur des peuples rustiques, devenu un maître d'humble que j'étais, j'ai le premier annexé le chant d'Éolie aux cadences italiennes. Prends un orgueil que justifient mes mérites, Melpomène, et viens, de bon gré, ceindre ma chevelure du laurier delphique.
>
> (*Odes*, III, 30)
> Traduction de François Villeneuve
> © *Les Belles Lettres, CUF*

Libitine est une très ancienne déesse romaine chargée de veiller aux devoirs que l'on rendait aux morts; l'Aufide, aujourd'hui Ofanto, une rivière d'Apulie, région natale d'Horace; Daunus, un roi mythique d'Apulie, mentionné aussi par Virgile dans l'*Énéide*; et Melpomène une des Muses, celle de la poésie lyrique (et tragique).

Horace semble flatter des palais qui n'ont rien de particulièrement lyrique. En 2013, l'Anglais Harry Eyres a publié sous le titre de *Horace and Me* («Horace et moi»), un livre qui fait de grands efforts, en réalité un peu trop, pour placer Horace dans le cadre de la vie actuelle[54]. Des enthousiasmes faciles et simplificateurs ne sont pas toujours bénéfiques pour ce que l'on révère. Croire qu'un auteur de l'Antiquité puisse encore nous dire quelque chose est certainement une attitude critique de grande importance, ou plutôt, est nécessaire, mais on doit se garder de toute modernisation, de toute domestication intempestives: l'étude du latin et la lecture des auteurs antiques enseignent et doivent enseigner la valeur fondamentale de la distance historique. Si on la perd, on perd également le sens de notre situation temporelle et culturelle. Les meilleurs lecteurs dans le domaine de l'Antiquité cherchent à faire vraiment une expérience de l'historicité, avec le souci de bien mesurer la distance, qui est riche d'images trompeuses et de perspectives changeantes, précisément comme un paysage que l'on contemple de loin et de points d'observation toujours différents. D'un Ancien nous pouvons tirer des interprétations et des réponses, mais nous ne devons jamais perdre de vue que ces interprétations et ces réponses correspondent à des époques et des contextes culturels fort différents et donc ne peuvent s'appliquer directement à nos besoins.

Les Anciens nous parlent d'eux. Et nous, en apprenant qui ils sont, nous apprenons, en substance, à parler de nous-mêmes ; nous devenons, pour ainsi dire, un tout petit peu des Anciens nous aussi, plutôt que de prétendre qu'ils deviennent, eux, des modernes ; plongeons-nous dans le flot de l'histoire, et cette attitude ne peut que corriger pour notre bien notre irresponsable prétention absolutiste.

Si je devais être l'auteur d'un livre intitulé *Horace et moi*, peut-être commencerais-je par dire qu'Horace nous rend service d'abord comme un exemple d'opposition à la vulgarité sous toutes ses formes : ostentation, indiscrétion, commérages, esprit matérialiste, débauche, stupidité, grégarisme. Et son mépris de la masse ne vient pas d'une haute naissance (son père était, en effet, un affranchi), mais d'une connaissance effective de la société contemporaine et des désordres du monde. Un de ses vers les plus emblématiques, « *Odi profanum vulgus et arceo* » (*Odes*, III, 1, 1), « Je hais la foule des profanes et je m'en garde », n'exprime pas simplement le dédain d'un esprit qui se juge supérieur mais traduit une conception de ce qu'est véritablement la personne humaine : possède la qualité d'homme celui qui cultive l'esprit comme l'étude et les perçoit comme un espace inviolable. L'adjectif *profanus*, en effet, est le contraire de *sacer*, « sacré » : il se compose du préfixe *pro-*, « devant », et de *fanum*, « temple » ; le profane est le non-initié, l'exclu du rite. Horace attribue sa qualité sociale à l'excellente instruction que son père, un affranchi, eut la clairvoyance et la générosité de lui prodiguer (*Satires*, I, 6, 76-80) (je vois ici, en vue de mon hypothétique ouvrage, un autre trait qui me rapproche de lui). Cultivé, il est devenu l'ami des gens cultivés et est entré au bon moment dans le cercle de Mécène, confident et conseiller littéraire d'Auguste. Il adresse à Mécène, à dessein, plusieurs de ses compositions, y compris la satire 6 du livre I, où, en plus de l'hommage au père éclairé, nous trouvons aussi le souvenir de leur première rencontre, sur les recommandations de Virgile et de Varius :

ut veni coram, singultim pauca locutus,
infans namque pudor prohibebat plura profari,
non ego me claro natum patre, non ego circum
me Satureiano vectari rura caballo,
sed quod eram narro. Respondes, ut tuus est mos,
pauca ; abeo, et revocas nono post mense iubesque
esse in amicorum numero. Magnum hoc ego duco,
quod placui tibi, qui turpi secernis honestum
non patre praeclaro, sed vita et pectore puro.

(Satires, I, 6, 56-64)

Quand je fus venu devant toi, alors, prononçant quelques mots entrecoupés, car la timidité, qui arrête la langue, m'empêchait d'en dire davantage, je ne me vante point d'être né d'un père illustre ou de faire le tour de mes domaines porté sur un cheval de Saturium, mais j'explique ce que j'étais. Tu me réponds, selon ton habitude, en quelques mots ; je m'en vais ; tu me rappelles neuf mois plus tard, et tu m'invites à compter au nombre de tes amis. C'est beaucoup à mes yeux de t'avoir plu, à toi qui, pour distinguer l'honnête homme de l'homme sans honneur, ne regardes point l'illustration du père, mais la netteté de la vie et du cœur.

Traduction de François Villeneuve

Dans ce petit tableau si bien composé – une représentation en acte de l'ascension sociale réduite à un souvenir apaisé mais aussi une scène exemplaire qui se reproduira de façon si fréquente et significative, dans l'histoire culturelle de notre Occident (et pas seulement de l'Occident), revit la rencontre du pouvoir et de la poésie. Il ne semble pas qu'Horace ait fait une quelconque impression. Ni que Mécène ait manifesté une hâte quelconque à l'accueillir dans le cercle de ses protégés. En tout cas, à un certain moment, après une attente non négligeable, la consécration survient. En vérité, l'auto-consécration avait déjà eu lieu. À la fin, en effet, l'arbitre ne devra et ne pourra que reconnaître une condition que le poète possède déjà et qui lui vient d'en bas, de son père d'obscure origine, de son être devenu ce qu'il est grâce à l'école. En somme, Horace est déjà Horace: sa naissance publique (l'intervalle de neuf mois semble coïncider délibérément avec une période de gestation) a pour office de consacrer sa naissance privée. Cette insistance sur le domaine privé est un trait délicatement horatien. Est également horatienne, dans l'extrait cité, l'insistance sur le langage. On remarque les expressions qui se réfèrent à la parole: *locutus*, *infans* (*in+fans*, «qui ne parle pas»), *profari*, *narro*, *respondes*. Le thème central est, plus précisément, «la simultanéité de la parole et du silence», ce *pauca* qui se réfère aux deux personnages. Chacun a ses raisons personnelles de mesurer ses mots: le poète se sent dans une position subordonnée (du moins, il le déclare après coup), l'autre est habitué à s'exprimer allusivement. Comment se seront-ils compris avec de telles réticences contrastées? Peut-être ne se sont-ils aucunement compris, pourtant d'une certaine façon ils se sont plu; chacun a joué convenablement son rôle. Le poète est, justement, quelqu'un qui réussit à dialoguer avec le pouvoir sans véritablement lui parler.

Cicéron et Virgile se sont élevés depuis les temps antiques au rang de modèles linguistiques suprêmes, parfaits mêmes de la latinité, l'un pour la prose, l'autre pour la poésie (c'est encore le cas à notre Renaissance). Horace, qui est aussi un maître de la parole (qu'on se réfère à la citation de Nietzsche) et s'est voulu tel, donne son nom à une sorte de philosophie horatienne. Plus qu'une catégorie linguistique, c'est une catégorie *spirituelle*, statut que ni Cicéron ni Virgile, en dépit de toute leur influence, n'ont jamais acquis. Horace a pris les traits arrêtés d'un «personnage», carrément d'un «type psychologique»; l'individu qui, non sans ironie, cherche à épouser le développement naturel de la vie; qui se préserve des bavardages de circonstance; qui accorde de la valeur à tous les moments de la journée et sait ce qui est propre à la jeunesse et à la vieillesse. L'Arioste, qui l'a ouvertement imité dans ses *Satires* et aussi dans sa vie, est une moderne réincarnation d'Horace.

Le personnage horatien est à coup sûr un sage mais non toutefois un philosophe de profession, comme Sénèque ou Lucrèce; quelqu'un qui, avant tout, est son propre éducateur, et ceci avec l'application la plus constante et la plus fondamentale: en vivant authentiquement, sans espérance et sans regrets, ici et maintenant, avec cette spontanéité des mots qui se forment dans la bouche et le soin avec lequel ils se mettent en ordre ensuite dans les phrases ou mieux, dans le vers. L'emploi de la métaphore linguistique n'est pas fortuit: dans l'ordre des mots et dans l'exactitude des notions signifiées, ce sont, pour Horace, les processus mêmes de la vie qui agissent. Dans l'Épître à Florus nous trouvons quelques vers affirmant même que l'art véritable de la composition n'est pas l'agencement des mots, mais l'art de vivre:

ac non verba sequi fidibus modulanda Latinis
sed verae numerosque modosque ediscere vitae
(Épîtres, II, 2, 143-144)

ne pas s'évertuer à poursuivre des mots que doit accompagner la lyre latine
mais chercher à connaître les rythmes et la juste mesure de la vie.

Traduction de François de Villeneuve

L'idée revient de s'instruire, *ediscere*, composé de *discere*, qui survit dans l'italien *discente* (élève, apprenant), un mot archaïque, et dans le français « disciple », ou encore dans l'italien *discepolo*, de sens voisin. À vivre, on parvient, en fait, par une sorte d'apprentissage ; *le poète est celui qui mène une vie bonne.*

Chez nul autre auteur antique la correspondance entre l'écriture et la vie ne se révèle aussi parfaite. Discipline et naturel donc. Bienséance et spontanéité : tel est le latin d'Horace. Pour lui, comme par la suite pour Pétrarque, chaque trait de plume est une mesure de temps, parce qu'il prend du temps, parce qu'*il constitue un moment.* Ce n'est pas un hasard si un poète à ce point « autobiographique », qui parle souvent de ce qui lui est arrivé, est aussi un grand théoricien de l'art de composer, art dont il a une profonde compréhension historique, et pas simplement technique ; et il sait exactement quel est son rôle dans l'histoire de la poésie latine, comme nous en trouvons l'expression dans plusieurs odes et il a pleine conscience de toute la responsabilité et de toute la scrupuleuse vigilance impliquées par le métier poétique. Prenons un autre passage important de l'Épître à Florus :

vehemens et liquidus puroque simillimus amni
fundet opes Latiumque beabit divite lingua ;
luxuriantia compescet, nimis aspera sano
levabit cultu, virtute carentia tollet,
ludentis speciem dabit et torquebitur, ut qui
nunc Satyrum, nunc agrestem Cyclopa movetur.

(II, 2, 120-125)

Roulant limpide et pur comme un grand fleuve, il versera sur le Latium les richesses de sa pensée et de son style ; il saura retrancher un luxe inutile, polir discrètement la rudesse, fortifier, relever ce qui languit ; il semblera se jouer et se repliera avec effort comme l'acteur exprimant par ses gestes tantôt un satyre pétulant tantôt le grossier Cyclope.

Traduction d'Henri Patin, 1860

Horace a véritablement transmis à la postérité un petit traité sur l'art d'écrire, une autre lettre, connue sous le nom d'Épître aux Pisons (les destinataires) ou encore d'*Art poétique*, qui a joui d'une grande fortune à la Renaissance. C'est un programme de rationalisme, dont l'enseignement est encore actuel. Le poète y est invité à faire preuve d'ordre, d'unité, de cohérence, de conscience réflexive, d'application ; à éviter les bizarreries et les extravagances ; à ne pas céder au contentement ; à ne pas se griser d'impulsions, à se relire, à se soumettre aux rigueurs de la critique et à ne pas avoir hâte d'être publié, parce que les mots prononcés ne reviennent pas en arrière, alors que, tant qu'un écrit reste inédit, on peut toujours choisir de les jeter (je me souviens d'une phrase qu'Andrea Zanzotto m'avait dit une fois au téléphone : « Quand on jette, on ne se trompe jamais »). La poésie est, certes, un don de la nature, mais c'est aussi et surtout un projet ; et le poète, quelle que soit son inspiration, devra toujours et de toute façon, avoir une idée nette de ce qu'il veut faire. Dans l'*Art poétique* nous trouvons des formules géniales qui ont pris la forme fixe de véritables dogmes : « *lucidus ordo* » (v. 41, « une heureuse disposition des parties »), « *callida... junctura* », « un habile assemblage » (vv. 47-48, « une combinaison inhabituelle de termes qui donne la saveur de la nouveauté à des mots bien connus »), « *limae labor* » (v. 291, « l'application à corriger »), « *ut pictura poesis* » (v. 361, « la poésie comme la peinture »). Lisons justement les vers développant l'« *ut pictura poesis* » :

Ut pictura, poesis : erit quae, si propius stes,
te capiat magis, et quaedam, si longius abstes.
Haec amat obscurum, volet haec sub luce videri,
iudicis argutum quae non formidat acumen ;
haec placuit semel, haec deciens repetita placebit.
(vv. 361-365)

La poésie ressemble à la peinture. Tels morceaux vus de près, vous séduiront davantage, tels autres, vus de loin, craindront moins la censure. Celui-ci admet un demi-jour, ceux-là osent défier la lumière et ne redoutent pas l'œil perçant de la critique. Les uns n'ont plu qu'une fois, toujours redemandés ; les autres plairont toujours.

Traduction J.N. de Guerle, 1832

Ce sont peut-être les vers qui illustrent le mieux le génie critique et esthétique d'Horace. Mais tout l'*Art poétique* est un chef-d'œuvre d'intelligence et de force expressive. Et quel sens de l'histoire quand il parle de langue ! Les mots vont et viennent, comme les feuilles, comme les choses humaines (vv. 60-62) ; on les perd, on les retrouve si on en invente de nouveaux. Le poète, même fidèle à la tradition, est au fond quelqu'un qui observe, qui cueille les fruits de la vie et ne s'oppose pas à la pratique contemporaine, à l'*usus* (v. 71). Ce n'est pas un hasard s'il sait distinguer l'avant et l'après ; et ne fait pas de confusion entre les âges des individus. Sa matière est le temps. Chaque chose en son temps. Rien hors de sa place. Rien hors de son heure. Tout au moment prévu, tout là où il doit être, en parfait accord avec le reste.

Le latin d'Horace offre un modèle de concision. Pas de digressions, pas d'ajouts, pas d'amplification des détails. Il tend à éviter les archaïsmes, qui, en revanche, chez Virgile – disciple d'Ennius – sont fort nombreux (même si l'Épître à Florus et l'*Art poétique* les autorisent). Ce latin horatien n'a rien de facile même quand il est dicté par des circonstances éphémères, comme dans les *Odes*, où l'art d'Horace atteint des objectifs véritablement nouveaux, comparables par la densité et l'exactitude du détail aux prouesses de Tacite dans la prose, offrant ainsi à la tradition occidentale quelques-unes des plus belles compositions dues à un auteur antique ou moderne. Même dans l'artifice, en tout cas, nous trouvons toujours quelque chose d'immédiat, une possible citation, qui, détachée de l'enchevêtrement verbal le plus artistement travaillé, nous communique quelque vérité.

vitae summa brevis spem nos vetat incohare longam.
(I, 4, 15)

La vie, au total si brève, nous interdit d'entrer dans de longs espoirs.

quid sit futurum cras fuge quaerere...
(I, 9, 13)

ce que sera demain, évite de le chercher...

compesce mentem...
(I, 16, 22)

apaise ton âme [c'est-à-dire : ne donne pas libre cours à tes émotions]

[...] *valet ima summis*
mutare et insignem attenuat deus,
obscura promens...
(I, 34, 12-14)

[...] le dieu a le pouvoir de faire du dernier degré le degré suprême
et d'amortir l'éclat des grands
mettant en avant ce qui est obscur...

Aequam memento rebus in arduis /servare mentem...
(II, 3, 1-2)

souviens-toi de conserver ton âme égale dans les aspérités du sort...

rebus angustis animosus atque
fortis appare...

(II, 10, 21-22)

dans les moments difficiles montre-toi courageux et fort...

dona praesentis cape laetus horae ...

(III, 8, 27)

saisis avec joie les dons de l'heure présente...

[...] *nil cupientium*
nudus castra peto et transfuga divitum
partis linquere gestio...

(III, 16, 22-24)

[...] je gagne, nu, le camp de ceux qui ne désirent rien, et, transfuge, je me hâte de quitter le parti des riches...

[...] *multa petentibus/desunt multa...*

(III, 16, 42-43)

[...] à qui demande beaucoup il manque beaucoup...

[...] *ille potens sui*
laetusque deget, cui licet in diem
dixisse: «Vixi»...

(III, 29, 41-43)

[...] il sera son propre maître et passera toute sa vie en joie celui qui, jour après jour, aura pu dire: «J'ai vécu»...

pulvis et umbra sumus

(IV, 7, 16)

nous ne sommes plus que poussière et ombre

Et ainsi de suite. Et parmi tant de vérités court sans cesse le soupir sur la fuite du temps. Un jour succède à l'autre, les nouvelles lunes en viennent à mourir, la jeunesse décline; les années se dérobent furtivement... Sans cette angoisse du temps qui fuit, que nous ressentirons au même degré chez Pétrarque, Horace serait juste un bon moraliste.

En glanant çà et là, comme je l'ai fait, quelque peu au hasard, le lecteur des *Odes* se constituera un manuel pratique de bonheur. Vivre pleinement: voilà le secret. Et, pour y réussir, éviter l'excès qui n'est pas une plénitude mais une erreur de calcul, un manque, tout autant que la disette.

★

Comment, dès lors, s'étonner de l'exceptionnelle fortune qui fut longtemps celle d'Horace en France? Il y incarne à la fois la perfection de la forme et la plénitude du sens. Au Moyen Âge, Jean de Meun, le «continuateur» du *Roman de la Rose*, voit en lui le poète

qui ot (eut) le plus de grâce et de sens.

Boileau, Voltaire (*Épître à Horace*, 1772) s'inspirèrent de son exemple sans toutefois l'égaler. Et la grâce légère de La Fontaine, son art de la causerie, son goût de la simplicité semblent perpétuer son art. «Il n'y a pas de poète latin plus souvent traduit qu'Horace en prose et en vers», rappelle l'un de ses modernes interprètes*. L'idéal qu'il incarne est en effet

* François Villeneuve, *Horace*, t. I, texte et traduction Les Belles Lettres, 1929. *(NdT)*

parfaitement accordé à l'esprit français tel que Fénelon le définit dans sa *Lettre à l'Académie française*:

> Je demande un poète aimable, proportionné au commun des hommes, qui fasse tout pour eux et rien pour lui. Je veux un sublime si familier, si doux et si simple que chacun soit d'abord tenté de croire qu'il l'aurait trouvé sans peine, quoique peu d'hommes soient capables de le trouver. Je préfère l'aimable au surprenant et au merveilleux. Je veux un homme qui me fasse oublier qu'il est auteur, et qui se mette comme de plain-pied avec moi[*].

Peut-être chercherait-on vainement dans l'histoire littéraire moderne un homme «qui... fasse oublier qu'il est auteur». Dans ce cas, tournons-nous vers Horace, le plus français des poètes latins.

---

* Cité par A. Campaux, *Des raisons de la popularité d'Horace en France*, Les Annales de l'Est, 9, 1895. *(NdT)*

23. ÉLOGE DE LA LANGUE INUTILE EN GUISE DE SALUT FINAL

> « La marginalisation radicale des études classiques dans la culture générale et les systèmes scolaires est un processus de profonde mutation culturelle que nous ne pouvons en aucune façon ignorer... »
>
> SALVATORE SETTIS [55]

Le latin, pour un grand nombre de gens, est *inutile.* Je n'entrerai pas dans une discussion sur le concept d'« utilité », concept qui s'est développé par strates et variations successives au cours de plusieurs siècles, et qui à lui seul mériterait un livre. Je me borne ici, sur le point de prendre congé des lecteurs, à faire valoir que ce « grand nombre » – gens ordinaires, politiciens, professionnels dans divers domaines d'activité – possède une conception tristement (et dangereusement) étriquée de l'instruction et de la formation : pour eux, en effet, la connaissance se réduit à la transposition immédiate du savoir sous la forme de quelque service pratique. S'il en était ainsi, il n'y aurait en fin de compte que fort peu de cas où l'utilité serait manifeste : tout au plus le travail du chirurgien ou du plombier et presque de nul autre, vu que la satisfaction des besoins primaires est confiée de plus en plus aux machines. Le chirurgien et le plombier donc, à un certain moment, ne seront plus nécessaires. Et si le destin du savoir est de capituler devant les machines ou, comme l'on dit plus couramment aujourd'hui, devant la technologie, que doit *savoir* individuellement un être humain ? Assurément, il devra apprendre à construire les machines et à les faire fonctionner, et à éliminer ce qu'il en reste quand elles seront tombées en désuétude et à fournir des matériaux pour en construire de nouvelles. En somme, tout pour les machines, avec l'idée, assurément, que les machines sont essentielles, qu'elles sont l'unique chose vraiment utile, celle qui apporte toutes les solutions... Et quid du reste ? Des besoins qui ne sont pas immédiats, des nécessités sans caractère pratique et à l'évidence sans rien de matériel, mais qui n'en sont pas moins pressantes pour autant ? De ce que l'on appelle l'*esprit* ? De la mémoire, de l'imagination, de la créativité, de ce qui est profond et complexe ? Et des grandes questions, comme : où et quand tout a commencé, où vais-je, qui suis-je, qui sont les autres, qu'est-ce que la société, qu'est-ce que l'histoire, qu'est-ce que le temps, qu'est-ce que le langage, qu'est-ce qu'un mot, qu'est-ce que la vie humaine, que sont les sentiments, qui est l'étranger, que fais-je ici, qu'exprimé-je quand je parle, que pensé-je quand je pense, qu'est-ce que le signifié ? De l'interprétation, en somme ? Parce que sans interprétation, il n'y a pas de liberté, et sans liberté il n'y a pas de bonheur, et on subit n'importe quoi, jusqu'à notre bonne humeur. On devient esclaves de la politique et du marché, et on ressent des besoins factices, des besoins créés par une logique et des projets qui n'ont rien à voir avec ce que nous sommes.

Il y a aussi beaucoup d'individus, peut-être tout aussi nombreux, pour soutenir que le latin sert à quelque chose. Le latin, d'après eux, apprend à raisonner et impose une certaine discipline, que l'on peut ensuite appliquer partout. Le latin serait comme les mathématiques. Combien de fois l'ai-je entendu dire depuis mon enfance et combien de fois je l'entends encore répéter, surtout en Italie ! Pour défendre le latin on se contente de lui attribuer les mérites d'autres savoirs, ce que l'on appelle les sciences, sans considérer ses mérites propres ; sans admettre que le latin fait quelque chose que les mathématiques ne font pas, tout comme, d'ailleurs, les mathématiques font quelque chose que le latin ne fait pas.

Ni les arguments de ceux qui en contestent l'utilité – appelons-les les « inutilistes » –, ni les arguments de ceux qui la défendent – nommons-les les « utilistes » –, ne servent à faire naître et à entretenir l'amour du latin. L'objection des détracteurs (qui en tiennent pour l'inutilité) est faible, mais celle qui leur est opposée par les laudateurs du latin (ceux qui soutiennent son utilité) l'est tout autant : que le latin a pour vertu de former l'esprit. La richesse morphologique ferait fonctionner la mémoire, la syntaxe stimulerait les capacités logico-déductives et ainsi de suite... Tout cela est vrai. Mais si le latin n'était que cela, une gymnastique, l'étude d'autres langues complexes aurait la même valeur, comme l'allemand, le russe, l'arabe, le chinois, qui sont aussi utilisables dans la communication courante. Et d'ailleurs, l'algèbre ne suffirait-elle pas à elle seule à développer la mémoire et la logique ? Ou la chimie ? Les pages jaunes y suffiraient aussi !

Le fragile argument des « utilistes » a étayé pendant des décennies une multitude de théories pédagogiques et rhétoriques, avec pour seul effet d'apporter de l'eau au moulin des « inutilistes ». Désormais cet argument ne tient plus. Non, l'étude du latin – contraignante, assurément, sportive, fatigante et, comme une belle ascension en montagne, revigorante par elle-même – ne doit pas simplement se fixer comme but de stimuler la matière grise. Autant vaudrait dire que l'on va au Louvre ou au Metropolitan Museum pour améliorer son acuité visuelle ou à la Scala pour entretenir son acuité auditive. Un athlète qui plonge, un danseur, peut avoir également un physique avantageux mais il a façonné sa musculature pour plonger ou pour danser, non pour la contempler dans la glace. Quiconque étudie le latin doit l'étudier pour une raison fondamentale ; parce que c'est la langue d'une civilisation ; parce que c'est dans le latin que l'Europe s'est accomplie. Parce que c'est en latin qu'ont été écrits les secrets de notre identité la plus profonde et que, ces secrets, l'on veut les déchiffrer.

Une précision additionnelle, contre les « utilistes » et leurs adversaires : le latin est *beau*. Ce postulat donne sa forme à tout mon propos jusque-là. La beauté est le visage même de la liberté. Un des traits les plus caractéristiques des régimes totalitaires est véritablement la laideur répandue dans tous les aspects et toutes les formes de la vie, y compris dans la nature. Avec l'adjectif *beau* je veux dire que le latin est une langue riche, souple, changeante, facile et difficile, simple et complexe, régulière et irrégulière, claire et obscure, dotée de très nombreux idiomes et registres linguistiques, de mille rhétoriques, de styles innombrables, d'une histoire complexe. Pourquoi nous donner des raisons pratiques d'aller à la rencontre de la beauté ? Pourquoi nous empêcher par des arguments fallacieux de *comprendre* ? Pourquoi toujours céder à l'habitude généralisée de tout avoir sous la main, de supprimer les parcours, d'appuyer sur un bouton pour avoir la réponse, de ne pas se montrer attentif ? Pourquoi donner gain de cause aux allégations des paresseux, des esprits superficiels, des défaitistes, des utilitaristes ? Pourquoi ne pas voir dans cette question peut-être également naïve, « À quoi sert le latin ? », un geste violent et arrogant, une agression contre la richesse du monde et la grandeur de l'intelligence humaine ? Pourquoi ensuite poser une telle question précisément en Italie, qui se distingue parmi tous les pays du monde pour avoir édifié au cours des siècles son identité étatique et nationale sur une croyance vraiment noble dans la parole et la connaissance linguistique ?

Je voudrais, pour conclure, mettre une fois de plus en garde les lecteurs face à un autre cliché pernicieux. Parmi les spécialistes également on entend dire que le latin est une « langue morte ». Cette métaphore naît d'une conception erronée sur la vie des langues et d'une distinction confuse entre écrit et oral. L'oral est immédiatement identifié avec l'idée de vie. Mais c'est un préjugé. Le latin, même s'il n'est plus parlé, est attesté dans une immense quantité de manuscrits et l'écriture, en particulier l'écriture littéraire (celle sur laquelle nous nous sommes penchés dans ce livre), est un gage de durée beaucoup plus efficace qu'une quelconque manifestation d'oralité. Si donc, le latin subsiste sous la forme écrite la plus élaborée qui se puisse concevoir, la littérature, n'est-ce pas une absurdité d'affirmer qu'il est *mort*? Le latin est vivant, et il l'est davantage que les propos que l'on échange avec un ami au café ou avec une fiancée sur son portable – communications dont il ne reste aucune trace. Prenons une échelle encore plus grande. En ce moment même la planète entière est en train de parler, elle profère une masse de mots innombrable. Eh bien, cette masse si considérable n'existe déjà plus. Une autre lui a déjà fait suite, destinée à son tour à se dissiper dans l'instant.

Il ne suffit pas que celui qui parle soit vivant pour qu'il puisse dire que sa langue est vivante. Vivante est la langue qui dure et qui produit une autre langue, ce qui est justement le cas du latin. Je ne pense pas aux langues dites vulgaires qui sont nées du latin parlé. Ce que je dis, c'est que le latin en tant que littérature a stimulé la création d'une autre littérature, d'autres textes écrits – se distinguant en cela d'autres langues anciennes qui, même attestées sous forme écrite, sont restées de fait lettre morte parce qu'elles n'ont eu aucun pouvoir de devenir des modèles ni par la force des contenus ni par l'élégance de la forme. Dante n'aurait jamais composé *La Divine Comédie* sans le précédent de l'*Énéide*; ni Machiavel, les *Discours sur la première décade de Tite-Live* sans celui de l'*Histoire* de Tite-Live; ni Castiglione, *Le Livre du Courtisan*, s'il n'avait pas pris comme exemple le *De oratore* de Cicéron. On pourrait multiplier les exemples sur des centaines de pages, en les prenant dans toutes les époques, y compris l'actualité immédiate, et dans toutes les traditions du monde. Le latin écrit a exercé son influence comme voix du passé et comme voix il a invité la postérité au dialogue. Je ne crois pas que cette aptitude au dialogue soit représentée de façon plus saisissante et plus véridique que celle qui se manifeste dans une lettre de Machiavel à son ami Francesco Vettori – lettre fort célèbre qui est en soi un manifeste du classicisme. Machiavel, éloigné de la vie politique, décrit la consolation que lui procure la lecture des Anciens. Mais cette lecture est un échange, une conversation, elle revêt l'aspect d'une véritable rencontre physique, dans laquelle les livres ont pris la place des auteurs eux-mêmes, pleins de vie nonobstant la distance temporelle, et le scriptorium (c'est-à-dire, ici, le cabinet de travail) devient l'espace magique d'une initiation. Lisons le texte :

> [...] noblement vêtu, j'entre dans l'antique cour des hommes de l'Antiquité où, accueilli par eux avec affection, je me repais de la nourriture qui est vraiment la mienne et pour laquelle je suis né ; [en un lieu] où je n'ai pas honte de leur adresser la parole et de leur poser des questions sur les raisons de leurs actions ; et eux, de par leur humanité, ils me répondent ; et je ne ressens pendant quatre heures de temps aucun ennui, j'oublie toutes mes angoisses, je ne crains pas la pauvreté, la mort ne me trouble pas : je me transporte tout entier chez eux.
>
> *Lettre à Francesco Vettori*, 10 décembre 1513

On remarque que la rencontre avec les Anciens exige également un d*ressing code* approprié. Ce n'est pas une affaire privée mais un rituel public. Et l'on note aussi que Machiavel qualifie la fréquentation des Anciens de « conversation ». C'est, certes, une métaphore. Dans ce scriptorium très probablement, on n'entend pas voler une mouche. Et pourtant, ce silence a la force d'un véritable échange verbal, de quelque chose de vivant et de sonore, bien qu'il soit renfermé dans l'espace clos de l'esprit.

Il faut aussi rappeler que la culture à laquelle appartient Machiavel, la Renaissance, et de laquelle nous continuons à tirer des exemples et des métaphores pour comprendre la réalité, a été *intimement* latine[56]. Il y a plus : la Renaissance s'est épanouie vraiment à partir d'une remise en honneur de l'antiquité latine (à laquelle à un certain moment s'est ajoutée l'étude du grec) et s'est développée dans un dialogue serré avec ses textes, également quand les auteurs ont choisi de s'exprimer en langue vulgaire. D'autre part, encore plus tôt, une œuvre comme *La Divine Comédie* ne serait pas née si le pèlerin Dante ne s'était pas mis à l'école du païen Virgile. Mais Dante, on le relèvera, est encore une exception dans son siècle. Et son rapport avec les classiques latins est soumis à une sévère censure religieuse, qui leur accorde son blanc-seing uniquement au nom de l'élément virtuellement chrétien dont ils peuvent faire état. Reste, en tout cas, que le père de la littérature italienne conçoit son poème comme une réplique de celui du plus grand poète latin, et vraiment *La Divine Comédie* nous apparaît aujourd'hui comme le résultat d'un effort grandiose, exemplaire, de fusion entre l'antique et le moderne, entre maîtres et disciples. Au cours du XVe et du XVIe siècle les modalités de l'appropriation visent à la rigueur scientifique. Les préconceptions religieuses s'affaiblissent et, même dans un climat durablement chrétien (Machiavel condamnait la corruption de l'Église mais ne rejetait pas la pratique du sacré), le regard sur l'Antiquité est éclairé par une volonté passionnée de reconstitution. La reconstitution des textes latins suscite immédiatement tout un travail de recherche, de correction et d'interprétation dont jamais auparavant il n'y eut l'équivalent, et en même temps une réforme systématique de la pédagogie et des critères de jugement littéraire ainsi qu'une promotion de la grammaire au rang de science des sciences : on pense à Laurent le Magnifique ou à l'œuvre éditoriale d'Alde Manuce, fondée tout entière sur la diffusion de l'antiquité gréco-latine. On peut dire qu'une nouvelle religion vient au monde, une religion parfaitement humaine : celle de l'exactitude et de la pureté textuelles ; le culte de la parole en tant que trace et entité anthropologique vivante. L'université, la bibliothèque, la salle d'étude s'élèvent à la dignité de sanctuaires. Le texte est commenté en des analyses déférentes dont le but est de déceler les plus subtiles variations sémantiques. L'interprète s'incline humblement devant la complexité de son vis-à-vis et cherche à la capter, comme en donnent l'exemple les leçons universitaires d'Ange Politien, un des esprits les plus brillants que l'Italie ait jamais produit. Qu'il commente les *Satires* de Perse ou les *Géorgiques* de Virgile, Politien passe au crible chaque mot ou expression qu'il juge digne d'intérêt, en en corrigeant la forme et en en donnant la signification la plus exacte. Sa méthode est d'éclairer l'élément linguistique singulier en recourant aux passages d'autres auteurs antiques, même non contemporains ou proches dans le temps de l'auteur analysé. Le mot isolé est situé et examiné au sein d'un réseau, dans une civilisation ou une tradition à l'intérieur desquelles seulement les significations peuvent émerger dans leur authenticité suprême. Il ne s'agit plus d'établir, à la manière de Dante, ce qu'il y avait déjà de chrétien chez Virgile – une opération clairement anti-historique. Il s'agit maintenant d'établir qui était *vraiment et particulièrement* tel auteur, que signifient les mots de la langue latine *en rapport avec toute une culture antique*. L'objet de la recherche n'est plus soi-même mais l'autre en tant qu'autre, comme produit historique, parfait, splendide, dans son accomplissement culturel. Beauté et vérité en viennent à se confondre. C'est d'un respect pour la voix des Anciens semblable à celui de Politien, même s'il est en apparence moins technique, que fait preuve Machiavel dans sa lettre à Vettori. Le savoir y est qualifié de «nourriture», à savoir aliment, source de vie. Mais ce qui frappe surtout dans la lettre citée, c'est le verbe *se transporter*: cette application à entrer dans le monde des Anciens, le contraire de la volonté de les faire entrer de force dans ce qui vient après eux. Entrer en contact avec la littérature antique exige une traversée, comme l'indique bien la préposition *trans*: c'est l'effort pour comprendre historiquement, pour sortir de soi et s'approcher de l'autre. C'est seulement ainsi que le passé peut prendre un sens et procurer du bonheur. Passéisme? Incapacité de vivre au présent? C'est justement au paragraphe suivant de cette lettre que Machiavel annonce à son ami la composition du *Prince*, un des textes majeurs de tous les temps. Pas seulement cela: un traité avec lequel l'auteur entend agir sur l'actualité en proposant des solutions radicales à la crise présente. Et on observe que *Le Prince*, qui est écrit en italien, s'intitule en réalité *De principatibus*, titre latin. Et c'est aussi en latin que sont donnés les titres de ses chapitres.

La Renaissance est philologie, étude scientifique de la forme et du sens des mots anciens. C'est aussi la réponse de qui, survenant après plusieurs siècles, se sent entraîné par le même irrépressible flot destructeur, par cette même fugacité périssable à laquelle le latin a tenté de résister et est parvenu en partie à échapper. À travers l'étude amoureuse de l'Antiquité, le présent découvre sa propre historicité et tente de s'imposer comme un moyen de résister aux forces dissolvantes du temps grâce au perfectionnement moral et linguistique de l'individu.

L'exemple du latin, d'ailleurs, a servi aussi à faire de la langue vulgaire une langue littéraire. Ce sont, en effet, les champions mêmes de la latinité, qui, au XVIe siècle, ont fixé pour principe que la langue vulgaire devait se voir attribuer la même dignité que le latin. Si en latin il y avait eu un Cicéron et un Virgile, en vulgaire on trouvait Boccace et Pétrarque. La tradition italienne fut refondée à l'image et à la ressemblance de la latinité la plus imposante. Encore aujourd'hui, même si nous l'oublions, nous vivons dans le sillage de cette révolution.

D'autre part, il n'est pas vrai non plus que le latin ait complètement disparu de l'échange oral. Le latin est encore parlé dans l'Église (le pape Benoît XVI fit savoir justement en latin qu'il renonçait au pontificat et évidemment – s'agissant d'une information aussi sensationnelle – il devait bien montrer que son public avait une réelle pratique de cette langue), et dans certains congrès internationaux entre adeptes et passionnés de diverses provenances. J'ai rencontré, en Italie ou dans d'autres pays, des médecins et des ingénieurs qui le parlaient comme une langue maternelle. Il m'est arrivé moi-même d'échanger des mails en latin avec un homme qui exerce une profession d'expert-comptable.

Le latin, de plus, vit dans la lecture et dans les traductions que nous en faisons, nous les modernes, et dans l'œuvre de transmission que poursuivent l'école et l'université, même avec des aptitudes et des intentions formatrices différentes, en Italie et en de nombreux pays du monde. En tout cas, le latin de la littérature n'a jamais été une langue parlée. Aucune langue littéraire ne l'est jamais vraiment. Lequel de ses contemporains parlait comme Cicéron écrivait ? Aucun. Ni lui, qui revoyait avec le plus grand soin la version écrite des discours qu'il avait prononcés au tribunal. Y aurait-il eu un contemporain qui parlât comme écrivaient Manzoni et Leopardi ? Jamais de la vie. Manzoni, en l'espèce, parlait le milanais. Toute la littérature, si l'on veut lui imposer le critère de la langue parlée, disparaît, parce que c'est un art, c'est-à-dire une construction, un calcul, l'adoption d'un style, comme la musique ou la peinture. Notes et couleurs existent en nous partout, mais la Neuvième Symphonie de Beethoven ou les *Stanze* de Raphaël ne se rencontrent que dans cette combinaison unique, intentionnelle et géniale que certains individus ont su réaliser, par une sélection et un arrangement qui suivait un programme précis. L'*Énéide* de Virgile est comme la Neuvième Symphonie. Et cela vaut pour tous les monuments littéraires, antiques et modernes. Qui songerait à mettre en cause la lecture de Proust ou de Rabelais dans l'original sous prétexte que le français parlé, c'est une autre chose?

On objectera que la littérature est pleine de langage parlé. Bon, mais retirons-nous de l'esprit cette autre idée toute faite, que le langage parlé – en fait sa simulation – soit en littérature le langage parlé de la réalité. Au moment même où la langue parlée ou une de ses expressions quelconque pénètre dans la sphère de l'écriture artistique, elle change de valeur; elle se transforme en *style*, et non en l'expression spontanée d'un groupe linguistique. La langue parlée peut alors colorer un texte, être ironique, créer une illusion de réalisme etc. Mais ce n'est pas du langage parlé, certainement pas dans un sens empirique ou historico-social.

La littérature est vie et non mort. Elle est vivante parce qu'elle donne naissance à une autre écriture qui lui répond et qui durera; grâce aussi à l'existence des lecteurs et à l'existence de l'interprétation, qui est un dialogue entre écriture et réflexion, un dialogue entre les siècles qui arrête l'écoulement vers le néant et renouvelle continuellement la possibilité de durer, la seule qui soit concédée à la matière de l'histoire. Appeler morte une langue écrite qui n'est plus parlée, c'est nier les pouvoirs de la lecture, c'est nuire aux pratiques du savoir, ou plutôt: c'est user de violence, une violence arrogante et bornée, comme de mettre le feu à la Galerie des Offices. Je te déclare morte parce que je ne te crois pas vivante, parce que peu m'importe que tu vives et donc je t'enterre sans écouter le moins du monde l'écho de ta voix. Mais le mort ou le moribond, c'est celui qui n'écoute pas, non celui qui parle. Et la violence exercée sur autrui se transforme automatiquement en autodestruction : parce que si je n'écoute pas, je me vide, je m'aplatis, je fonds, je disparais. Il est également vrai que cet instinct d'autodestruction appartient à la condition humaine, comme le prouve n'importe quel journal télévisé. La littérature aide à le contenir ; la littérature préserve la capacité d'entretenir des relations pacifiques et respectueuses, sans lesquelles il n'y a aucune possibilité de survie nulle part. Le latin appelle cette aptitude *humanitas*, et *humanus* celui qui en est doté. Ces deux mots, qui dérivent d'*homo* (« être humain »), reviennent avec une grande fréquence dans l'œuvre de Cicéron. *Humanitas* peut même revenir avec le sens particulier de littérature tout court, la littérature étant justement l'espace dans lequel la noblesse spirituelle s'exprime par la qualité supérieure de l'expression. Reprenons la lettre de Machiavel à Vettori et nous comprendrons alors toute l'intensité sémantique concentrée dans le mot « humanité ».

Ce livre, en somme, est une défense et un éloge du latin et de la littérature composée dans cette langue depuis l'Antiquité. L'indifférence opposée couramment au latin, bien qu'elle ne soit pas universelle, et souvent le rejet ou le boycottage (même venu de haut ou de l'intérieur) sont les symptômes d'une offensive systématique contre la littérature et contre sa mission traditionnelle, qu'elle aurait pourtant encore le pouvoir d'assumer mieux que n'importe quelle autre forme de savoir ou de communication : donner ordre et sens à l'expérience humaine par des récits et des métaphores ; repousser les limites du vécu par de nouvelles hypothèses sur le monde ; former et transmettre des exemples de conduite et de réflexion qui se situent encore en deçà ou au-delà de ce qui est institutionnel ; modeler des sentiments, des émotions, des valeurs morales ; raisonner sur la justice et sur la beauté ; faire de communautés autrement dispersées et fragmentaires des ensembles culturels ; et – ce point n'est pas le dernier – élever la langue nationale au niveau d'un art. Puis, en accomplissant tout cela, communiquer une forme spéciale de plaisir : celle – je le répète – de comprendre en interprétant.

La littérature – en quelque langue que ce soit – a aujourd'hui bien du mal à se voir reconnaître de telles fonctions et une telle dignité. Au lycée et à l'université ses programmes s'amenuisent. L'enseignement secondaire perpétue des habitudes surannées et désuètes, comme l'étude de ce que l'on appelle l'histoire littéraire, la paraphrase ou le recours à des notions qui ne renvoient qu'à elles-mêmes et il réduit la grammaire à un exercice mécanique et passif. Et on lit peu de textes.

Le bien de la société, le bonheur des esprits, la beauté des phrases (Herta Müller, un grand écrivain roumain, a déclaré qu'elle avait été réellement sauvée de la persécution totalitaire grâce à « la beauté des phrases »), l'éducation des esprits, en somme, presque personne ne semble plus vouloir y penser, faisant dépendre du seul bien-être matériel toute source de bonheur. Et ainsi le goût décline, les exigences également, et les mots se dégradent, leur signification est toujours plus faible et ils tendent à ne plus faire qu'un bruit confus, comme celui de la circulation ou d'une certaine politique. Les mots ! Le don le plus grand, ce qui nous est échu de plus splendide.

Ce déclin ne date pas d'hier. Il y a quelques décennies Marcel Pagnol, l'un des plus purs écrivains français de notre temps, et pour qui la langue de Virgile n'avait guère de secrets, sonnait déjà l'alarme tout en nous montrant la voie du salut dans son introduction aux *Bucoliques* :

> Aujourd'hui, le monde a chaviré, et nous sommes à cheval sur la quille du navire qui s'enfonce un peu plus chaque jour ; mais au-dessus de ce naufrage, brillent toujours Sirius, Homère, Bételgeuse, Virgile, Montaigne, Le Centaure, Ronsard, les Pléiades, la Voie lactée et Victor Hugo.
>
> Les étoiles sont toujours les mêmes et qui lève la tête les voit.

Reprenons tout à partir du latin.

NOTES

[1] Jorge Luis Borges, *Funes ou de la mémoire*, in *Fictions*, La Pléiade, t. I, Gallimard, 1994, traduction de Roger Caillois, Nestor Ibazza et Paul Verdevoye, revue par Jean-Pierre Bernès.

[2] Gian Luigi Beccaria, *Sicuterat. Il latino di chi non lo sa : Bibbia e liturgia nell'italiano e nei dialetti*, Garzanti, Milano, 1999, p. 18. Une perspective comparable a été adoptée dans *Le latin pour les nuls*, Danièle Robert, First Editions, 2008.

[3] *Talentum* a un sens bien différent en latin : il désigne un poids et une monnaie grecs de valeur variable selon les époques et les États, mais toujours d'une certaine importance. On parvient au sens moderne par l'intermédiaire de la parabole évangélique des talents (Matthieu, 25, 14-30) dont le thème est l'aptitude – variable, suivant les individus – à faire fructifier une richesse reçue. Une « dot » précisément. En français, le sens de valeur naturelle d'une activité artistique se développe surtout après la Réforme.

[4] La bibliographie étrangère – savante et de vulgarisation, de qualité variable – sur la fortune historique du latin est très riche. Je me contenterai ici de signaler en allemand le bon livre de Jürgen Leonhardt, *Latein : Geschichte einer Weltsprache*, Verlag C.H. Beck, Münich, 2008, qui contient entre autres un utile appendice bibliographique (tr. anglaise de Kenneth Kronenberg, *Latin. Story of a World Language*, The Belknap Press of Harvard University Press, Cambridge (Massachusetts)-London, 2013.

[5] Voir Luciano Canfora, *Ideologie del classicismo*, Einaudi, Torino, 1980.

[6] Voir notamment J. du Bellay, *Poemata*, édition et traduction de G. Demerson, 1984-1985, 2 vol.

[7] Deux bons livres de référence sur le développement historique du latin : Leonard R. Palmer, *La lingua latina*, Einaudi, Torino, 1977 (plusieurs éditions) et James Clackson et Geoffrey Harrocks, *The Blackwell History of the Latin Language*, Wiley-Blackwell, Chichester, 2011.

[8] Je réponds du texte latin de Boccace, édité et traduit par Virginia Brown : *Famous Women*, « The I Tatti Renaissance Library », Harvard University Press, Cambridge (Massachusetts)-London, 2001, p. 110.

[9] Une bonne introduction à l'indo-européen est à signaler: James Clackson, *Indo-European Linguistics. An Introduction*, Cambridge University Press, Cambridge, 2007. Citons également en italien un ouvrage classique dans ce domaine: Vittore Pisani, *Glottologia indoeuropea*, Rosenberg & Sellier, Torino, 1984 (1re éd. 1949).

[10] Catulle, *Carmina: il libro delle poesie*, Feltrinelli, Milano, 2014 (dont j'ai rédigé l'introduction).

[11] Voir *Cicerone nella tradizione europea. Dalla tarda antichità al Settecento*, sous la direction d'Emanuele Narducci, Mondadori Education, Milano, 2006.

[12] Dans la réalité sociale, l'accord entre les différentes catégories de citoyens est à son tour une émanation de l'harmonie cosmique (*De re publica*, fin du livre II).

[13] *Furfante* (fripon) n'a rien à voir avec *fur*: c'est le participe présent de *forfare* (*foris*+ *facere*), avec le sens médiéval de transgression d'un engagement.

[14] Sur l'importance du non-dit et de la formulation partielle dans la rhétorique antique, voir mon étude: *Lacuna*, Einaudi, Torino, 2014.

[15] Cité d'après *Poeti latini arcaici. Livio Andronico, Nevio, Ennio*, sous la direction d'Antonio Traglia, UTET, Torino, 1986, p. 436. Voir également *Remains of old latin*, éd. et tr. de E.H. Warmington, Loeb Classical Library, W. Heinemann, 1935, 1967.

[16] *Ibid.*, p. 394; Loeb, p. 2.

[17] *Ibid.*, p. 446; Loeb, pp. 78-80 et 84.

[18] Bertolt Brecht, *Die Geschäfte des Herrn Julius Cäsar,* 1949; *Les Apparitions de Monsieur Jules César*, traduction de Gilbert Badia, L'Arche Éditeur, 1959.

[19] Primo Levi, *La ricerca delle radici*, Einaudi, Torino 1997, tr. fr. *À la recherche des racines*, Fayard, Mille et une nuits, 1999.

[20] Voir mon étude précitée, *Lacuna.*

[21] Je renvoie à mon essai: *Leopardi etimologista*, in «Paragone», nos 102-103-104 (750-752-754), août-décembre 2012, pp. 83-102.

[22] Voir mon ouvrage *Per una biblioteca indispensabile: cinquantadue classici della letteratura italiana*, Einaudi, Torino, 2011. Pour Galilée, voir Galileo Galilei, *Dialogue sur les deux grands systèmes du monde*, tr. fr. de René Fréreux, Le Seuil, 1992.

[23] Gian Biagio Conte, *Anatomia di uno stile: l'enallage e il nuovo sublime*, in id., *Virgilio. L'epica del sentimento*, Einaudi, Torino, 2002, p. 59 (texte complet de l'essai pp. 5-63).

[24] Giorgio Pasquali, un des grands spécialistes de littérature classique du XIXe siècle, a parlé prestement d'«art allusif». Voir Giorgio Pasquali, *Arte allusiva*, in *Pagine stravaganti di un filologo*, vol. II, sous la direction de Carlo Ferdinando Russo, Le Lettere, Firenze, 1994, pp. 275-282.

[25] Voir mes ouvrages : *Umane parole*, Bruno Mondadori, Milano, 1997, et *Rinascimento*, Einaudi, Torino, 2010, pp. 224-253.

[26] Voir E.L. Harrison, *Cleverness in Virgilian Imitation*, in « Classical Philology », vol. 65, n° 4 (octobre 1970), pp. 241-243. Voir aussi, pour une interprétation très différente, Gian Biagio Conte, *Memoria dei poeti e sistema letterario*, Sellerio, Palermo, 2012, pp. 106-110 (1re éd. Einaudi, Torino, 1974).

[27] Je renvoie à Catulle, *Carmina. Il libro delle poesie*, cit.

[28] La traduction ancienne de Rosa Calzecchi Onesti est à rapprocher aujourd'hui de celle plus récente d'Alessandro Fo (Einaudi, Torino, 2012).

[29] J'ai également parlé du style de Tacite in *Lacuna*, cit., pp. 83-85 et passim.

[30] Voir mon étude *Lacuna*, cit., p. 87.

[31] Friedrich Nietzsche, *Götzen-Dämmerung oder Wie man mit dem Hammer philosophiert* (1888) – référence ironique au *Crépuscule des dieux* de Wagner –, traduction d'Henri Albert, 1899.

[32] Italo Calvino, tr. fr. *Ovide et la contiguïté universelle*, in *La Machine littérature*, Le Seuil, 1993, traduction de Michel Oriel et François Wahl. (*Saggi 1945-1985*, édition de Mario Barenghi, Mondadori, Milano, 1995.)

[33] Voir Giuseppe Billanovich, *Petrarch and the Textual Tradition of Livy*, in « Journal of the Warburg and Courtauld Institutes », vol. 14, n° 3/4 (1951), pp. 137-208.

[34] Voir le premier chapitre de mon étude *Rinascimento*, cit.

[35] James Ker, *The Deaths of Seneca*, Oxford University Press, New York-Oxford, 2009.

[36] Sur le thème du renouveau ou du recommencement, on s'attardera sur *Lettres à Lucilius* 36, 10-11.

[37] « Landolfi ferait bien les romans grecs et latins ; de lui, un Apulée serait remarquable » (point de vue de Franco Lucentini, réunion éditoriale du 3 février 1960), in *I verbali del mercoledì. Riunioni editoriali Einaudi 1953-1963*, sous la direction de Tommaso Munari, Einaudi, Torino, 2013, p. 342.

[38] John F. D'Amico, *The Progress of Renaissance Latin Prose : The Case of Apuleianism*, in « Renaissance Quarterly », vol. 37, n° 3 (automne 1984), pp. 351-392. Voir aussi Julia Haig Gaisser, *The Fortunes of Apuleius & the Golden Ass. A Study in Transmission and Reception*, Princeton University Press, Princeton-Oxford, 2008.

[39] Walter Pater, *Marius l'Épicurien*, tr. de Guillaume Villeneuve, éditions Aubier. La phrase latine vient de la lettre XVI de Pline le Jeune à Erucius I, 16, 2, que j'ai citée ci-dessus.

[40] Je pense à la célébrissime théorie de Bakhtine selon laquelle l'essence du roman en tant que genre réside dans la capacité de faire parler chaque personnage selon son naturel (voir Mikhaïl Bakhtine, *Esthétique et théorie du roman*, tr. fr. de Daria Olivier, Gallimard, 1978). Huysmans

écrit justement que les personnages de Pétrone parlent chacun dans son idiome : «Et cela raconté dans un style d'une verdeur étrange, d'une couleur précise, dans un style puisant à toutes les langues charriées dans Rome, reculant les limites du soi-disant grand siècle, faisant parler à chacun son idiome» (*À rebours*, III).

[41] Bakhtine, *op. cit.*

[42] Allusion au poème 39.

[43] Je cite d'après l'édition de saint Jérôme, *Lettere*, introduction et notes de Claudio Moreschini, tr. de Roberto Palla, BUR, Milano, 2009 (1re éd. 1989), p. 166.

[44] Saint Jérôme, *Lettere*, cit., p. 164.

[45] Voir Marco Tullio Cicerone, *Ortensio*, texte critique, introduction et notes sous la direction d'Alberto Grilli, Patron, Bologna, 2010.

[46] Sur la traduction dans le monde antique, voir Maurizio Bettini, *Vertere*, Einaudi, Torino, 2012.

[47] Pour la *varietas* voir : Cicéron, *De oratore*, III, 25, 98-100. J'ai parlé de la *varietas* dans mon ouvrage *Rinascimento* (voir *supra*). Pour l'*evidentia*, qui consiste à rendre les choses perceptibles au moyen de la parole, voir Cicéron, *De partitione oratoria*, VI, 20 ; *Académiques*, II, 17 ; *De oratore*, III, 53, 202 ; *Orator*, XL, 139, et la pseudo cicéronienne *Rhétorique à Herennius*, IV, 34-45.

[48] Sur le style bas du latin chrétien, voir l'essai classique d'Erich Auerbach, *Le Haut Langage : langage littéraire et public dans l'Antiquité tardive et au Haut Moyen Âge*, tr. de l'allemand par Robert Kahn, Belin, 2004.

[49] Alexandre Pouchkine, *Eugène Onéguine*, I, 6.

[50] Primo Levi, *Caro Orazio*, in *Opere II*, édition de Marco Belpoliti, Einaudi, Torino, 1997, pp. 946-949, et Joseph Brodsky, *Lettera a Orazio*, in *Dolore e ragione*, Adelphi, Milano 1998, pp. 49-82 (éd. orig. 1995).

[51] Nietzsche, *Le Crépuscule des idoles (ce que je dois aux anciens)*, p. 227 de la traduction citée.

[52] Horace, *The Odes. New Translations by Contemporary Poets*, sous la direction de J.D. McClatchy, Princeton University Press, Oxford-Princeton, 2002.

[53] Voir Corrado Confalonieri, *Satura – titoli di un titolo. Montale dal recto al verso nel segno dei classici*, Uninova, Parma, 2012.

[54] Harry Eyres, *Horace and Me : Life Lessons from an Ancient Poet*, Farrar, Straus & Giroux, New York, 2013.

[55] Salvatore Settis, *Futuro del "classico"*, Einaudi, Torino, 2004, p. 16.

[56] Voir mon essai *Rinascimento*, cit.

REMERCIEMENTS

Ce livre n'aurait pas vu le jour sans la confiance et les exhortations de Marco Vigevani, mon agent, de Michele Fusili et de Paolo Zaninoni, respectivement éditeur du domaine «essais» et directeur éditorial de Garzanti. Je souhaite leur exprimer ma gratitude.

Je remercie également mon collègue et ami latiniste Beppe Pezzini pour les stimulants décisifs que j'en ai reçus quand, à l'automne de 2014, à Oxford, je commençais à réfléchir à l'organisation de l'ouvrage. Il m'est agréable de rappeler ici que nos conversations se déroulaient à la cafeteria du Magadalen College, après le déjeuner, dans un climat d'heureuse connivence, et non sans la bienveillante participation de la nature, des nuages, des eaux, des canards, et même d'un furet.

Merci à mes amies, Oxfordiennes elles aussi, Paola D'Andrea et Cecilia Piantanida pour leur soutien ; et à Nicolas Moureaux, mon interlocuteur de toujours qui, dans ce cas, a non seulement écouté et critiqué au fur et à mesure mes réflexions mais a lu la première dactylographie de ce livre avec la plus grande acribie.

Un remerciement sentimental, pour finir, aux enseignantes Maddalena De Maria, Marilena Favini et Lea Squadroni, qui furent les miennes au Lycée Manzoni de Milan et au professeur Alberto Grilli qui a dirigé ma thèse de doctorat de littérature latine à l'Université degli Studi de Milan et qui est par la suite demeuré un guide irremplaçable au-delà même de sa mort.

POUR ALLER PLUS LOIN

Il ne saurait être question de donner ici une bibliographie, même sommaire.

On voudrait, néanmoins, signaler quelques ouvrages aisément accessibles qui compléteront la lecture de *Vive le latin*.

• Sur la transmission des classiques latins et grecs (car leur histoire est intimement liée) :

REYNOLDS (L.-D.) et WILSON (N.G.), *Scribes and Scholars*, Oxford University Press, 1968; tr. fr. *D'Homère à Érasme* par C. Bertrand, mise à jour par P. Petitmengin, Éditions du CNRS, 1984.

• Sur la langue latine, son histoire, ses structures et sa postérité :

COLLART (J.), *Grammaire du latin*, Que sais-je n° 1234, PUF, 1966.
COLLART (J.), *Histoire de la langue latine*, Que sais-je n° 1281, PUF, 1967.
HERMAN (J.), *Le latin vulgaire*, Que sais-je n° 1247, PUF, 1967.
SERBAT (G.), *Les structures du latin*, Paris, Picard, 1986.

• Sur la littérature latine :

BAYET (Jean), Littérature latine, 9e édition revue et augmentée, Armand Colin, 1996, avec la collaboration de Louis Nougaret et Jean-Yves Boriaud. L'exposé d'histoire littéraire y est illustré par de nombreux textes traduits avec autant de rigueur que d'élégance. La 9e édition de cet ouvrage désormais classique comporte une bibliographie actualisée.

Enfin, l'on ne saurait trop recommander les lectures des classiques latins édités en version bilingue dans la collection des Universités de France, CUF, communément appelée « Budé », aux éditions Les Belles Lettres.

INDEX DES AUTEURS ET DES PERSONNAGES HISTORIQUES

INDEX DES PASSAGES CITÉS

INDEX DES PERSONNAGES MYTHOLOGIQUES

INDEX DES ŒUVRES

TABLE DES MATIÈRES

Imprimé en France par CPI
en juillet 2018

Dépôt légal : avril 2018
N° d'édition : 861
N° d'impression : 148328